国家出版基金项目
NATIONAL PUBLICATION FOUNDATION

大 中 华 文 库
КИТАЙСКАЯ КЛАССИКА

大中华文库

汉俄对照

КИТАЙСКАЯ КЛАССИКА

на китайском и русском языках

今古奇观

ЦЗИНЬ ГУ ЦИГУАНЬ

II

〔明〕抱瓮老人　著

〔苏联〕维·维里古斯　伊·齐别洛维齐　译

Бао Вэн Лаожэнь
Перевод на русский А. Вельгуса и И. Э. Циперовича

人民文学出版社
Издательство «Народная Литература»
北京
Пекин

- Цзинь гу цигуань
Глава 7

КИТАЙСКАЯ КЛАССИКА

第 七 卷

沈小霞相会出师表

闲向书斋阅古今，
偶逢奇事感人心。
忠臣反受奸臣制，
肮脏英雄泪满襟。

休解绶，
慢投簪，
从来日月岂常阴？
到头祸福终须应，
天道还分贞与淫。

话说国朝嘉靖年间，圣人在位，风调雨顺，国泰民安，只为用错了一个奸臣，浊乱了朝政，险些儿不得太平。那奸臣是谁？姓严，名嵩，号介溪，江西分宜人氏。以柔媚得幸，交

ГЛАВА 7

ШЭНЬ СЯОСЯ ДОВЕЛОСЬ ВНОВЬ УВИДЕТЬ ДОКЛАДЫ ЧЖУГЭ ЛЯНА

Как-то в своем кабинете,
  рассказы читая наших времен и былых,
На неслыханный случай наткнулся,
  меня он задел за живое:
Верный долгу и службе сановник
  министру коварному в руки попался.
Оклеветан, загублен герой,
  и слезы я лил, скорбя и горюя о нем.
Но нет,
  не бросайте казенной печати,
Нет, не бросайте
  чиновный убор головной:
Мрак ночи не вечен,
  всему свое время приходит,
И небо еще различает,
  кто подл, кто честен.

Мой рассказ начну с того, что во времена нашей династии, в годы Цзя-цзин, на троне восседал мудрый император, ветры и дожди были благосклонны, страна процветала, и народ жил мирно. Но случилось так, что к правлению по недосмотру был допущен коварный царедворец – в результате порядок правления оказался вдруг нарушенным, при дворе воцарился хаос, и положение стало столь опасным, что вся страна чуть не оказалась ввергнутой в смуту. Кто же он, этот коварный царедворец? Это был человек по фамилии Янь, по имени Сун, по литера-

通宦官，先意迎合，精勤斋醮，供奉青词，缘此骤致贵显。为人外装曲谨，内实猜刻，谗害了大学士夏言，自己代为首相，权尊势重，朝野侧目。儿子严世蕃由官生直做到工部侍郎。他为人更狠，因有些小人之才，博闻强记，能思善算，介溪公最听他的说话。凡疑难大事，必须与他商量。朝中有"大丞相""小丞相"之称。他父子济恶，招权纳贿，卖官鬻爵。官员求富贵者，以重赂献之，拜他门下做干儿子，即得升迁显位。由是不肖之人，奔走如市，科道衙门，皆其心腹牙爪。但有与他作对的，立见奇祸，轻则杖谪，重则杀戮，好不利害！除非不要性命的，才敢开口说他句公道话儿。若不是真正关龙

турному прозвищу Цзеси, уроженец уезда Фэньи провинции Цзянси. Наладив прежде всего отношения с евнухами, человек этот лестью и предупредительностью, усердным отправлением даосских обрядов и соблюдением постов, а также умелым составлением поминальных молитв, которые подносил императору, заслужил расположение императора, быстро выдвинулся и достиг знатности. Держал он себя чинно и сдержанно, но за благонравной видимостью скрывалась коварная и жестокая натура. Оклеветав и погубив первого министра Ся Яня, Янь Сун занял его пост и обрел такое влияние и силу, что его сторонились и боялись не только придворные, но и те, кто не служил при дворе. Его сын, Янь Шифань, из гуаньшэна прямым путем выдвинулся на пост помощника начальника Палаты работ. Своей жестокостью сын превосходил отца, но был он человеком не без способностей, обладал широкими познаниями и прекрасной памятью, отличался расчетливостью и сообразительностью. Поэтому Янь Сун охотно прислушивался к мнению сына, во всех трудных и важных делах всегда советовался с ним, и при дворе их так и называли «большой канцлер» и «малый канцлер». Отец и сын творили зло, находя друг в друге поддержку, прибирали к рукам власть, продавали должности и чины. Честолюбивому чиновнику стоило лишь поднести им крупную взятку, попроситься в приемные сыновья и ученики, чтобы тут же получить повышение и важную должность. Не удивительно, что мелких и подлых людишек возле них всегда было полным-полно, а во всех ведомствах и учреждениях сидели их ставленники и верные слуги. Ну а тех, кто был настроен против них, неизбежно настигала беда: чуть что не так – били и ссылали, а допусти они посерьезней проступок – просто казнили, пощады не было никому. Выступить и сказать правдивое слово решались только люди, готовые во имя справедливости пожертвовать собственной жизнью; и если только человек не был настоящим Гуань Лунпаном или

逢比干十二分忠君爱国的，宁可误了朝廷，岂敢得罪宰相！其时有无名子感慨时事，将神童诗改成四句云：

少小休勤学，
钱财可立身。
君看严宰相，
必用有钱人。

又改四句，道是：

天子重权豪，
开言惹祸苗。
万般皆下品，
只有奉承高。

подлинным Би Ганем, чрезвычайно преданным императору и отчизне, то он предпочитал смотреть, как дела правления идут прахом, лишь бы не навлечь на себя самого гнев первого министра. В связи со всем этим один безымянный поэт тех времен перефразировал известные детские стихи:

*Усердно с детства ты учись,
Познаньем в жизни утвердись.
Полно ведь знатных при дворе,
И, к.ак один, учены все, –*

в следующие строки:

*Усердно в детстве не учись,
Деньгами в жизни утвердись.
Поможет грозный Янь тому,
Кто больше денег даст ему.*

А стихи:

*Императору дороги умные люди,
И познания пост тебе важный дадут.
Любое другое занятье ничтожно,
Только ученье превыше всего!*

перефразировал так:

*Императору дороги подлые люди,
Слово честное скажешь – беду навлечешь,
Любое другое занятье ничтожно,
Низкопоклонство превыше всего!*

只为严嵩父子恃宠贪虐，罪恶如山，引出一个忠臣来，做出一段奇奇怪怪的事迹，留下一段轰轰烈烈的话柄，一时身死，万古名扬。正是：

家多孝子亲安乐，
国有忠臣世太平。

那人姓沈，名炼，别号青霞，浙江绍兴人氏。其人有文经武纬之才，济世安民之志。从幼慕诸葛孔明之为人。孔明文集上有《前出师表》、《后出师表》。沈炼平日爱诵之，手自抄录数百篇，室中到处粘壁。每逢酒后，便高声背诵；念到"鞠躬尽瘁，死而后已"，往往长叹数声，大哭而罢，以此为常。人都叫他是狂生。嘉靖戊戌年中了进士，除授知县之职。他共做了三处知县。那三处？溧阳，茌平，清丰。这三任官做得好。真个是：

吏肃惟遵法，

Янь Сун и Янь Шифань, пользуясь расположением императора, так притесняли народ, что злодеяния их громоздились горами, и все же нашелся тогда один верноподданный, совершивший нечто такое, что словно громом потрясло мир. Человек этот погиб, но имя его прославилось в веках.

Поистине,

> *Когда в семье почтительные дети,*
> *родители довольны и счастливы;*
> *Когда у власти преданные люди,*
> *в стране повсюду мир и процветанье.*

Фамилия того человека была Шэнь, имя – Лянь, литературный псевдоним – Цинся. Он был уроженец Шаосина, что в провинции Чжэцзян. Талантливый, хорошо знающий литературу, канонические книги и апокрифы, знакомый и с военным искусством, он весь отдался служению государству и народу. Шэнь Лянь с юных лет преклонялся перед Чжугэ Ляном. Особенно любил он два его доклада, написанные перед выступлениями в походы. Доклады эти он постоянно читал вслух, сотни раз переписывал и расклеивал их всюду у себя дома. Всякий раз, выпив вина, он громко читал их наизусть и, дойдя до слов: «И служению стране отдам все силы до последнего вздоха», сокрушался и плакал. Из-за этого стали поговаривать о нем, как о ненормальном.

В семнадцатом году Цзя-цзин после столичных экзаменов Шэнь Лянь получил степень цзиньши и был назначен на должность начальника уезда. В трех уездах – Лиян, Чипин и Цинфэн – довелось ему служить начальником, и во всех трех он так хорошо вел дела, что, действительно:

> *Чинуши мелкие блюли законы,*

官清不爱钱。
豪强皆敛手,
百姓尽安眠。

因他生性伉直,不肯阿奉上官,左迁锦衣卫经历。一到京师,看见严家赃秽狼藉,心中甚怒。忽一日值公宴,见严世蕃倨傲之状,已是九分不乐。饮至中间,只见严世蕃狂呼乱叫,旁若无人,索巨觥飞酒,饮不尽者罚之。这巨觥约容十余两,坐客惧世蕃威势,无人敢不吃。只有一个马给事,天性绝饮;世蕃故意将巨觥飞到他面前。马给事再三告免,世蕃不许。马给事略沾唇,面便发赤,眉头打结,愁苦不胜。世蕃自走下席,亲手揪了他的耳朵,将巨觥灌之。那给事出于无奈,闷着气,一连几口吃尽。不吃也罢,才吃下时,觉得天在下,地在上,墙壁都团团转动,头重脚轻,站立不住。世蕃拍手呵呵大笑。沈炼一肚不平之气,忽然揎袖而起,抢那只巨觥在手,斟

*Начальники искать не смели взяток,
Задиры-богачи вобрали когти,
Простой народ ночами спал спокойно.*

Но так как Шэнь Лянь был человеком твердым, прямым и не желал угодничать перед начальством, то был понижен по службе: его перевели в столицу на должность секретаря начальника личной охраны императора. Как только он оказался в столице, он сразу понял, какие дела творят Янь Сун и Янь Шифань, и душа его переполнилась гневом.

Однажды Шэнь Лянь присутствовал на большом официальном пиршестве. Заносчивость Янь Шифаня, его надменная манера держать себя привели Шэнь Ляня в крайнее раздражение. Янь Шифань вел себя разнузданно, орал, будто рядом никого не было; затем потребовал, чтобы подали кубок, заставлял каждого пить, а того, кто до дна его не осушит, угрожал наказать. Кубок был огромный – больше чем на десять лянов; однако, страшась гнева Янь Шифаня, никто не смел от него отказаться. Среди гостей был некий цензор Ма, который вообще не мог пить. Зная это, Янь Шифань умышленно велел поднести ему кубок. Цензор еще и еще раз просил пощадить его, но Янь Шифань не желал ничего слушать. Цензору волей-неволей пришлось пригубить, но и от одного глотка он покраснел, лицо исказила гримаса страдания. Видя, что цензор не пьет, Янь Шифань встал, подошел к нему, взял кубок и, схватив гостя за ухо, начал насильно вливать ему вино в рот. Бедняге ничего не оставалось, как подавить в себе возмущение и обиду и через силу пить большими глотками. Когда он выпил все до дна, ему показалось, что земля и небо перевернулись, стены заходили ходуном; голова отяжелела, и он не смог удержаться на ногах. Глядя на цензора, Янь Шифань хохотал и хлопал в ладоши от удовольствия.

Шэнь Лянь вскипел. Подвернув рукава, он схватил кубок,

得满满的，走到世蕃面前，说道："马司谏承老先生赐酒，已沾醉不能为礼。下官代他酬老先生一杯。"世蕃愕然，方欲举手推辞，只见沈炼声色俱厉道："此杯别人吃得，你也吃得！别人怕着你，我沈炼不怕你！"也揪了世蕃的耳朵灌去，世蕃一饮而尽。沈炼掷杯于案，一般拍手呵呵大笑。吓得众官员面如土色，一个个低着头不敢则声。世蕃假醉，先辞去了。沈炼也不送，坐在椅上，叹道："咳！'汉贼不两立！''汉贼不两立！'"一连念了七八句。这句书也是《出师表》上的说话，他把严家比着曹操父子。众人只怕世蕃听见，到替他捏两把汗。沈炼全不为意，又取酒连饮几杯，尽醉方散。睡到五更醒来，想道："严世蕃这厮，被我使气逼他饮酒，他必然记恨来暗算我。一不做，二不休，有心只是一怪，不如先下手为强。我想严嵩父子之恶，神人怨怒，只因朝廷宠信甚固，我官卑职小，言而无益。欲待觑个机会，方才下手，如今等不及

наполнил его доверху и подошел к Янь Шифаню.

— Вы удостоили цензора Ма кубком вина, но он уже пьян и не может ответить вам на любезность любезностью. Позвольте мне вместо него поднести вам, — сказал он, протягивая кубок Янь Шифаню.

Ошеломленный, Янь Шифань хотел было отстранить кубок, но увидел угрожающее выражение лица Шэнь Ляня и услышал его жесткий, суровый голос:

— Если другие выпили, выпьешь и ты, и если другие боятся тебя, то я, Шэнь Лянь, тебя не боюсь!

И, схватив Янь Шифаня за ухо, он .влил ему в глотку весь кубок. Затем, швырнув кубок на стол, он расхохотался и захлопал в ладоши. Напуганные до смерти присутствовавшие чиновники изменились в лице и застыли на месте. Потупив взгляд, они не решались проронить ни звука. Янь Шифань притворился пьяным, простился и уехал. Шэнь Лянь даже не поднялся с места проводить его, он вздыхал и несколько раз проскандировал: «Нет места под одним небом с ханьскими предателями». Янь Суна и Янь Шифаня он уподобил, таким образом, Цао Цао с сыном. Все боялись, как бы эти слова не дошли до Янь Шифаня, и с затаенным страхом смотрели на Шэнь Ляня. Однако сам он, казалось, не придавал этому никакого значения. Чиновники выпили еще по нескольку рюмок вина и, охмелев, разошлись.

На рассвете Шэнь Лянь проснулся с мыслью о Янь Шифане. «Эта скотина, конечно, не простит мне вчерашнего и наверняка найдет способ рассчитаться со мной, — думал он. — Ну что же, раз начал — доводи до конца; чем держать все это на сердце и мучить себя, уж лучше первому нанести удар. Я уже думал над тем, что злодеяния Янь Суна и его сына возмущают богов и гневают людей, но император доверяет им и милостив к ним, а мой чин мал, должность ничтожна, что бы я ни стал говорить, все будет бесполезно. Я, правда, собирался найти подходящий

了；只当张子房在博浪沙中椎击秦始皇，虽然击他不中，也好与众人做个榜样。"就枕上思想疏稿，想到天明已就。起身焚香盥手，写起奏疏。疏中备说严嵩父子招权纳贿，穷凶极恶，欺君误国十大罪，乞诛之以谢天下。圣旨下道："沈炼谤讪大臣，沽名钓誉，着锦衣卫重打一百，发去口外为民。"

严世蕃差人分付锦衣卫官校，定要将沈炼打死。亏得堂上官是个有主意的人。那人姓陆，名炳，平时极敬重沈公气节；况且又是属官，相处得好的；因此反加周全，好生打个出头棍儿，不甚利害。户部注籍保安州为民。沈炼带着棍疮，即日收

случай и тогда уже действовать, но теперь ждать не приходится. Пусть я буду Чжан Ляном, покушавшимся в Боланша на Цинь Шихуана, пусть даже и не уничтожу этих злодеев, но зато это послужит хорошим примером для других». Шэнь Лянь тут же стал обдумывать свой доклад императору и к утру уже ясно представлял себе все, что напишет.

Он поднялся, возжег курения, омыл руки и начал писать. В докладе он подробно рассказал о том, как Янь Сун и Янь Шифань захватили в руки власть и брали взятки; описывая их злодеяния и преступления, говорил о том, что они обманывали государя и ввергали страну в беду, – словом, обвинял их в крупных преступлениях против страны, в обмане государя и просил казнить их на благо всей Поднебесной. В ответ последовал императорский указ. Он гласил:

> *За оскорбление высших сановников, нанесенное с целью обретения славы для себя и упрочения собственного положения, приказываю охране дать Шэнь Ляню сто палок, лишить его чина, низвести в простолюдины и сослать на север.*

Янь Шифань послал человека в охрану предупредить, чтобы Шэнь Ляня засекли до смерти. К счастью, начальник охраны Лу Бин был человеком самостоятельным; он преклонялся перед твердостью и честностью Шэнь Ляня, который к тому же был его подчиненным, и отношения между ними были всегда дружелюбными. Поэтому он приложил все усилия, чтобы выручить Шэнь Ляня: устроил так, что ему хоть и дали сто палок, но били не сильно, не самым концом палки, в результате Шэнь Лянь не очень пострадал. Палата налогов и учета населения внесла Шэнь Ляня в список простых жителей округа Баоань, и он с еще не зажившими от побоев ранами в тот же день собрал свои

拾行李，带领妻子，雇着一乘车儿，出了国门，望保安进发。原来沈公夫人徐氏所生四个儿子：长子沈襄，本府廪膳秀才，一向留家；次子沈衮，沈褒，随任读书；幼子沈年方周岁。嫡亲五口儿上路。满朝文武，惧怕严家，没一个敢来送行。有诗为证：

一纸封章忤庙廊，
萧然行李入遐荒。
但知不敢攀鞍送，
恐触权奸惹祸殃。

一路上辛苦，自不必说。且喜到了保安地方。那保安州属宣府，是个边远地方，不比内地繁华，异乡风景，举目凄凉。况兼连日阴雨，天昏地黑，倍加惨戚。欲赁间民房居住，又无相识指引，不知何处安身是好。正在彷徨之际，只见一

пожитки, нанял повозку и вместе с женой и детьми выехал из столицы и отправился в Баоань. При нем находились три сына: средние сыновья Гунь и Бао, которые жили с отцом в столице и там учились, а также младший сын – Чжи, которому исполнился только год. Старший его сын Сян, по литературному прозвищу Сяося, был сюцаем на стипендии и жил на родине в Шаосине. И вот все впятером – отец, мать, урожденная Сюй, и трое сыновей – двинулись в путь. Ни один человек из придворных гражданских или военных чинов не пришел провожать Шэнь Ляня, боясь, как бы об этом не узнали Янь Сун и Янь Шифань. Вот уж действительно, как говорится по этому поводу в стихах:

*Докладом своим гнев великий навлек
полновластных людей при дворе,
И теперь без друзей, без напутственных слов
отправляется в дальний он край.
Его проводить не решился никто,
всемогущих разгневать страшась;
Никто на прощание слез не пролил,
не цеплялся никто за седло.*

Само собой разумеется, что в пути им пришлось претерпеть немало трудностей. Но вот наконец они добрались до Баоани. Баоань относился тогда к пограничному военному округу Сюаньфу и был захолустьем, которое не шло, конечно, ни в какое сравнение с оживленными и богатыми городами центра страны. Чужая сторона наводила на Шэнь Ляня тоску, к тому же который день подряд лил дождь, и от этого все вокруг казалось еще мрачнее и печальнее. Шэнь Лянь собирался снять у кого-нибудь дом, но здесь у него не было знакомых, которые могли бы посоветовать, к кому с этим следует обратиться. И вот, когда он раздумывал над тем, как ему быть и где найти пристанище, он

人，打着小伞前来，看见路旁行李，又见沈炼一表非俗，立住了脚，相了一回，问道："官人尊姓？何处来的？"沈炼道："姓沈，从京师来。"那人道："小人闻得京中有个沈经历，上本要杀严嵩父子，莫非官人就是他么？"沈炼道："正是。"那人道："仰慕多时，幸得相会。此非说话之处，寒家离此不远，便请携宝眷同行，到寒家权下，再作区处。"沈炼见他十分殷勤，只得从命；行不多路，便到了。看那人家，虽不是个大人宅院，却也精雅。那人揖沈炼至于中堂，纳头便拜。沈炼慌忙答礼，问道："足下是谁？何故如此相爱？"那人道："小人姓贾，名石，是宣府卫一个舍人。哥哥是本卫千户，先年身故无子。小人应袭。为严贼当权，袭职者都要重赂，小人不愿为官。托赖祖荫，有数亩薄田，务农度日。数日

заметил, что к ним приближается какой-то человек с зонтом в руках. При виде стоявшей возле дороги телеги с пожитками человек остановился. Взглянув на самого Шэнь Ляня и обратив внимание на его благородную внешность, он подумал немного и спросил:

— Позвольте узнать, кто вы и откуда?

— Моя фамилия Шэнь. Приехал сюда из столицы.

— Я слышал, что в столице нашёлся некий секретарь Шэнь, который подал доклад императору и потребовал казни Янь Суна и Янь Шифаня. Не вы ли и есть тот самый господин Шэнь?

— Да, это именно я.

— Я всегда восхищался вами и счастлив, что мне довелось встретить вас, — сказал незнакомец. — Но здесь не место для разговоров. Я живу недалеко отсюда, прошу вас вместе с семьей передохнуть пока у меня, а потом уже решите, как быть.

Предлагалось это от всей души, с полной благожелательностью, и Шэнь Лянь согласился. Идти пришлось немного, и вскоре они подошли к дому, который хоть и не был особняком знатного человека, но выглядел чисто и опрятно. Хозяин провёл Шэнь Ляня в гостиную и, опустившись перед ним на колени, стал отбивать поклоны. Шэнь Лянь поспешил ответить ему на приветствие и спросил:

— Кто вы? И чем я обязан такому доброму отношению ко мне?

— Фамилия моя Цзя, имя Ши. Я служил в личной охране командующего местным гарнизоном. Брат мой служил в местном гарнизоне в чине цяньху. Недавно брат умер, а так как детей у него нет, то должность эта должна была перейти ко мне. Но сейчас, когда делами страны вершат Янь Сун и его сын, все, кто хотят наследовать должность, обязаны давать огромные взятки, поэтому я отказался служить. По наследству мне досталось несколько му земли, и я живу теперь тем, что занимаюсь земле-

前,闻阁下弹劾严氏,此乃天下忠臣义士也。又闻编管在此,小人渴欲一见,不意天遣相遇,三生有幸。"说罢又拜下去。沈公再三扶起,便教沈衮、沈褒与贾石相见。贾石教老婆迎接沈奶奶到内宅安置。交卸了行李,打发车夫等去了。分付庄客宰猪整酒,款待沈公一家。贾石道:"这等雨天,料阁下也无处去,只好在寒家安歇了。请安心多饮几杯,以宽劳顿。"沈炼谢道:"萍水相逢,便承款宿,何以当此?"贾石道:"农庄粗粝,休嫌简慢。"当日宾主酬酢,无非说些感慨时事的说话。两边说得情投意合,只恨相见之晚。过了一宿,次早,沈炼起身,向贾石说道:"我要寻所房子,安顿老小,有烦舍人指引。"贾石道:"要什么样子的房子?"沈炼道:"只像宅上这一所,十分足意了。租价但凭尊教。"贾石道:"不妨

делием. Недавно я узнал, что вы подали жалобу на Янь Суна и Янь Шифаня, обвинив их в государственных преступлениях, – на такое может решиться только рыцарь справедливости и долга. Слышал я также, что вас ссылают сюда, и жаждал повидать вас. Небу было угодно, чтобы я встретил вас, и я почитаю это для себя великим счастьем.

С последними словами хозяин снова распростерся в земном поклоне. Шэнь Лянь поднял его и велел сыновьям приветствовать гостеприимного хозяина. Цзя Ши попросил жену провести жену Шэнь Ляня во внутренние покои, где она могла бы отдохнуть. Когда с повозки была снята поклажа и отпустили погонщиков, Цзя Ши распорядился заколоть барана и приготовить вина, чтобы попотчевать гостей.

– Льет дождь, куда вы пойдете в такую погоду! – сказал Цзя Ши и тут же предложил Шэнь Ляню: – Оставайтесь лучше пока у меня, выпейте спокойно чарку-другую, чтобы немного прийти в себя после тяжелого пути.

– Встретились мы случайно, и я просто не смею злоупотреблять вашим гостеприимством, – ответил на это Шэнь Лянь.

– Ну что вы! Только не сочтите за пренебрежение – пища у нас тут в захолустье грубая.

Гость и хозяин подносили друг другу вино, говорили о событиях, которые всех волновали. В их взглядах, высказываниях и чувствах было много общего, и они сожалели о том, что не довелось им встретиться раньше.

На следующий же день утром Шэнь Лянь обратился к Цзя Ши:

– Я хотел бы снять дом и пристроить семью. Буду просить вас помочь мне в этом.

– Какой дом вы хотели бы?

– Таким, как, например, ваш, я был бы вполне доволен. Ну а в смысле цены, это уж всецело на ваше усмотрение.

事。"出去踅了一回，转来道："赁房尽多，只是龌龊低洼，急切难得中意。阁下不若就在草舍权住几时。小人领着家小，自到外家去住。等阁下还朝，小人回来。可不稳便？"沈炼道："虽承厚爱，岂敢占舍人之宅？此事决不可。"贾石道："小人虽是村农，颇识好歹。慕阁下忠义之士，想要执鞭随镫，尚且不能。今日天幸降临，权让这几间草房与阁下作寓，也表我小人一点敬贤之心，不须推逊。"话毕，慌忙分付庄客，推个车儿，牵个马儿，带个驴儿，一伙子将细软家私搬去。其余家常动使家火，都留与沈公日用。沈炼见他慨爽，甚不过意，愿与他结义为兄弟。贾石道："小人一介村农，怎敢僭扳贵宦？"沈炼道："大丈夫意气相投，那有贵贱？"贾石小沈炼五岁，就拜沈炼为兄。沈炼教两个儿子拜贾石为义叔。贾石也唤妻子出来，都相见了，做了一家儿亲戚。贾石陪过沈炼吃饭已毕，便引着妻子到外舅李家去讫。自此沈炼只在贾石

— Это пустяки, — ответил Цзя Ши.

Цзя Ши ушел и довольно скоро вернулся.

— Домов сдается много, — сказал он, — но все они низкие и внутри не очень опрятные. Сразу что-нибудь подходящее трудно найти. Лучше уж вам пожить некоторое время у меня, а я с семьей устроюсь пока в доме тестя. Когда вы вернетесь в столицу, я перееду к себе. Так, по-моему, вам будет удобнее. Как вы находите?

— Вы очень добры. Но занять ваш собственный дом — это невозможно.

— Я, конечно, простой крестьянин, — отвечал Цзя Ши, — но все-таки кое в чем разбираюсь. Я преклонялся перед вами как перед благородным и смелым человеком, мечтал служить вам, но это были только мечты. А нынче, когда благоволением неба мне представилась такая возможность, я охотно уступлю вам на время мою хижину. Этим я хоть как-то выражу свое уважение к достойному человеку. Так что, прошу, не отказывайтесь, пожалуйста.

И Цзя Ши тут же отдал соответствующие распоряжения. Выкатили тележку, вывели лошадь, осла, вынесли из дома пожитки Цзя Ши и увезли. Всю обстановку и утварь Цзя Ши оставил гостю. Шэнь Лянь, тронутый его великодушием, решил с ним побрататься.

— Не посмею, — ответил Цзя Ши. — Вы — благородный сановник, а я — простой крестьянин.

— Для настоящих людей, близких по характеру и по духу, может ли быть различие в происхождении! — возразил Шэнь Лянь.

Цзя Ши был моложе Шэнь Ляня на пять лет и стал называть его старшим братом. Шэнь Лянь велел обоим сыновьям поклониться Цзя Ши как названому дяде. Цзя Ши позвал жену, и все приветствовали друг друга, как положено между своими, членами одной семьи.

宅子内居住。时人有诗叹贾舍人借宅之事。诗曰：

倾盖相逢意气真，
移家借宅表情亲。
世间多少亲和友，
竞产争财愧死人！

却说保安州父老闻知沈经历为上本参严阁老，贬斥到此，人人敬仰，都来拜望，争识其面。也有运柴运米相助的，也有携酒肴来请沈公吃的，又有遣子弟拜于门下听教的。沈炼每日间与地方人等，讲论忠孝大节，及古来忠臣义士的故事。说到伤心处，有时毛发倒竖，拍案大叫；有时悲歌长叹，涕泪交流。地方若老若少，无不耸听欢喜。或时唾骂严贼，地方人等齐声附和。其中若有不开口的，众人就骂他是不忠不义。一

Позавтракав вместе с Шэнь Лянем, Цзя Ши с женой уехал к тестю. С тех пор Шэнь Лянь стал жить в его доме. Некто из их современников, восхищенный поступком Цзя Ши, написал следующие стихи:

> *При встрече случайной был полон*
> *душевных, искренних чувств*
> *И, другу свой дом предоставив,*
> *дружбу свою доказал.*
> *А мало ль на свете найдется*
> *и близких друзей, и родных,*
> *Что спорят, враждуют до смерти,*
> *чтоб лишний кусок отхватить?!*

Когда старые и почтенные люди в Баоани узнали, что Шэнь Лянь подал императору доклад, в котором изобличал министра Янь Суна и его сына, и теперь сослан сюда за это, все они прониклись к нему уважением – каждый приходил с поклоном, каждый хотел с ним познакомиться. Некоторые, желая помочь Шэнь Ляню, привозили с собой дрова и рис; другие просто приносили вино и яства, чтобы угостить его; третьи присылали к нему своих сыновей и братьев, чтобы те учились у него и служили ему как учителю.

Каждый день Шэнь Лянь беседовал с местными жителями о преданности стране и о сыновнем почтении, рассказывал о благородных и преданных людях древности. Когда он говорил о чьей-нибудь трагической судьбе, у него порою волосы становились дыбом от гнева и он с криком возмущения ударял кулаком по столу или же, тяжко вздыхая, запевал печальную песню и ронял слезы. И мал и стар – все любили послушать его. Бывало, когда он ругал Янь Суна и Янь Шифаня, люди в один голос вторили ему, а если кто при этом помалкивал, на такого все с

时高兴，以后率以为常。又闻得沈经历文武全材，都来合他去射箭。沈炼教把稻草扎成三个偶人，用布包裹，一写"唐奸相李林甫"，一写"宋奸相秦桧"，一写"明奸相严嵩"，把那三个偶人做个射鹄。假如要射李林甫的，便高声骂道："李贼看箭！"秦贼、严贼都是如此。北方人性直，被沈经历聒得热闹了，全不虑及严家知道。自古道："若要人不知，除非己莫为。"世间只有权势之家，报新闻的极多。早有人将此事报知严嵩父子。严嵩父子深以为恨，商议要寻个事头，杀却沈炼，方免其患。适值宣大总督员缺，严阁老分付吏部，教把这缺与他门人、干儿子杨顺做去。吏部依言，就把那侍郎杨顺差往宣大总督。杨顺往严府拜辞，严世蕃置酒送行。席间屏人而语，

негодованием обрушивались и кляли за отсутствие в нем справедливости и преданности. Постоянное общение с Шэнь Лянем вошло у людей в привычку, и когда они узнали, что их друг и в военном искусстве мастер, стали звать его с собой стрелять из лука. Шэнь Лянь велел сделать три соломенных чучела и обтянуть их материей; на одном он написал: «Танский предатель Ли Линьфу», на другом: «Сунский предатель Цинь Куай», на третьем: «Минский предатель Янь Сун», и чучела эти стали для них мишенью. Стреляя в Ли Линьфу, Цинь Куая или Янь Суна, Шэнь Лянь громко кричал: «Предатель, получай стрелу!»

Северяне — люди прямые и бесхитростные. Когда они с таким увлечением и азартом занимались стрельбой, которую придумал Шэнь Лянь, им, конечно, и в голову не приходило, что все это может дойти до Янь Суна и Янь Шифаня. Издревле говорят: если хочешь, чтобы не знали о твоих поступках, не совершай их. А надо сказать, что больше всего осведомителей и доносчиков как раз у людей власть имущих, так что о проделках Шэнь Ляня уже успели сообщить Янь Суну и Янь Шифаню. Те пришли в ярость и, посоветовавшись, решили ждать, когда найдется предлог убить Шэнь Ляня и таким образом избавиться от него.

Случилось так, что как раз в то время в пограничных военных округах Сюаньфу и Датун оказалась свободной должность генерал-губернатора. Янь Сун распорядился, чтобы Палата чинов отдала эту должность своему человеку и послала бы туда его ученика и приемного сына Ян Шуня. В соответствии с этим Палата и предоставила должность генерал-губернатора округа Сюаньфу чиновнику из личной охраны императора — Ян Шуню. Перед тем как отправиться на местоной службы, Ян Шунь нанес визит Яням. Янь Шифань потчевал его на прощание. За столом, предварительно удалив всех, он поговорил с Ян Шунем, поручил ему следить за Шэнь Лянем и найти повод для обвинения его в каком-нибудь преступлении. Ян Шунь пообещал это

托他要查沈炼过失。杨顺领命，唯唯而去。正是：

> 合成毒药惟需酒，
> 铸就钢刀待举手。
> 可怜忠义沈经历，
> 还向偶人夸大口！

却说杨顺到任不多时，适遇大同鞑虏俺答引众入寇，应州地方，连破了四十余堡，掳去男妇无算。杨顺不敢出兵救援，直待鞑虏去后，方才遣兵调将，为追袭之计。一般筛锣击鼓，扬放炮，鬼混一场，那曾看见半个鞑子的影儿！杨顺情知失机惧罪，密谕将士，拿获避兵的平民，将他剽头斩首，充做鞑虏首级，解往兵部报功。那一时，不知杀死了多少无辜的百姓。沈炼闻知其事，心中大怒，写书一封，教中军官送与杨顺。中军官晓得沈经历是个惹祸的太岁，书中不知写甚么说话，那里

сделать и, почтительно поддакивая, откланялся. Вот уж поистине,

> *Отрава готова –*
> *только вина не хватает;*
> *Меч уже отлит –*
> *руку поднять остается.*
> *Жаль благородного,*
> *сердцем бесстрашного Шэня –*
> *По чучелам он*
> *никчемной стрельбе предается.*

Вскоре после того как Ян Шунь прибыл на место назначения, вождь датунских татар Алтан-хан напал на китайские посты, захватил одну за другой более сорока крепостей в Инчжоу и увел в плен множество жителей. Ян Шунь не решился выставить солдат, чтобы прийти населению на помощь. Он дождался, пока вражеские отряды ушли, и только тогда послал свои войска, под видом, что осуществляет план преследования отступающего неприятеля. Солдаты Ян Шуня били в гонги и барабаны, размахивали флагами, стреляли из пушек. Но это была простая комедия – татар уже давно и след простыл! Понимая, что нужный момент упущен, и боясь, как бы не пришлось быть за это в ответе, Ян Шунь тайком приказал своим военачальникам хватать простых крестьян, бежавших от татар, брить их наголо и отрубать им головы. Головы эти, выдав за головы убитых врагов, он как доказательство своих побед послал в Военную палату. Трудно счесть, сколько ни в чем не повинных людей было погублено в те дни.

Когда Шэнь Лянь узнал обо всем этом, он пришел в ярость, тут же написал письмо и попросил военного секретаря передать это письмо Ян Шуню. Тот знал Шэнь Ляня как отчаянного

肯与他送进。沈炼就穿了青衣小帽，在军门伺候杨顺出来，亲自投递。杨顺接来看时，书中大略说道：

　　一人功名事极小，百姓性命事极大。杀平民以冒功，于心何忍？况且遇鞑贼止于掳掠，遇我兵反加杀戮，是将帅之恶，更甚于鞑虏矣！

书后又附诗一首。诗云：

　　杀生报主意何如？
　　解道功成万骨枯！
　　试听沙场风雨夜，
　　冤魂相唤觅头颅。

杨顺见书大怒，扯得粉碎。

　　却说沈炼又做了一篇祭文，率领门下子弟，备了祭礼，望

скандалиста, понимал, что в письме он может написать все что угодно, и не согласился взять на себя его поручение. Тогда Шэнь Лянь надел платье и шапку простолюдина, стал поджидать Ян Шуня возле входа в ямэнь и, когда тот вышел, сам вручил ему письмо. Ян Шунь вскрыл письмо и стал читать. Говорилось в нем примерно следующее:

> *Личные заслуги и слава одного человека – дело ничтожное, а жизнь народа – дело великое. Как можно убивать простых людей для того лишь, чтобы заявить о своих несуществующих заслугах? Ведь татары только грабили людей и уводили их в плен, а наши войска убивали свой же народ. Таким образом, наши воеводы оказались более преступны и жестоки, чем сами татары.*

К письму были приложены еще и стихи:

> *Убивая людей, сообщал о победе –*
> *на что же рассчитывал ты?*
> *Почесть, награды снискать собирался*
> *за тысячи сгнивших костей.*
> *Прислушайся, в ратном что поле творится*
> *в бурю, в ненастную ночь:*
> *Там призраки бродят, крича и стеная,*
> *и ищут свои черепа!*

Ян Шунь прочитал письмо и, негодуя, разорвал его в клочки. Затем Шэнь Лянь написал поминальное обращение и вместе со своими последователями и учениками приготовил жертвоприношения и принес жертву невинно погибшим. После этого он написал еще два стихотворения на тему «На границе». Пер-

空祭奠那些冤死之鬼。又作《塞下吟》云：

云中一片虏烽高，
出塞将军已着劳。
不斩单于诛百姓，
可怜冤血染霜刀！

又诗云：

本为求生来避虏，
谁知避虏反戕生！
早知虏首将民假，
悔不当时随虏行！

杨总督标下有个心腹指挥，姓罗，名铠，抄得此诗并祭文，密献于杨顺。杨顺看了，愈加怨恨，遂将第一首诗改窜数字。诗曰：

云中一片虏烽高，
出塞将军枉着劳。

вое гласило:

Запад едва озарился кострами
   враждебных татарских племен,
А в наших войсках боевой полководец
   уже изнемог, истомлен.
Нет, не разит и не бьет воевода
   лихих чужеземных вождей,
Кровью невинных людей обагряет
   он саблю стальную свою.

В другом говорилось:

Они бежали от врагов,
   чтоб жизнь свою спасти,
Но убежали от татар
   и смерть свою нашли.
О, если б ведали они
   грядущую судьбу!
Как сожалели бы тогда,
   что не сдались врагам!

У Ян Шуня был свой человек, некий Лу Кай. Он переписал стихи и поминальное обращение и тайком передал их Ян Шуню. Гневу Ян Шуня и ненависти его к Шэнь Ляню не было предела. Ян Шунь тут же изменил несколько слов в первом стихе, и получилось:

Запад уже озарился кострами
   враждебных татарских племен,
И в наших войсках боевой воевода
   напрасно себя не щадит.

何以借他除佞贼？

不须奏请上方刀。

　　写就密书，连改诗封固，就差罗铠送与严世蕃。书中说沈炼恨着相国父子，阴结死士剑客，要乘机报仇。前番挞虏入寇，他吟诗四句，诗中有借虏除佞之语，意在不轨。世蕃见书大惊，即请心腹御史路楷商议。路楷曰："不才若往按彼处，当为相国了当这件大事。"世蕃大喜，即分付都察院，便差路楷巡按宣大。临行，世蕃治酒款别，说道："烦寄语杨公，同心协力；若能除却这心腹之患，当以侯伯世爵相酬，决不失信于二公也。"路楷领诺。不一日，奉了钦差敕命，来到宣府到任，与杨总督相见了。路楷遂将世蕃所托之语，一一对杨顺说

*Лучше бы с помощью чужеземцев
предателей он покарал,
Кровью их грязной тогда не пришлось бы
владыке свой меч обагрять.*

Затем он написал письмо, вложил в него измененные стихи, и с письмом этим послал Лу Кая к Янь Шифаню. В письме говорилось, что Шэнь Лянь, ненавидя первого министра и его сына и намереваясь при случае отомстить Янь Шифаню, тайно собирает возле себя бесстрашных головорезов и удальцов, владеющих мечом; что при нашествии татар он сочинил стихи, в которых есть слова, призывающие с помощью захватчиков уничтожить коварных предателей, которые стоят у власти, и что, мол, вообще в голове у него бунтарские мысли. Прочитав это письмо, Янь Шифань переполошился. Он тут же пригласил к себе одного из своих доверенных людей, цензора Лу Кая, и стал с ним советоваться.

— Если я буду назначен туда, — сказал Лу Кай, — то, конечно, сделаю для вас все, что нужно.

Янь Шифань был счастлив. Он тут же дал распоряжение Цензорату назначить Лу Кая инспектором в Сюаньфу и Датун.

Накануне отъезда Лу Кая Янь Шифань устроил прощальный пир.

— Передайте, пожалуйста, мои лучшие пожелания Ян Шу-ню, — говорил он Лу Каю. — Надеюсь, что вы будете действовать совместно с Ян Шунем, общими усилиями. И если вы избавите меня от этой язвы, которая меня гложет, я отблагодарю вас обоих пожалованием самых высоких титулов. Поверьте, от своего слова я не откажусь.

Лу Кай понимающе кивнул.

Прошел не один день, пока Лу Кай, получив высочайший приказ о назначении, направился в Сюаньфу. Там он встретился

知。杨顺道："学生为此事朝思暮想，废寝忘餐，恨无良策，以置此人于死地。"路楷道："彼此留心，一来休负了严公父子的付托，二来自家富贵的机会，不可挫过。"杨顺道："说得是。倘有可下手处，彼此相报。"当日相别去了。

杨顺思想路楷之言，一夜不睡。次早坐堂，只见中军官报道："今有蔚州卫拿获妖贼二名，解到辕门外，伏听钧旨。"杨顺道："唤进来。"解官磕了头，递上文书。杨顺拆开看了，呵呵大笑。这二名妖贼，叫做阎浩、杨胤夔，系妖人萧芹之党。——原来萧芹是白莲教的头儿，向来出入虏地，惯以焚香惑众，哄骗虏酋俺答，说自家有奇术，能咒人使人立死，喝城使城立颓。虏酋愚甚，被他哄动，尊为国师。其党数百人，自为一营。俺答几次入寇，都是萧芹等为之向道。中国屡受其害。先前史侍郎做总督时，遣通事重赂虏中头目脱脱，对他说

с Ян Шунем и подробно передал ему свой разговор с Янь Шифанем.

— Я день и ночь думаю о том же, не сплю, не ем, — заметил Ян Шунь, — но, к сожалению, не могу придумать ничего такого, что дало бы мне возможность покончить с этим человеком.

— Ну что ж, будем оба начеку. Мы не должны обмануть ожидания господина главного министра, да и не следует упускать случая выдвинуться самим.

— Вы правы, — согласился Ян Шунь. — Если только один из нас увидит возможность прибрать Шэнь Ляня к рукам, должен сразу же сообщить другому.

На этом они расстались. В ту ночь Ян Шунь не мог заснуть и все думал о том, что рассказал ему Лу Кай. Утром, когда он в ямэне начал присутствие, секретарь по военным делам доложил:

— В Вэйчжоу пойманы два бунтаря и нынче доставлены к нам. Каковы будут ваши указания?

— Приведите их, — распорядился Ян Шунь.

Вошел начальник конвоя, земно поклонился и подал Ян Шуню сопроводительную грамоту. Ян Шунь прочитал грамоту, и лицо его расплылось в улыбке. Оказалось, что оба арестованных — одного из них звали Янь Хао, другого — Ян Инькуй — были из шайки Сяо Циня, главаря секты «Белого лотоса». В свое время Сяо Цинь постоянно ездил к татарам и там, воскуривая фимиам, дурачил народ; обманывал вождя татар Алтан-хана — говорил, что владеет магией, что может заклинаниями убить человека, одним волшебным словом сокрушить городскую стену. Хан был настолько глуп, что верил ему и пожаловал титул главного духовного наставника. У Сяо Циня было несколько сот человек, которые составили целый лагерь; когда Алтан-хан совершал набеги на китайскую землю, Сяо Цинь и его люди служили ему проводниками. Китай не раз страдал от них. В свое время предшественник Ян Шуня, господин Ши, направил своего тол-

道："天朝情愿与你通好，将俺家布粟，换你家马，名为'马市'，两下息兵罢战，各享安乐，此是美事；只怕萧芹等在内作梗，和好不终。那萧芹原是中国一个无赖小人，全无术法，只是狡伪，哄诱你家抢掠地方，他于中取事。郎主若不信，可要萧芹试其术法。委的喝得城颓，咒得人死，那时合当重用；若咒人人不死，喝城城不颓，显是欺诳。何不缚送天朝？天朝感郎主之德，必有重赏。马市一成，岁岁享无穷之利，煞强如抢掠的勾当。"脱脱点头道："是。"对郎主俺答说了。俺答

мачас дорогими подношениями к одному из татарских вождей – Тата и велел передать тому следующее:

Поднебесная страна охотно согласилась бы установить с вами дружеские отношения, обменивать наши зерно и ткани на ваших коней и устроить то, что называется «конный рынок». Военные действия тогда были бы прекращены, обе стороны пребывали бы в благоденственном покое, и это было бы прекрасно. Но, вероятно, тому будет препятствовать Сяо Цинь, и мир между нами так и не установится. Сяо Цинь – подданный нашей страны; никакой магической силой он не обладает, он просто коварным обманом подстрекает вас к набегам, из которых извлекает пользу для себя самого. Если вы не верите моим словам, то попробуйте испытать его – обладает ли он тайной магического искусства. Если Сяо Цинь своими заклинаниями действительно сумеет разрушить городские стены и убить человека, тогда используйте его на ответственном посту, а не сумеет – значит, явно одурачивает вас. В таком случае вам следовало бы связать его и доставить в распоряжение нашего двора. Тронутая вашим добродетельным поступком, страна наша непременно щедро вознаградила бы вас; наладился бы «конный рынок», и вы из года в год получали бы несметную прибыль, – так куда выгоднее, чем заниматься рискованным грабежом.

«Что верно, то верно», – согласился Тата и доложил обо всем Алтан-хану. Алтан-хан был доволен таким предложением. Он

大喜，约会萧芹，要将千骑随之，从右卫而入，试其喝城之技。萧芹自知必败，改换服色，连夜脱身逃走，被居庸关守将盘诘，并其党乔源张攀隆等拿住，解到史侍郎处。招称妖党甚众，山西畿南，处处俱有。一向分头缉捕。今日阎浩杨胤夔亦是数内有名妖犯。杨总督看见获解到来，一者也算他上任一功，二者要借这个题目牵害沈炼，如何不喜。当晚就请路御史来后堂商议道："别个题目摆布沈炼不了，只有个白莲教通虏一事，圣上所最怒。如今将妖贼阎浩杨胤夔招中，窜入沈炼名字，只说浩等平日师事沈炼。沈炼因失职怨望，教浩等煽妖作幻，勾虏谋逆。天幸今日被擒，乞赐天诛，以绝后患。先用密禀，禀知严家，教他叮嘱刑部，作速覆本。料这番沈炼之命，

встретился с Сяо Цинем и договорился, что тысячная конница будет сопровождать Сяо Циня через границу, где они подойдут с правого фланга к одной из китайских крепостей, и там Сяо Цинь должен будет показать свое искусство и заставить обрушиться городские стены. В страхе перед неминуемым разоблачением Сяо Цинь той же ночью переоделся и бежал. У заставы Цзююнгуань он был задержан и допрошен. Его сообщники — Цяо Юань, Чжан Паньлун и другие были также схвачены и доставлены к губернатору Ши. Они показали, что последователей этой секты много и что есть они и на юге, и на западе страны. С тех пор повсюду искали и арестовывали сообщников Сяо Циня. Янь Хао и Ян Инькуй, которых теперь схватили в Вэйчжоу, были известными людьми из этой шайки. Поэтому Ян Шунь и был так обрадован: прежде всего, то, что преступников задержали и препроводили сюда, зачтется ему, генерал-губернатору, в заслугу; кроме того, он сможет воспользоваться этим случаем, чтобы впутать в дело Шэнь Ляня и таким образом избавиться от него.

В тот же вечер Ян Шунь пригласил к себе Лу Кая и стал с ним советоваться.

— Другого такого предлога расправиться с Шэнь Лянем не будет, — говорил Ян Шунь. — Ничто так не претит императору, как связь секты «Белый лотос» с татарами. Мы заставим Янь Хао и Ян Инькуя показать на Шэнь Ляня, заставим их признаться, что они его последователи и ученики. Они покажут, что, недовольный и обиженный потерей должности, Шэнь Лянь подстрекал их заниматься волшебством и связаться с татарами, дабы нанести поражение своей собственной стране. Затем мы доложим, что, к счастью, преступники схвачены, и выразим надежду, что ради уничтожения мятежа в самом зародыше император даст санкцию на их казнь. А до того мы тайно сообщим обо всем первому министру Яню. Пусть он прикажет Палате наказаний немедля составить об этом доклад государю. Думаю, на этот раз

必无逃矣。"路楷拍手道："妙哉！妙哉！"两个当时就商量了本稿，约齐同时发本。严嵩先见了本稿及禀帖，便教严世蕃传话刑部。那刑部尚书许论，是个罢软没用的老儿，听见严府分付，不敢怠慢，连忙覆本，一依杨路二人之议。圣旨倒下：妖犯着本处巡按御史即时斩决；杨顺荫一子锦衣卫千户；路楷纪功升迁三级，俟京堂缺推用。

　　话分两头。却说杨顺自发本之后，便差人密地里拿沈炼下于狱中，慌得徐夫人和沈衮沈褒没做理会，急寻义叔贾石商议。贾石道："此必杨路二贼为严家报仇之意。既然下狱，必然诬陷以重罪。两位公子及今逃窜远方，待等严家势败，方可以出头。若住在此处，杨路二贼，决不干休。"沈衮道："未曾看得父亲下落，如何好去？"贾石道："尊大人犯了对头，

Шэнь Ляню не вывернуться.

– Великолепно! Великолепно! – восклицал Лу Кай, хлопая в ладоши.

Они тут же обсудили, как составить доклады, и договорились направить их в столицу одновременно.

Когда Янь Сун получил оба доклада, он велел Янь Шифаню сказать слово начальнику Палаты наказаний. Сюй Лунь, начальник Палаты наказаний, был безвольным и бездарным стариком. Узнав, что полученное им распоряжение исходит от самого Янь Суна, он не посмел проявить нерадение и тотчас составил императору доклад в том духе, как того хотели Ян Шунь и Лу Кай. Вскоре последовал императорский указ, предписывающий местным властям немедленно казнить преступных шарлатанов. В связи с этим делом сыну Ян Шуня жаловалась должность цяньху в охранных войсках императора, а Лу Кай получал повышение на три ранга, и ему было обещано, что при первой вакансии его переведут на должность в столицу.

Но вернемся к нашему рассказу. Когда Ян Шунь отправил доклады, он послал людей тайно схватить Шэнь Ляня и бросил его в тюрьму. Жена Шэнь Ляня и оба сына переполошились, не зная, что предпринять. Братья решили немедленно посоветоваться с Цзя Ши.

– Наверняка эти негодяи Ян Шунь и Лу Кай задумали отомстить за Янь Суна, – высказал предположение Цзя Ши. – И раз уж отца вашего посадили в тюрьму, то, без сомнения, обвинят его в каком-нибудь тяжком преступлении. Советую вам без промедления бежать в дальние края и не объявляться до тех пор, пока Янь Сун и Янь Шифань не потеряют свое могущество и влияние. Здесь Ян Шунь и Лу Кай, конечно, не оставят в покое и вас.

– Как можем мы уехать, не зная, что ждет отца? – сказал Шэнь Гунь.

决无保全之理。公子以宗祀为重，岂可拘于小孝，自取灭绝之祸？可劝令堂老夫人，早为远害全身之计。尊大人处，贾某自当央人看觑，不烦悬念。"二沈便将贾石之言对徐夫人说知。徐夫人道："你父亲无罪陷狱，何忍弃之而去？贾叔叔虽然相厚，终是个外人。我料杨路二贼，奉承严氏，不过与你爹爹作对，终不然累及妻子？你若畏罪而逃，父亲倘然身死，骸骨无收，万世骂你做不孝之子，何颜在世为人乎！"说罢，大哭不止。沈衮、沈褒，齐声恸哭。贾石闻知徐夫人不允，叹息而去。过了数日，贾石打听的实，果然扭入白莲教之党，问成死罪。沈炼在狱中大骂不止。杨顺自知理亏，只恐临时处决，怕他在众人面前毒骂，不好看相；预先问狱官责取病状，将沈炼结果了性命。贾石将此话报与徐夫人知道。母子痛哭，自不必

— Ваш отец в руках врагов, он уже человек обреченный. А вы должны думать о сохранении рода, и сейчас ваша сыновняя почтительность ни к чему не приведет – погубите только самих себя и всех ваших родственников. Уговорите матушку как можно скорее уехать подальше от беды. Что касается вашего батюшки, то я сам попрошу людей о нем позаботиться, об этом можете не беспокоиться.

Братья передали разговор с Цзя Ши своей матери.

— Отец ваш безвинно попал в тюрьму, как же можем мы покинуть его и уехать? – говорила госпожа Сюй, жена Шэнь Ляна. – Дядюшка Цзя хоть и друг нам, но все-таки человек чужой, не родня. Я думаю, что, желая угодить Янь Суну, Ян Шунь и Лу Кай будут строить козни только против вашего отца и нас-то это вряд ли коснется. Если же, спасая себя, вы убежите, а отец здесь погибнет и даже останки его некому будет похоронить, тогда люди будут поминать вас недобрым словом и в веках за вами останется дурная слава непочтительных сыновей. Как тогда жить, как смотреть людям в глаза?

При последних словах она громко разрыдалась. Разрыдались с ней и сыновья.

Когда Цзя Ши сказали, что госпожа Сюй уезжать не соглашается, он только вздохнул и ушел. Несколько дней спустя Цзя Ши получил достоверные сведения о том, что Шэнь Ляна впутали в дело секты «Белый лотос» и приговорили к смерти.

В тюрьме Шэнь Лянь, не переставая, во весь голос ругал подлых душегубов. Ян Шунь, зная, что поступил бесчестно, и опасаясь, как бы Шэнь Лянь в момент казни не опозорил его перед всем народом своей бранью, приказал составить свидетельство, что узник заболел и скончался в тюрьме, а затем распорядился, чтобы Шэнь Ляна прикончили.

Обо всем этом Цзя Ши сообщил госпоже Сюй. Не приходится говорить о том, как горько плакали она и ее сыновья.

说。又亏贾石多有识熟人情，买出尸首，嘱咐狱卒："若官府要枭示时，把个假的答应。"却瞒着沈衮兄弟，私下备棺盛殓，埋于隙地。事毕，方才同沈衮说道："尊大人遗体已得保全，直待事平之后，方好指点与你知道，今犹未可泄漏。"沈衮兄弟感谢不已。贾石又苦口劝他兄弟二人逃走。沈衮道："极知久占叔叔高居，心上不安；奈家母之意，欲待是非稍定，搬回灵柩；以此迟延不决。"贾石怒道："我贾某生平，为人谋而尽忠。今日之言，全是为你家门户，岂因久占住房，说发你们起身之理？既嫂嫂老夫人之意已定，我亦不敢相强。但我有一小事，即欲远出，有一年半载不回。你母子自小心安住便了。"觑着壁上贴得有前后《出师表》各一张，乃是沈炼亲笔楷书。贾石道："这两幅字可揭来送我，一路上做个记

Благодаря доброму отношению знакомых и друзей, Цзя Ши удалось тайком выкупить труп Шэнь Ляня. Тюремщикам он при этом говорил:

— Если начальство потребует, чтобы ему отрубили голову, возьмете какой-нибудь другой труп, и все.

Ничего не сказав сыновьям Шэнь Ляня, Цзя Ши сам купил гроб и торжественно, с подобающими обрядами похоронил своего друга в пустынном месте. Лишь после похорон он сказал Шэнь Гуню и Шэнь Бао:

— Прах вашего отца я уберег, но могилу его укажу вам после того, как все уляжется. Пока надо это держать в тайне.

Братья еще и еще благодарили его, а Цзя Ши настойчиво уговаривал их покинуть эти места.

— Мы хорошо понимаем, что слишком долго занимаем ваш дом, и чувствуем себя очень неловко, — говорил Шэнь Гунь. — Но матушка хотела бы здесь дождаться того дня, когда выяснится невинность отца, чтобы отвезти гроб на родину. Поэтому мы и медлим.

Цзя Ши рассердился.

— Всю свою жизнь, думая о людях, я был им верен до конца, — отвечал Цзя Ши. — И если сейчас я советую вам уезжать, то только потому, что беспокоюсь за вас, а вовсе не из-за того, что вы здесь долго живете и что я хочу поскорей от вас избавиться. Но раз ваша матушка уже приняла решение, я не смею настаивать. Что касается меня, то я должен по одному делу уехать далеко отсюда и вернусь не раньше, чем через полтора года, так что вы можете оставаться здесь, но только будьте осторожны.

И тут взгляд его остановился на двух докладах Чжугэ Ляна, переписанных собственноручно Шэнь Лянем и наклеенных на стене.

— Хотел бы, чтобы вы сняли эти доклады и подарили их мне, — попросил Цзя Ши. — Они у меня будут с собой как память о

念。他日相逢，以此为信。"沈衮就揭下二纸，双手摺叠，递与贾石。贾石藏于袖中，流泪而别。原来贾石算定杨路二贼设心不善，虽然杀了沈炼，未肯干休。自己与沈炼相厚，必然累及；所以预先逃走，在河南地方宗族家权时居住，不在话下。

却说路楷见刑部覆本，有了圣旨，便于狱中取出阎浩杨胤夔斩讫。并要割沈炼之首，一同枭示。谁知沈炼真尸已被贾石买去了，官府也那里辨验得出。不在话下。

再说杨顺看见止于荫子，心中不满，便向路楷说道："当初严东楼许我事成之日，以侯伯爵相酬；今日失信，不知何故？"路楷沉思半晌，答道："沈炼是严家紧对头，今止诛其身，不曾波及其子，斩草不除根，萌芽复发。相国不足我们之意，想在于此。"杨顺道："若如此，何难之有？如今再上个本，说沈炼虽诛，其子亦宜知情，还该坐罪，抄没家私：庶

вас, а потом, когда доведется встретиться, сможем по ним узнать друг друга.

Шэнь Гунь снял со стены оба доклада, свернул их и обеими руками поднес Цзя Ши. Тот спрятал свертки в рукав и, роняя слезы, простился.

Цзя Ши прекрасно понимал, что Ян Шунь и Лу Кай со своими злодейскими планами не ограничатся убийством Шэнь Ляня. Не сомневаясь в том, что и его как близкого друга Шэнь Ляня не оставят в покое и привлекут к ответу, Цзя Ши решил заблаговременно бежать и пожить некоторое время у своих родственников в Хэнани.

Когда в связи с докладом Палаты наказаний пришел императорский указ, цензор Лу Кай тут же распорядился казнить двух схваченных бандитов, а также отрубить голову Шэнь Ляню и выставить ее напоказ вместе с головами обоих преступников. Но, как известно, Цзя Ши успел уже выкупить труп Шэнь Ляня, и никто из начальственных лиц, разумеется, не обнаружил, что труп подменили.

Теперь дальше. Ян Шунь, недовольный тем, что обещанные награды свелись всего лишь к пожалованию должности его сыну, как-то сказал Лу Каю:

— В свое время Янь Шифань обещал нам, что, когда дело будет сделано, он отблагодарит нас высокими титулами. Интересно, почему же он не сдержал своего слова?

— Шэнь Лянь был заклятым врагом семьи Яней, — подумав немного, отвечал Лу Кай. — А мы казнили только его самого и до сих пор ничего не сделали с его сыновьями. Трава срезана, но не вырван корень, значит, он может снова пустить ростки. Наверно, господин министр остался недоволен нашим решением. Думаю, что дело именно в этом.

— Если так, — сказал Ян Шунь, — то нет ничего проще. Мы нынче же подадим доклад и укажем, что хотя Шэнь Лянь и каз-

国法可伸，人心知惧。再访他同射草人的几个狂徒，并借屋与他住的，一齐拿来治罪，出了严家父子之气；那时却将前言取偿，看他有何推托。"路楷道："此计大妙。事不宜迟，乘他家属在此，一网打尽，岂不快哉！——只怕他儿子知风逃避，却又费力。"杨顺道："高见甚明。"一面写表申奏朝廷，再写禀帖到严府知会，自述孝顺之意。一面预先行牌保安州知州，着用心看守犯属，勿容逃逸。只候旨意批下，便去行事。诗曰：

　　破巢完卵从来少，
　　削草除根势或然。
　　可惜忠良遭屈死，

нен, но сыновей его, которые должны были знать обо всем, тоже следует привлечь к ответственности и имущество их должно быть конфисковано: пусть, мол, люди помнят, что закон распространяется на всех, пусть убоятся закона. Затем мы разузнаем, кто те головорезы, которые вместе с ним стреляли в чучела, и кто предоставил ему свой дом. Всех схватим и привлечем к ответу. Тем самым мы до конца отомстим за обиду, нанесенную Янь Суну и Янь Шифаню, и уж тогда будем просить обещанной награды. Думаю, что в этом случае у них уже не будет предлога нам отказать.

– Великолепно придумано! – сказал Лу Кай. – Не будем терять времени. Пока его семья здесь, мы можем схватить всех их сразу. Только бы его сыновья не пронюхали об этом и не удрали, тогда хлопот не оберешься!

– Вы совершенно правы, – согласился Ян Шунь.

И они тут же послали доклад императору и письмо Янь Суну, в котором выразили ему свою почтительность и преданность. Одновременно они дали распоряжение начальнику округа Баоань следить за семьей преступника, чтобы ни один из этой семьи не скрылся, поскольку сразу же по получении указа, говорили они, все родственники Шэнь Ляня должны быть арестованы. Как говорится в стихах:

Редко бывает, чтоб яйца
  уцелели в гнезде разоренном;
С корнем обычно
  траву из земли вырывают.
Достойный безвинно казнен,
  злодеям этого мало:
Хотят всю семью погубить,
  угождая власть предержащим.

又将家属媚当权。

再过数日，圣旨下了。州官奉着宪牌，差人来拿沈炼家属；并查平素往来诸人姓名，一一挨拿。只有贾石名字，先经出外，只得将在逃开报。——此见贾石见几之明也。时人有诗赞云：

义气能如贾石稀，
全身远避更知几。
任他罗网空中布，
争奈仙禽天外飞。

却说杨顺见拿到沈衮、沈褒，亲自鞫问，要他招承通虏实迹。二沈高声叫屈，那里肯招；被杨总督严刑拷打，打得体无完肤，沈衮、沈褒，熬炼不过，双双死于杖下。可怜少年公子，都入枉死城中！其同时拿到犯人，都坐个同谋之罪，累死者何止数十人！幼子沈尚在襁褓，免罪，随着母徐氏，另徙在

Через несколько дней пришел императорский указ, и местные власти арестовали родственников Шэнь Ляня. Одновременно были наведены справки о друзьях и знакомых Шэнь Ляня, и все они тоже были арестованы. Не удалось схватить одного лишь Цзя Ши, который успел своевременно покинуть город, так что местному начальству пришлось сообщить о нем высшим властям как о бежавшем преступнике. Отсюда видно, как Цзя Ши умел все мудро предвидеть. Один из современников написал стихотворение, восхваляющее Цзя Ши:

В благородстве и дружбе
кто мог бы сравниться с Цзя Ши,
К тому ж дальновиден –
он заранее скрыться решил.
Коварные сети
врагами расставлены всюду,
Но умная птица
вспорхнула и вольно парит в небесах.

Арестованных Шэнь Гуня и Шэнь Бао Ян Шунь допрашивал лично, добиваясь от них признания в связях с татарами и нужных ему показаний. Но братья только громко кричали, моля о справедливости. И, разумеется, никак не могли они признаться в том, чего не было. Тогда Ян Шунь приказал их пытать, и братьев так избили, что на теле у них не оставалось живого места. Шэнь Гунь и Шэнь Бао не выдержали пыток и умерли под палками. Не прискорбно ли – молодые люди, сыновья уважаемого человека, и так вот безвинно погибли!

Всех остальных, арестованных по этому делу, обвинили в соучастии, и погублен был не один десяток душ.

Младшего сына Шэнь Ляня, как совсем малолетнего, не привлекли к делу. Ему с матерью было запрещено оставаться в

云州极边，不许在保安居住。

路楷又与杨顺商议道："沈炼长子沈襄，是绍兴有名秀才。他时得第，必然衔恨于我辈。不若一并除之，永绝后患。亦要相国知我用心。"杨顺依言，便行文书到浙江，把做钦犯，严提沈襄来问罪。又分付心腹经历金绍，择取有才干的差人，赍文前去；嘱他中途伺便，便行谋害，就所在地方讨个病状回缴。事成之日，差人重赏，金绍许他荐本超迁。金绍领了台旨，汲汲而回，着意的选两名积年干事的公差，无过是张千李万。金绍唤他到私衙，赏了他酒饭，取出私财二十两相赠。张千李万道："小人安敢无功受赐？"金绍道："这银两不是我送你的，是总督杨爷赏你的。叫你赍文到绍兴去拿沈襄，一

Баоани, и их выслали в далекие края, в Юньчжоу.

После всего этого Лу Кай стал советоваться с Ян Шунем, как им поступить с Шэнь Сяося, старшим сыном Шэнь Ляня.

– Он ведь известный сюцай в Шаосине, – говорил Лу Кай. – Придет время, он приобретет положение и, уж конечно, затаит злобу против нас. Лучше и его заодно убрать – по крайней мере, предотвратим неприятности; к тому же и господин министр увидит, как мы для него стараемся.

Ян Шунь с ним согласился. Тут же он написал отношение властям провинции Чжэцзян, согласно которому важного государственного преступника Шэнь Сяося должны были под строгим надзором доставить в Баоань на допрос. Затем Ян Шунь велел своему доверенному секретарю Цзинь Шао подобрать толковых служителей и послать их с этим отношением в Чжэцзян. Цзинь Шао должен был наказать служителям, чтобы, конвоируя Сяося, они улучили подходящий момент и убили его. Там же им надлежало раздобыть свидетельство о его смерти по болезни и с этим документом вернуться обратно. Ян Шунь заверил, что, когда дело будет сделано, он щедро наградит служителей, а самого Цзинь Шао обещал представить к повышению.

Получив приказ, Цзинь Шао усердно взялся за дело. Выбрав двух опытных служителей ямэня – Чжан Цяня и Ли Ваня, он пригласил их к себе домой, угостил и под конец протянул им двадцать ланов серебром из своих собственных денег.

– Как посмеем незаслуженно брать от вас подарок? – говорили Чжан Цянь и Ли Вань.

– Это не мой подарок, – отвечал Цзинь Шао. – Это дарит вам губернатор, господин Ян Шунь. Он хочет, чтобы вы отправились с отношением в Чжэцзян и там приняли под конвой Шэнь Сяося. Но в пути не спускайте с него глаз...

Тут Цзинь Шао сказал им, что и как они должны сделать, и добавил:

路不要放松他，须要如此如此，这般这般，回来还有重赏。若是怠慢，总督老爷衙门不是取笑的，你两个自去回话。"张千李万道："莫说总督老爷钧旨，就是老爷分付，小人怎敢有违！"收了银子，谢了金经历，在本府领下公文，疾忙上路，往南进发。

却说沈襄号小霞，是绍兴府学廪秀才。他在家久闻得父亲以言事获罪，发去口外为民，甚是挂怀，欲亲到保安州一看，因家中无人主管，行止两难。忽一日，本府差人到来，不由分说，将沈襄锁缚，解到府堂。知府教把文书与沈襄看了备细，就将回文和犯人交付原差，嘱他一路小心。沈襄此时方知父亲及二弟俱已死于非命，母亲又远徙极边。放声大哭，哭出府门，只见一家老小，都在那里，搅做一团的啼哭。原来文书上有奉旨抄没的话，本府已差县尉封锁了家私，将人口尽皆逐出。沈小霞听说，真是苦上加苦，哭得咽喉无气。霎时间，亲戚都来与小霞话别；明知此去多凶少吉，少不得说几句劝解的

— Когда вернетесь, будете щедро награждены еще. Ну а если оплошаете... Наш губернатор, господин Ян Шунь, шутить не любит, и отвечать перед ним придется вам самим.

— Незачем говорить о распоряжении губернатора – для нас достаточно вашего слова, чтобы мы не осмелились ослушаться, – в один голос заявили Чжан Цянь и Ли Вань, взяли деньги и, поблагодарив Цзинь Шао, отправились в ямэнь за документом. Без промедления они собрались и отправились в путь на юг.

Как уже говорилось, Сяося числился сюцаем на стипендии и жил дома, на родине, в Шаосине. Сяося очень беспокоился за отца – до него давно уже дошли слухи о том, что его отец своим докладом навлек на себя немилость, лишен чина и должности и сослан на север. Сяося собирался поехать в Баоань проведать отца, но оставить дом и хозяйство было не на кого, и он все никак не мог решиться уехать. И вот вдруг ни с того ни с сего в какой-то день к нему явились служители из местного ямэня и, не желая ничего слушать, скрутили его и потащили в ямэнь.

Правитель области дал Сяося прочитать бумагу, согласно которой Сяося подлежал аресту, отдал Чжан Цяню и Ли Ваню ответ на отношение и наказал служителям, чтобы те в пути внимательно следили за конвоируемым.

Только теперь Сяося узнал, что отец и оба брата погибли, а мать сослана на далекую окраину. Громко рыдая, он вышел из ямэня и тут увидел, что возле ворот стоят и плачут все его домашние. Оказывается, в отношении из Баоани было сказано, что по приказу свыше имущество семьи Шэнь конфискуется, и правитель области уже успел послать людей, которые опечатали дом и всех его обитателей выгнали на улицу. Убитый горем, Сяося так плакал, что потерял голос и едва переводил дыхание. Тем временем к ямэню стали подходить родственники Сяося, чтобы проститься с ним. Все понимали, что ждать добра или надеяться на счастливый случай ему не приходится, и все же, как

言语。小霞的丈人孟春元，取出一包银子，送与二位公差，求他路上看顾女婿。公差嫌少不受。孟氏娘子又添上金簪子一对，方才收了。沈小霞带着哭，分付孟氏道："我此去死多生少，你休为我忧念，只当我已死一般，在爷娘家过活。你是书礼之家，谅无再醮之事，我也放心得下。"指着小妻闻淑女说道："只这女子，年纪幼小，又无处着落，合该叫他改嫁，奈我三十无子，他却有两个半月的身孕，他日倘生得一男，也不绝了沈氏香烟。娘子，你看我平日夫妻面上，一发带他到丈人家去住几时。等待十月满足，生下或男或女，那时凭你发遣他去便了。"话声未绝，只见闻氏淑女说道："官人说那里话！你去数千里之外，没个亲人朝夕看觑，怎生放下？大娘自到孟家去，奴家情愿蓬首垢面，一路伏侍官人前行。一来官人免致寂寞，二来也替大娘分得些忧念。"沈小霞道："得个亲人做伴，我非不欲；但此去多分不幸，累你同死他乡何益？"闻氏道："老爷在朝为官，官人一向在家，谁人不知？便诬陷老爷

водится, успокаивали и утешали его.

Тесть Сяося – Мэн Чуньюань – вынул слиток серебра, поднес его Чжан Цяню и Ли Ваню и просил их в пути позаботиться о его зяте. Тем показалось этого мало, и они взяли подарок лишь тогда, когда жена Сяося, госпожа Мэн, добавила пару золотых приколок для волос.

Роняя слезы, Сяося говорил жене:

– Я вряд ли вернусь, но ты не печалься обо мне, считай, что я погиб, и живи у родителей. Ты порядочная женщина из хорошей, образованной семьи, поэтому вторично замуж, вероятно, не пойдешь, и в этом отношении душа моя может быть спокойна. А вот она, – продолжал Сяося, указывая на свою вторую жену, Шуньюй, – она еще молода, и деваться ей некуда. Ей бы следовало выйти замуж вторично, но мне уже тридцать, у нас с тобой нет детей, а она на третьем месяце. Если у нее родится сын, он продолжит наш род, и будет кому приносить жертвы на домашнем алтаре. Поэтому прошу тебя из уважения к нашей прошлой совместной жизни: возьми ее с собой к твоим родителям, и пусть она пока поживет с вами. А когда родит, будет то мальчик или девочка, тогда уж отпустите ее, куда хотите...

Но не успел он договорить, как его перебила Шуньюй.

– Ну что вы?! – воскликнула она. – Вы отправляетесь за тысячи ли, как можем мы отпустить вас без близкого и родного человека, который ухаживал бы за вами? Пусть старшая госпожа переберется к родителям, а я согласна сопровождать вас, как бы ни было трудно в пути. Тогда и вам будет не так тоскливо, и старшая госпожа меньше будет тревожиться за вас.

– Конечно, я хотел бы, чтобы кто-нибудь из родных был со мной, – ответил Сяося. – Но путешествие мое скорее всего кончится плохо. Зачем же тебе-то вместе со мной погибать на чужой стороне?!

– Ваш батюшка служил при дворе и жил в столице, а вы

有些不是的勾当，家乡隔绝，岂是同谋？妾帮着官人到官申辨，决然罪不至死。就使官人下狱，还留贱妾在外，尚好照管。"孟氏也放丈夫不下，听得闻氏说得有理，极力撺掇丈夫带淑女同去。沈小霞平日素爱淑女有才有智；又见孟氏苦劝，只得依允。当晚众人齐到孟春元家歇了一夜。次早，张千李万催促上路。闻氏换了一身布衣，将青布裹头，别了孟氏，背着行李，跟着沈小霞便走。那时分别之苦，自不必说。

　　一路行来，闻氏与沈小霞寸步不离，茶汤饭食，都亲自搬取。张千李万初时还好言好语，过了扬子江，到徐州起早，料得家乡已远，就做出嘴脸来，呼幺喝六，渐渐难为他夫妻两个来了。闻氏看在眼里，私对丈夫说道："看那两个泼差人，不怀好意。奴家女流之辈，不识路径；若前途有荒僻旷野的所在，须是用心堤防。"沈小霞虽然点头，心中还只是半疑不

всегда жили в Шаосине, об этом знают все, – говорила Шунюй. – Пусть вашего батюшку оклеветали, что он в чем-то повинен, но вы-то были здесь, так далеко от него... О каком же соучастии может быть речь? Я пойду с вами, буду где надо говорить в вашу защиту и уверена, что к смертной казни вас не приговорят. А если попадете в тюрьму, то я-то буду там на свободе и смогу позаботиться о вас.

Госпоже Мэн тоже не хотелось, чтобы муж отправлялся один, доводы Шунюй казались ей справедливыми, и она стала уговаривать мужа взять Шунюй с собой. Сяося всегда любил Шунюй за ум, за сообразительность, а тут еще старшая жена уговаривала его, и он в конце концов согласился.

Вся семья направилась к Мэн Чуньюаню, где они и переночевали. Утром Чжан Цянь и Ли Вань пришли за Сяося и стали торопить его в путь. Шунюй надела платье из простой грубой материи, повязала черным платком голову, простилась со всеми и, перекинув за спину узел, двинулась следом за Сяося.

О том, как горька была минута расставания с родными, излишне говорить.

В пути Шунюй ни на шаг не отходила от мужа и сама подавала ему еду и питье. Поначалу Чжан Цянь и Ли Вань по-хорошему разговаривали с Сяося и его женой, но после того как переправились через реку Янцзы и от Сюйчжоу двинулись дальше по суше, конвоиры решили, что теперь родина Сяося уже далеко позади, и начали держать себя вызывающе: покрикивали, ругались, словом, стали обращаться с Сяося и Шунюй все хуже и хуже.

Шунюй, женщина проницательная, шепнула однажды мужу:

– Что-то недоброе на уме у этих двоих. Я женщина и мало что понимаю, но, во всяком случае, если впереди будут попадаться безлюдные, пустынные места, то вы должны быть настороже.

信。又行了几日，看见两个差人不住的交头接耳，私下商量说话；又见他包裹中有倭刀一口，其白如霜：忽然心动，害怕起来，对闻氏说道："你说这泼差人其心不善，我也觉得有七八分了。明日是济宁府界上，过了府去，便是太行山梁山泊，一路荒野，都是响马出入之所。倘到彼处，他们行凶起来，你也救不得我，我也救不得你，如何是好？"闻氏道："既然如此，官人有何脱身之计，请自方便；留奴家在此，不怕那两个泼差人生吞了我。"沈小霞道："济宁府东门内有个冯主事，丁忧在家。此人最有侠气，是我父亲极相厚的同年。我明日去投奔他，他必然相纳。只怕你妇人家，没志量打发这两个泼差人。累你受苦，于心何安？你若有力量支持他，我去也放胆。不然，与你同生同死，也是天命当然，死而无怨。"闻氏道："官人有路尽走；奴家自会摆布，不劳挂念。"这里夫妻暗地商量。那张千李万辛苦了一日，吃了一肚酒，的熟睡，全然不觉。次日早起上路，沈小霞问张千道："前去济宁还有多少

Сяося утвердительно кивнул, но в душе не очень-то ей поверил. Прошли они еще несколько дней, и Сяося обратил внимание на то, что конвоиры то и дело о чем-то шепчутся, секретничают, и, наконец, когда он заметил, что в узле у одного из них сверкнул большой японский нож, сердце у него заколотилось и им овладел страх.

– Ты говорила, что у этих людей недоброе на уме, – сказал он жене. – Теперь и я в этом почти убежден. Завтра мы вступаем в пределы области Цзинин; как только пройдем Цзинин, сразу начнутся горы Тайхан и Ляншань, идти нам придется по пустынным местам, в которых полно разбойников. Если конвоиры вздумают совершить свое злое дело в тех краях, то ни тебе меня, ни мне тебя не спасти... Что делать?

– Раз так, – сказала Шунюй, – если только сумеете бежать, бегите. А я останусь. Съесть-то они меня не съедят.

– В самом городе Цзинине, возле Восточных ворот, стоит дом начальника канцелярии, некоего Фэна. Сейчас он в трауре и потому живет здесь, на родине. Это в высшей степени благородный, справедливый и смелый человек. Он однокашник и близкий друг моего отца, и если завтра в Цзинине я сумею сбежать от конвоиров и явлюсь к нему, он, безусловно, укроет меня. Но тебе, женщине, вряд ли справиться с Ли Ваном и Чжан Цянем. За мое исчезновение придется отвечать тебе, и это меня беспокоит. Если чувствуешь, что справишься с ними, я убегу, а нет – вместе жили, вместе и умирать будем. Значит, такова воля неба, и роптать я не буду.

– Сумеете бежать – бегите, – сказала Шунюй. – А я справлюсь, не беспокойтесь.

Супруги перешептывались и переговаривались, благо конвоиры, утомленные за день, изрядно выпили и спали, громко похрапывая.

На следующий день рано утром они снова двинулись в путь.

路？"张千道："只有四十里，半日就到了。"沈小霞道："济宁东门内冯主事，是我年伯。他先前在京师时，借过我父亲二百两银子，有文契在此。他管过北新关，正有银子在家。我若去取讨前欠，他见我是落难之人，必然慨付。取得这项银两，一路上盘缠，也得宽裕，免致吃苦。"张千意思有些作难。李万随口应承了，向张千耳边说道："我看这沈公子是忠厚之人；况爱妾行李都在此处，料无他故。放他去走一遭，取得银两，都是你我二人的造化。有何不可？"张千道："虽然如此，到饭店安歇行李，我守住小娘子在店上，你紧跟着同去，万无一失。"话休絮烦。看看巳牌时分，早到济宁城外，捡个洁净店儿，安放了行李。沈小霞便道："那一位同我到东门走遭，转来吃饭未迟。"李万道："我同你去。或者他家留酒饭也不见得。"闻氏故意对丈夫道："常言道：'人面逐高低，世情看冷暖。'冯主事虽然欠下老爷银两，见老爷死了，你又在难中，谁肯唾手交还？枉自讨个厌贱。不如吃了饭，赶

— Сколько осталось до Цзинина? – спросил Сяося Чжан Цяня.
— Всего сорок ли. К полудню там уже будем.

— В Цзинине, возле Восточных ворот, живет начальник канцелярии Фэн, – сказал Сяося. – Он учился вместе с моим отцом и в свое время, когда они оба жили в столице, занял у отца двести ланов серебром, его расписка у меня сохранилась. Недавно Фэн служил начальником таможни в Вэйсиньгуани, так что сейчас у него, конечно, есть деньги, и, если я пойду просить у него старый долг, он, несомненно, вернет его человеку в беде. Лишние деньги пригодятся нам в пути, по крайней мере будем чувствовать себя свободнее.

Чжан Цянь, казалось, колебался, но Ли Вань шепнул ему:

— По-моему, он человек честный, к тому же его жена и вещи – все останется с нами. Думаю, что ничего плохого не случится. Пусть идет. Принесет деньги: считай, нам с тобой повезет. Что тут думать?

— Так-то оно так, – отвечал Чжан Цянь, – но все же давай сначала остановимся в гостинице, устроимся, я останусь в гостинице караулить его жену, а ты пойдешь с ним. Так будет вернее.

Без лишних слов скажем, что задолго до полудня они уже подошли к Цзинину. Недалеко от города они присмотрели опрятную гостиницу, и, когда разместили свои пожитки, Сяося обратился к конвоирам:

— Ну что ж, кто из вас, любезные, пройдется со мной до Восточных ворот? Отправимся сейчас, а пообедать успеем, когда вернемся.

— Я пойду, – сказал Ли Вань. – А насчет обеда – кто знает, может быть, там еще и угостят.

Шунюй умышленно стала отговаривать мужа:

— Не зря говорят: человека встречают по положению. Хоть господин Фэн и должен вашему батюшке, но вряд ли он пожелает вернуть долг, когда узнает, что батюшки вашего уже нет в

路为上。"沈小霞道:"这里进城到东门不多路,好歹去走一遭,不折了什么便宜。"李万贪了这二百两银子,一力撺掇该去。沈小霞分付闻氏道:"耐心坐坐。若转得快时,便是没想头了。他若好意留款,必然有些赏发。明日雇个轿儿抬你去。这几日在生口上坐,看你好生不惯。"闻氏觑个空,向丈夫丢个眼色,又道:"官人早回,休教奴久待则个。"李万笑道:"去多少时?有许多说话?好不老气!"闻氏见丈夫去了,故意招李万转来,嘱咐道:"若冯家留饭,坐得久时,千万劳你催促一声。"李万答应道:"不消分付。"比及李万下阶时,沈小霞已走去一段路了。李万托着大意,又且济宁是他惯走的熟路,东门冯主事家,他也认得,全不疑惑。走了几步,又里急起来,觑个毛坑上,自在方便了,慢慢的望东门而去。

живых, а вы сами в такой вот беде, – только зря окажетесь в неловком положении. Лучше уж пообедать и скорей отправляться дальше.

– Мы уже в городе, и отсюда до Восточных ворот недалеко. Хорошо ли, плохо ли получится, но от того, что пройдусь немного, ничего не потеряю, – возразил Сяося.

Ли Вань, который только и думал о том, как бы заполучить эти двести ланов, настоятельно уговаривал Сяося пойти.

– Ты уж наберись терпения и подожди, – сказал Сяося жене. – Если вернемся быстро, значит, дело гиблое, а если примет по-хорошему, пригласит обедать, значит, разумеется, отдаст деньги. Тогда завтра мы сможем нанять для тебя паланкин, а то ты все эти дни ехала на осле, и я вижу, как тебе это с непривычки тяжело.

– Ну что же, – проговорила Шунюй, многозначительно глядя на мужа. – Только побыстрей возвращайтесь. Не заставляйте меня долго ждать.

– Да надолго ли он отлучается, чтобы столько об этом говорить! – рассмеялся Ли Вань. – Ну и зануда же ты! – бросил он ей на ходу и следом за Сяося направился к выходу. Но тут Шунюй умышленно задержала его:

– Если господин Фэн оставит мужа обедать и муж мой засидится, очень прошу вас, поторопите его.

– Ну конечно! – ответил Ли Вань.

Конвоир еще только спускался с крыльца, а Сяося был уже на улице и ушел далеко вперед. Ли Вань вообще довольно беспечно относился к своим служебным обязанностям; кроме того, ему часто случалось бывать в Цзинине, он хорошо знал город, знал он и дом начальника канцелярии Фэна у Восточных ворот, так что это обстоятельство совсем его не встревожило. Пройдя немного, он почувствовал, что у него схватило живот, завернул в уборную и, облегчившись, не спеша направился к Восточным

却说沈小霞回头看时，不见了李万，做一口气急急的跑到冯主事家。也是小霞合当有救，正值冯主事独自在厅。两人京中旧时熟识，此时相见，吃了一惊。沈襄也不作揖，扯冯主事衣袂道："借一步说话。"冯主事已会意了，便引到书房里面。沈小霞放声大哭。冯主事道："年侄有话快说，休得悲伤，误其大事。"沈小霞哭诉道："父亲被严贼诬陷，已不必说了。两个舍弟随任的，都被杨顺路楷杀害，只有小侄在家，又行文本府提去问罪。一家宗祀，眼见灭绝！又两个差人心怀不善，只怕他受了杨路二贼之嘱，到前边太行梁山等处暗算了性命，寻思一计，脱身来投老年伯。老年伯若有计相庇，我亡父在天之灵，必然感激！若老年伯不能遮护，小侄便就此触阶而死。死在老年伯面前，强似死于奸贼之手！"冯主事道："贤侄不妨。我家卧室之后，有一层复壁，尽可藏身，他人搜检不到之处。今送你在内，权住数日。我自有道理。"沈襄拜

воротам.

Когда Сяося обернулся и обнаружил, что Ли Ваня не видно, он бросился бежать, бежал, не переводя дыхания, и вскоре оказался около дома Фэна. Видимо, ему суждено было спастись, потому что Фэн в это время оказался у себя и сидел один в гостиной. Тот помнил своего старого знакомого по столице и был поражен столь неожиданным появлением гостя. Сяося даже должным образом не поприветствовал Фэна.

– Разрешите поговорить с вами наедине, – торопливо промолвил он, схватив Фэна за рукав.

Тот уже догадался, что его гостю не до приветствий, и повел Сяося в кабинет. Здесь Сяося громко разрыдался.

– Говори скорей, в чем дело! – сказал ему Фэн. – Не плачь и не теряй времени зря, если дело не терпит.

– Думаю, что мне уже незачем рассказывать вам о том, как злодейски расправился с отцом Янь Шифань, – плача, говорил Сяося. – Обоих братьев, которые были при батюшке, до смерти забили Ян Шунь и Лу Кай. Уцелел один я, и то потому, что жил дома, на родине. А теперь пришла бумага и меня потребовали в Баоань к ответу. Словом, погибать нам всем до последнего. У двух конвоиров, сопровождающих меня, на уме недоброе. Вероятно, эти люди действуют по приказу Ян Шуня и Лу Кая, и, когда мы окажемся где-нибудь в горах Тайхан или Ляншань – а до них уже рукой подать, – они потихоньку меня прикончат. Я решил бежать, и вот я у вас. Если сумеете спрятать меня, душа моего загубленного отца будет с благодарностью вспоминать вас на небе. Если вы не сможете этого сделать, то я тут же размозжу себе голову о ступени. Умереть здесь, подле вас, лучше, нежели погибнуть от рук предателей.

– Успокойся, прошу тебя, – тут же прервал его Фэн. – За моей спальней есть помещение с двойными стенами, где можно спрятаться – там-то уж никто никогда не найдет. Сейчас я тебя туда

谢道："老年伯便是重生父母！"冯主事亲执沈襄之手，引入卧房之后，揭开地板一块，有个地道，从此而下，约走五六十步，便有亮光，有小小廊屋三间，四面皆楼墙围裹，果是人迹不到之处。每日茶饭，都是冯主事亲自送入。他家法极严，谁人敢泄漏半个字！正是：

深山堪隐豹，
密柳可藏鸦。
不须愁汉吏，
自有鲁朱家。

且说这一日，李万上了毛坑，望东门冯家而来。到于门首，问老门公道："你老爷在家么？"老门公道："在家里。"又问道："有个穿白的官人来见你老爷，可曾相会？"老门公道："正在书房里留饭哩。"李万听说，一发放心。看

проведу, поживешь там несколько дней, а дальше я знаю, как быть.

– Вы мне второй отец! – воскликнул Сяося, кланяясь и благодаря Фэна.

Фэн взял Сяося за руку и повел его в помещение, прилегавшее к спальне. Там он приподнял половицу, под которой открылся проход. Спустившись вниз по этому проходу, они прошли шагов шестьдесят и увидели свет: перед ними были три комнаты, устроенные в двойных стенах самого здания. Это было место, куда действительно не мог проникнуть никто из посторонних.

Ежедневно сам Фэн приносил туда своему гостю чай и еду. Домашние порядки у него были строги, и никто не смел проговориться, что у них скрывается беглец. Вот уж действительно,

Горы высокие
    барса укроют,
Ворон упрячется
    в ивовых ветках.
Свора чиновников
    так ли опасна,
Если находится
    храбрый Чжу Цзя.

Но вернемся к Ли Ваню. Подойдя к дому Фэна, он спросил старого привратника:

– Ваш господин дома?

– Дома, – ответил тот.

– А не видели, не приходил к вашему хозяину господин в белом?

– Он как раз обедает в кабинете.

Услышав это, Ли Вань стал спокойно ждать. Было уже далеко

看等到未牌，果然厅上走一个穿白的官人出来。李万急走上前看时，不是沈襄。那官人径自出门去了。李万等得不耐烦，肚里又饥，不免问老门公道："你说老爷留饭的官人，如何只管坐了去，不见出来？"老门公道："方才出去的不是？"李万道："老爷书房中还有客没有？"老门公道："这到不知。"李万道："方才那穿白的是甚人？"老门公道："是老爷的小舅，常常来的。"李万道："老爷如今在那里？"老门公道："老爷每常饭后，定要睡一觉；此时正好睡哩。"李万听得话不投机，心下早有二分慌了，便道："不瞒大伯说，在下是宣大总督老爷差来的。今有绍兴沈公子，名唤沈襄，号沈小霞，系钦提人犯，小人提押到于贵府。他说与你老爷有同年叔侄之谊，要来拜望。在下同他到宅，他进去了，在下等候多时，不见出来，想必还在书房中。大伯，你还不知道，烦你去催促一声，教他快快出来，要赶路哩。"老门公故意道："你说的是甚么说话？我一些不懂。"李万耐了气，又细细的说了一遍。

за полдень, когда из гостиной вышел человек в белом. Ли Вань поспешил к нему навстречу, но увидел, что это не Сяося. Человек в белом неторопливо вышел на улицу и пошел своей дорогой.

Ли Вань подождал еще. Его уже начало одолевать нетерпение и мучил голод.

– Как вы думаете, в чем дело? – обратился он опять к привратнику. – Почему это ваш гость так долго не выходит?

– Да ведь он недавно вышел, – ответил старик.

– А у вас есть еще кто-нибудь из гостей?

– Вот уж не знаю.

– А кто был этот в белом, который вышел от вас?

– Это шурин нашего хозяина. Он у нас часто бывает.

– А где же ваш хозяин сейчас?

– Хозяин после обеда всегда отдыхает.

Старик говорил совсем не то, что надеялся услышать Ли Вань, и беспокойство все сильнее и сильнее одолевало конвоира.

– По правде говоря, дядюшка, – сказал он привратнику, – я выполняю поручение генерал-губернатора военного округа Сю-аньфу. Дело в том, что в Шаосине проживал молодой человек по фамилии Шэнь. Его зовут Сян, а прозвище его – Сяося. Это важный преступник, и арестован он по приказу свыше. Мне поручено доставить его в наш округ. И вот когда мы добрались до вашего города, он заявил, что хочет навестить вашего хозяина, с которым якобы вместе учился его отец. Я проводил его сюда, и он вошел в ваш дом. Я давно уже жду его, а он все не выходит. Он, конечно, все еще сидит в кабинете вашего хозяина. Вы, оказывается, не знали об этом, так прошу вас, пойдите поторопите его, пусть немедленно выходит. Нам пора отправляться дальше.

– Ничего не понимаю. О чем вы говорите? – с деланным удивлением спрашивал старик.

老门公当面的一啐,骂道:"见鬼!何尝有什么沈公子到来!老爷在丧中,一概不接外客。这门上是我的干系,出入都是我通禀。你却说这等鬼话!你莫非是白日撞么?强装什么公差名色,掏摸东西的!快快请退,休缠你爷的帐!"李万听说,愈加着急,便发作起来道:"这沈襄是朝廷要紧的人犯,不是当要的。请你老爷出来,我自有话说!"老门公道:"老爷正瞌睡,没甚事,谁敢去禀!你这獠子好不达时务!"说罢,洋洋的自去了。李万道:"这个门上老儿好不知事!央他传一句话,甚作难。想沈襄定然在内。我奉军门钧帖,不是私事,便闯进去,怕怎的!"李万一时粗莽,直撞入厅来,将照壁拍了一拍,大叫道:"沈公子,好走动了!"不见答应。一连叫唤了数声,只见里头走出一个年少的家童,出来问道:"管门的在那里?放谁在厅上喧嚷?"李万正要叫住他说话,那家童在照壁后张了张儿,向西边走去了。李万道:"莫非书房在那西边?我且自去看看,怕怎的!"从厅后转西走去。原来是一带

Ли Вань, едва сдерживаясь, повторил всю историю сначала.

– Тьфу, – плюнул старик. – Что за наваждение?! Никакого тут молодого человека по фамилии Шэнь не было. Хозяин наш в трауре и посторонних вообще не принимает. У ворот стою я сам – сам обо всех докладываю, сам всех провожаю. Что ты мне плетешь всякую чертовщину! Наверное, ты просто проходимец какой-нибудь, вор и только прикидываешься, что служишь в ямэне: думаешь, так легче будет приглядеться и стянуть что-нибудь. Убирайся-ка поскорей и не морочь мне голову!

Услышав такое, Ли Вань вышел из себя.

– Шэнь Сяося – важный государственный преступник! Это не шутки! – закричал он. – А ну, проси твоего хозяина! Я сам с ним поговорю!

– Хозяин спит сейчас. Думаешь, без дела кто-нибудь посмеет его беспокоить? – отвечал старик. – Какой ты все-таки дикарь, ничего не соображаешь!

И привратник ушел как ни в чем не бывало.

– Старый болван! – выругался Ли Вань. – Просишь его доложить, а он упирается... Нет, Сяося наверняка здесь! Я не по частному делу, у меня приказ властей, ворвусь в дом, и все. Мне нечего бояться!

И, не раздумывая, Ли Вань вломился прямо в гостиную и стал барабанить по перегородке.

– Господин Шэнь! Пора уже! – кричал он.

Ответа не последовало. Тогда Ли Вань снова стал кричать, пока в гостиной не появился мальчик-прислужник.

– Где же привратник? Кому он разрешил ворваться в гостиную и так орать? – возмущался прислужник.

Ли Вань хотел было обратиться к нему, но тот только поглядел за перегородку и пошел в другую сторону.

– Может быть, в той стороне кабинет, – вслух рассуждал Ли Вань. – Пойду-ка посмотрю... Чего мне бояться!

长廊。李万看见无人，只顾望前而行。只见屋宇深邃，门户错杂，颇有妇人走动。李万不敢纵步，依旧退回厅上，听得外面乱嚷。李万到门首看时，却是张千来寻李万不见，正和门公在那里斗口。张千一见了李万，不由分说，便怒道："好伙计！只贪图酒食，不干正事！巳牌时分进城，如今申牌将尽，还在此闲荡，不催趱犯人出城去，待怎么？"李万道："呸！那有什么酒食，连人也不见个影儿！"张千道："是你同他进城的。"李万道："我只登了个东，被蛮子上前了几步，跟他不上，一直赶到这里，门上说有个穿白的官人，在书房中留饭，我说定是他了。等到如今，不见出来。门上人又不肯通报，清水也讨不得一杯吃。老哥，烦你在此等候等候，替我到下处医了肚皮再来。"张千道："有你这样不干事的人！是甚么样犯人，却放他独自行走！就是书房中，少不得也随他进去。如今知他在里头不在里头，还亏你放慢线儿讲话！这是你的干系，不关我事！"说罢，便走。李万赶上扯住道："人是在里头，

И он пошел туда, куда только что свернул мальчик.

Ли Вань оказался в длинном коридоре. Нигде никого. Он пошел вперед по коридору и очутился возле комнат, в которых, как он заметил, были женщины. Идти дальше Ли Вань не посмел и вернулся в гостиную. Здесь он услышал шум и крики, доносившиеся снаружи. Он направился к воротам: оказалось, что это Чжан Цянь явился сюда за ним и, не найдя, скандалил с привратником. Увидев Ли Ваня, Чжан Цянь набросился на него.

– Хорош молодец! – кричал он. – Знаешь только пить да есть, а дело тебя мало интересует! Ушел сюда утром, теперь уж вечереет, а ты все еще околачиваешься тут. Не можешь поторопить арестованного, что ли? Чего ждешь?

Ли Вань плюнул.

– Какие там еда да питье! И крошки во рту не было, и человек пропал!

– Но ведь ты пошел с ним вместе!

– Я только забежал по нужде, а он, проклятый, пошел вперед. Я не смог его догнать и пришел следом сюда. Привратник сказал мне, что какой-то гость в белом обедает с хозяином в его кабинете, я и решил, что это он. Ждал, ждал, прождал до сих пор, а он все не выходит. Доложить обо мне привратник отказался... Мне здесь даже воды не дали попить, не то чтобы накормили. Попрошу тебя, братец, постой тут, подожди, а я пойду подлечу немного желудок и сразу вернусь.

– Нечего сказать, работник! – возмутился Чжан Цянь. – Такой преступник, а ты позволяешь ему без надзора свободно расхаживать! Даже в кабинет хозяина ты обязан был следовать за ним. А сейчас, кто его знает, здесь он или нет. Диву даюсь, как ты можешь спокойно об этом говорить. Ладно, дело твое, меня это не касается, – сказал напоследок Чжан Цянь и повернулся, намереваясь уйти.

Ли Вань схватил его за руку.

料没处去。大家在此帮说句话儿，催他出来，也是个道理。你是吃饱的人，如何去得这等要紧？"张千道："他的小老婆在下处，方才虽然嘱咐店主人看守，只是放心不下。这是沈襄穿鼻的索儿，有他在，不怕沈襄不来。"李万道："老哥说得是。"当下张千先去了。李万忍着肚饥，守到晚，并无消息。看看日没黄昏，李万腹中饿极了，看见间壁有个点心店儿，不免脱下衣衫，抵当几文钱的火烧来吃。去不多时，只听得扛门声响；急跑来看，冯家大门已闭上了。李万道："我做了一世的公人，不曾受这般呕气。主事是多大的官儿，门上直恁作威作势！也有那沈公子好笑：老婆行李都在下处，既然这里留宿，信也该寄一个出来。事已如此，只得在房檐下胡乱过一夜，天明等个知事的管家出来，与他说话。"此时十月天气，虽不甚冷，半夜里起一阵风，簌簌的下几点微雨，衣服都沾湿了，好生凄楚。挨到天明雨止，只见张千又来了。却是闻氏再三再四催逼他来的。张千身边带了公文解批，和李万商议，只等开门，一拥而入，在厅上大惊小怪，高声发话。老门公阻拦

— Человек-то, конечно, здесь, — сказал он Чжан Цяню. — Куда он мог деться? Давай лучше подумаем, как заставить его выйти отсюда. Ты ведь небось пообедал, сыт. Так что ж ты уходишь, куда же тебе-то торопиться?

— Его жена осталась в гостинице, — ответил Чжан Цянь. — Я, правда, просил хозяина присмотреть за ней, но душа у меня неспокойна. Он-то вернется, что волноваться! А вот она — она ведь одной веревкой связана с Сяося, и пока она у нас, он-то никуда не денется.

— Ты прав, — согласился Ли Вань, и Чжан Цянь ушел.

Ли Вань, стараясь не думать о пустом желудке, остался караулить, но до самого вечера Сяося так и не показывался. Заходило солнце, наступали сумерки. Ли Вань до того изголодался, что больше уже не мог терпеть. Он снял с себя верхнюю одежду и в соседней лавке променял свое платье на лепешки. В лавке он задержался недолго, но когда возвращался, услышал шум запираемых ворот. Подбежал к дому — ворота были уже заперты.

«Сколько я прослужил в ямэне, но так надо мною еще никогда не издевались! — негодовал про себя Ли Вань. — Не ахти уж какая персона начальник канцелярии, чтобы его привратник позволял себе такое самоуправство! Да и этот тоже: жена и вещи в гостинице... остался ночевать — так дай знать. Что поделаешь, придется уж эту ночь как-нибудь просидеть тут у них под навесом. Завтра с утра дождусь, пока выйдет кто-нибудь из слуг поумнее, и с ним поговорю».

Шел десятый месяц года. Было хоть и не особенно холодно, но среди ночи подул резкий ветер и полил дождь. Ли Вань весь промок и промучился до утра. Утром, когда дождь перестал, снова явился Чжан Цянь: оказывается, Шунюй настояла на том, чтобы он пошел за ее мужем. У Чжан Цяня были при себе все казенные бумаги, и они с Ли Ванем решили, что ворвутся в дом, как только откроются ворота. Так они и поступили.

不住。一时间，家中大小都聚集来，七张八嘴，好不热闹。街上人听得宅里闹炒，也聚拢来围住大门外闲看。惊动了冯主事，从里面踱将出来。且说冯主事怎生模样：

> 头戴栀子花，匾摺孝头巾。身穿反折缝稀眼粗麻衫。腰系麻绳。足着草履。

众家人听得咳嗽响，道一声"老爷来了！"都分立在两边。主事出厅问道："为甚事喧嚷？"张千李万向前施礼道："冯爷在上，小的是奉宣大总督爷公文来的，到绍兴拿得钦犯沈襄。经由贵府，他说是冯爷的年侄，要来拜望。小的不敢阻挡，容他进见。自昨日上午到宅，至今不见出来，有误程限。管家们又不肯代禀。伏乞老爷天恩，快些打发上路。"张千便在胸前取出解批和官文呈上。冯主事看了，问道："那沈襄可是沈经历沈炼的儿子么？"李万道："正是。"冯主事掩着

Привратник не смог удержать их, они ринулись в гостиный зал и подняли там крик. Все, кто был в доме, и стар и мал, сбежались на их крик и заголосили. Прохожие, услышав доносившийся из дома шум, столпились у ворот. Наконец, обеспокоенный криками, вышел и сам хозяин, весь в трауре:

Сокрыты волосы под траурным убором,
Цветок гортензии на шапке;
На нем надета наизнанку
Рубашка грубого холста,
Рогожною веревкой подпоясан;
Соломенные туфли на ногах.

Услышав покашливание хозяина, слуги закричали: «Хозяин идет!» – и расступились.

– Что за шум? Что происходит? – спросил Фэн, входя в зал.

Чжан Цянь и Ли Вань вышли вперед, поклонились хозяину, и один из них сказал:

– Господин Фэн! Мы выполняем поручение губернатора округа Сюаньфу. Губернатор направил нас с грамотой в Шаосин, где мы арестовали государственного преступника Шэнь Сяося, и теперь следуем обратно. Когда мы добрались до вашего города, арестованный сказал нам, что вы друг его отца и что он хотел бы вас навестить. Мы не осмелились отказать и позволили ему пойти к вам. Он пришел сюда еще вчера утром и до сих пор не выходит. Это задерживает нас, а ваш привратник не пожелал доложить вам о нас. Просим оказать нам милость и поторопить Шэнь Сяося, чтобы мы могли двинуться дальше.

Сказав так, Чжан Цянь вынул из-за пазухи бумаги и подал их хозяину.

– Шэнь Сян... Шэнь Сяося... Это не сын ли Шэнь Ляня? – проглядывая бумагу, спросил Фэн.

两耳，把舌头一伸，说道："你这班配军，好不知利害！那沈襄是朝廷钦犯，尚犹自可；他是严相国的仇人，那个敢容纳他在家！他昨日何曾到我家来！你却乱话！官府闻知，传说到严府去，我可当得起他怪的？你两个配军自不小心，不知得了多少钱财，买放了要紧人犯，却来图赖我！"叫家童："与我乱打那配军出去！把大门闭了！不要惹这闲是非！严府知道，不是当耍！"冯主事一头骂，一头走进宅去了。大小家人奉了主人之命，推的推，扠的扠，霎时间被众人拥出大门之外。闭了门，兀自听得嘈嘈的乱骂。张千、李万，面面相觑，开了口，合不得；伸了舌，缩不进。张千埋怨李万道："昨日是你一力撺掇，教放他进城；如今你自去寻他！"李万道："且不要埋怨。和你去问他老婆，或者晓得他的路数，再来抓寻便了。"张千道："说得是。他是恩爱的夫妻。昨夜汉子不回，那婆娘暗地流泪，巴巴的独坐了两三个更次。他汉子的行藏，老婆岂有不知？"两个一头说话，飞奔出城，复到饭店中来。

却说闻氏在店房里面，听得差人声音，慌忙移步出来，问道："我官人如何不来？"张千指李万道："你只问他就是。"李万将昨日往毛厕出恭，走慢了一步，到冯主事家，起

— Да, он, — ответил Ли Вань.

Фэн схватился обеими руками за голову и изобразил ужас на лице:

— Ну и пустоголовые вы конвоиры! Будь Шэнь Сяося только государственным преступником, это еще полбеды, но ведь он прежде всего враг министра Яня. Кто же осмелится принимать такого человека у себя?! Когда это он вчера ко мне приходил?! Что зря болтаете! Узнают еще местные власти, дойдет ваша болтовня до министра Яня, а его гнев мне будет не по плечу! Сами не уследили или, чего доброго, просто отпустили важного преступника за взятку, а теперь решили взвалить все на меня. А ну-ка, гоните их отсюда! — в возмущении крикнул он прислуге. — И ворота заприте! Незачем нам навлекать на себя неприятности. Когда узнает министр Янь, не до шуток будет!

Бранясь, Фэн ушел к себе, а его слуги, все сколько их было, набросились на служителей ямэня и мигом вытолкнули их на улицу. Ворота заперли на засов, и долго еще изнутри доносились крики и брань.

Чжань Цянь и Ли Вань, растерянно глядя друг на друга, стояли на улице как вкопанные и слова не могли вымолвить.

— Это ты вчера уговаривал его идти в город, — произнес наконец Чжан Цянь, укоряя Ли Ваня. — Теперь сам его и разыскивай!

— Ну ладно, не упрекай меня. Давай лучше пойдем с тобой и спросим у его жены. Может быть, она знает, куда он девался, и тогда снова отправимся его искать.

— Правильно! — согласился Чжань Цянь. — Ведь они любящие супруги. Вчера он не вернулся, она прождала его целых полночи и тихонько плакала. Наверняка она должна знать, где ее муж.

Порешив на этом, они помчались обратно в гостиницу. Заслышав голоса конвоиров, Шуюй поспешила им навстречу.

— Почему мужа нет с вами? — спросила она.

— А ты у него спроси, — ответил Чжан Цянь, указывая паль-

先如此如此，以后这般这般，备细说了。张千道："今早空肚皮进城，就吃了这一肚寡气。你丈夫想是真个不在他家了。必然还有个去处，难道不对小娘子说的？小娘子，你早说来，我们好去抓寻。"说犹未了，只见闻氏噙着眼泪，一双手扯住两个公人，叫道："好，好！还我丈夫来！"张千李万道："你丈夫自要去拜什么年伯，我们好意容他去走走，不知走向那里去了，连累我们在此着急，没处找寻；你倒问我要丈夫！难道我们藏过了他？说得好笑！"将衣袂掣开，气忿忿的对虎一般坐下。闻氏到走在外面，拦住去路，双足顿地，放声大哭，叫起屈来。老店主听得，慌忙解劝。闻氏道："公公有所不知。我丈夫三十无子，娶奴为妾。奴家跟了他二年了，幸有三个多月身孕；我丈夫割舍不下，因此奴家千里相从，一路上寸步不离。昨日为盘缠缺少，要去见那年伯，是李牌头同去的。昨晚一夜不回，奴家已自疑心。今早他两个自回，一定将我丈夫谋

цем на Ли Ваня.

Тогда Ли Вань подробно рассказал ей о том, как он вчера отстал от Сяося, как пришел к Фэну и что было потом.

– А я-то сегодня чуть свет на пустой желудок отправился в город, и вот меня накормили там приятными новостями, – добавил Чжан Цянь. – Думаю, что твоего мужа там действительно нет. Наверняка он пошел куда-то в другое место. Неужто он тебе ничего об этом не сказал? Говори скорей, где он, и мы пойдем искать его!

Не успел Чжан Цянь еще и рта закрыть, как Шунюй, едва сдерживая слезы, вцепилась в обоих конвоиров.

– Ах, вот как! – завопила она. – Верните мне мужа!

– Муж твой сам захотел навестить какого-то знакомого, мы по-хорошему разрешили ему пойти, а куда он девался, не знаем, – в один голос говорили конвоиры. – Мы сами вне себя, не знаем, где его искать, а ты еще пристаешь, чтобы мы тебе мужа вернули! Спрятали мы его, что ли? Смешно даже!

Обозленные, конвоиры с трудом высвободились из цепких рук Шунюй и повалились на скамейку.

Тогда Шунюй вышла из комнаты, загородила собой выход, зарыдала, затопала ногами и заголосила. На шум прибежал хозяин гостиницы и стал ее успокаивать.

– Ах, вы не знаете, уважаемый! – причитала Шунюй. – У моего мужа до тридцати лет не было детей, и он взял меня второй женой. Вот уже два года, как я живу с ним. Теперь, на наше счастье, я три месяца как беременна. Муж ни за что не хотел со мной расставаться, поэтому я и отправилась с ним. Тысячу ли мы прошли вместе, за все время пути я ни на шаг от него не отходила, а вчера днем, так как денег у нас осталось немного, он решил пойти к одному своему знакомому. Пошел он вместе со старшим, с Ли Ванем. Так вчера они и не вернулись, и я забеспокоилась, а сегодня утром Ли Вань и Чжан Цянь пришли одни,

害了。你老人家替我做主，还我丈夫便罢休！"老店主道："小娘子休得性急。那牌头与你丈夫，平日无怨，往日无仇，着甚来由，要坏他性命？"闻氏哭声转哀，道："公公，你不知道。我丈夫是严阁老的仇人。他两个必定受了严府的嘱托来的，或是他要去严府请功。公公，你详情：他千乡万里，带着奴家到此，岂有没半句说话，突然去了？就是他要走时，那同去的李牌头，怎肯放他？你要奉承严府，害了我丈夫不打紧；叫奴家孤身妇女，看着何人？公公，这两个杀人的贼徒，烦公公带着奴家，同他去官府里叫冤。"张千李万被这妇人一哭一诉，就要分析几句，没处插嘴。老店主听见闻氏说得有理，也不免有些疑心，到可怜那妇人起来。只得劝道："小娘子，说便是这般说，你丈夫未曾死也不见得，好歹再等候他一日。"闻氏道："依公公等候他一日不打紧，那两个杀人的凶身，乘机走脱了，这干系却是谁当？"张千道："若果然谋害了你丈夫要走脱时，我弟兄两个又到这里则甚？"闻氏道："你欺负我妇人家没张智，又要指望奸骗我。好好的说，我丈夫的尸首

без мужа. Значит, они убили его! Заступитесь за меня! Пусть они вернут мне мужа!

– Не волнуйтесь, уважаемая, – утешал ее хозяин. – Эти начальники ведь не враждовали с вашим мужем и не обижены им. С чего им убивать его?

Но Шунюй разрыдалась еще пуще.

– Вы не знаете, дедушка, – говорила она сквозь слезы. – Мой муж – враг министра Янь Суна, а эти люди наверняка присланы по его указанию. Может быть, они хотели выслужиться перед министром. Ведь подумайте, дедушка, мой муж десятки тысяч ли вел меня с собой, пришли мы сюда, так что же он вдруг ни с того ни с сего исчезнет, не сказав мне ни слова?! Но даже если бы он и захотел сбежать, разве конвоир Ли Вань отпустил бы его? Если они хотят угодить Янь Суну и убили моего мужа – это их дело. Но мне-то, овдовевшей и одинокой, на кого теперь надеяться?! Нет, дедушка, прошу вас, ведите меня вместе с этими убийцами в ямэнь! Я буду жаловаться.

Женщина так рыдала, так причитала, что Чжан Цянь и Ли Вань не успевали даже слово вставить, чтобы объяснить, что к чему.

Старик-хозяин подумал, что, может быть, женщина и права, и у него тоже зародилось определенное подозрение. Ему стало жаль Шунюй.

– Рассуждения рассуждениями, уважаемая, но, может быть, ваш муж и жив, – утешал он ее. – Так или иначе – подождем еще день.

– Можно, как вы говорите, подождать еще день. Но только кто будет отвечать, если эти убийцы удерут? – возразила Шунюй.

– Если бы мы на самом деле убили вашего мужа и хотели бы скрыться, то зачем бы мы пришли сюда? – заметил Чжан Цянь.

– Вы видели, что я женщина слабая, беспомощная, ничего не

在那里？少不得当官也要还我个明白！"老店官见妇人口嘴利害，再不敢言语。店中闲看的，一时间聚下四五十人。闻说妇人如此苦切，人人恼恨那两个差人，都道："小娘子要去叫冤，我们引你到兵备道去。"闻氏向着众人深深拜福，哭道："多承列位路见不平，可怜我落难孤身，指引则个。这两个凶徒，相烦列位替奴家拿他同去，莫放他走了。"众人道："不妨事，在我们身上！"张千李万欲向众人分剖时，未说得一言半字，众人便道："两个牌长不消辨得。虚则虚，实则实；若是没有此情，随着小娘子到官，怕他则甚？"妇人一头哭，一头走。众人拥着张千李万，搅做一阵的，都到兵备道前。道里尚未开门。

那一日正是放告日期。闻氏束了一条白布裙，径抢进栅门，看见大门上架着那大鼓，鼓架上悬着个槌儿。闻氏抢槌在手，向鼓上乱挝，挝得那鼓振天的响。唬得中军官失了三魂，

понимающая, и решили заморочить мне голову, надеясь еще и совратить меня. Говорите лучше по-хорошему, где тело мужа. Ведь так или иначе я буду знать – перед судом все выложите!

Видя, какие страшные обвинения выдвигает женщина, хозяин умолк, не решаясь больше вмешиваться.

Надо сказать, что пока все это происходило, сбежались постояльцы – любопытных набралось человек сорок, а то и пятьдесят. Узнав о горькой участи женщины, люди вознегодовали.

– Если вы хотите жаловаться, уважаемая, – говорили они, – то мы поведем вас в военное управление к инспектору.

Шунюй низко поклонилась всем и, плача, сказала:

– Спасибо вам, что в тяжелую минуту пожалели меня, попавшую в беду одинокую женщину, и указали, как мне быть. Только этих преступников схватите, чтобы не убежали, поведем их с собой.

– Не беспокойтесь, – говорили собравшиеся, – положитесь на нас!

Чжан Цянь и Ли Вань пытались объяснить людям, как и что произошло, но им не дали сказать и полслова.

– Начальники! – перебивали их люди. – Оправдываться и спорить не стоит. Ложь все это – значит, ложь, а правда – значит, правда. И если вы тут ни при чем, то идите с ней в ямэнь. Чего вам бояться?

Рыдая, Шунюй пошла вперед, остальные подхватили под руки Чжан Цяня и Ли Ваня, и все гурьбой направились в ямэнь инспектора.

Когда они подошли к ямэню, главные ворота еще были заперты, но день этот как раз оказался днем принятия жалоб. Шунюй, заранее надевшая на себя белую траурную юбку, недолго думая, ворвалась во двор через маленькие ворота в изгороди, огляделась и, увидев у больших ворот огромный барабан и колотушку, висевшую на подставке для барабана, тут же схватила колотуш-

把门吏丧了七魄，一齐跑来，将绳缚住，喝道："这妇人好大胆！"闻氏哭倒在地，口称"泼天冤枉！"只见门内吆喝之声，开了大门，王兵备坐堂，问击鼓者何人。中军官将妇人带进。闻氏且哭且诉，将家门不幸遭变，一家父子三口死于非命。只剩得丈夫沈襄，昨日又被公差中途谋害，有枝有叶的，细说了一遍。王兵备喝张千李万上来，问其缘故。张千李万说一句，妇人就剪一句。妇人说得句句有理，张千李万抵搪不过。王兵备思想道："那严府势大，私谋杀人之事，往往有之，此情难保其无。"便差中军官，押了三人，发去本州勘审。那知州姓贺，奉了这项公事，不敢怠慢，即时扣了店主人到来，听四人的口词。妇人一口咬定二人谋害他丈夫。李万招称为出恭慢了一步，因而相失。张千、店主人都据实说了一遍。知州委决不下："那妇人又十分哀切，像个真情；张千李

ку и с такой силой стала колотить ею по барабану, что, казалось, сотрясалось само небо. Привратник, служащие ямэня, насмерть перепуганные, выбежали во двор и связали женщине руки.

– Ишь, какая храбрая! – говорили они.

– Невиданная обида! Несправедливость! – кричала Шунюй, рыдая, бросившись на землю.

В это время из ямэня донеслись крики, оповещавшие о выходе в зал присутствия начальника. Главные ворота открыли, инспектор Ван занял свое место за столом на возвышении и сразу же поинтересовался, кто это бил в барабан.

Служители ввели Шунюй. Плача, она подробно рассказала, как с ее семьей случилось несчастье и как погибли Шэнь Лянь и оба его сына; сказала, что уцелел лишь один Шэнь Сяося, ее муж, но вчера и с ним расправились, и убийцами, мол, были его конвоиры. Тогда инспектор велел привести Чжан Цяня и Ли Ваня и стал их допрашивать.

Когда конвоиры давали показания, Шунюй то и дело перебивала их. Говорила она разумно, убедительно, и обоим конвоирам не удавалось отбиться от ее нападок.

«Эти Яни – люди могущественные и влиятельные, – думал инспектор Ван. – Нередко они замышляют убийства. Трудно поручиться, что и в данном случае это не так». И он тотчас приказал всех троих отвести в областной ямэнь на дознание.

Правитель области, некий Хэ, медлить с таким важным делом не посмел и тут же велел привести хозяина гостиницы, чтобы выслушать показания сразу всех четверых.

Шунюй упорно твердила, что конвоиры убили ее мужа; Ли Вань говорил, что отлучился по нужде, потому отстал от конвоируемого и потерял его из виду. Чжан Цянь и хозяин гостиницы тоже дали показания, правдиво рассказав обо всем, что было.

Правитель области не мог прийти к какому-либо определенному решению. «Женщина так плачет и убивается... похоже, что

万又不肯招认。"想了一回,将四人闭于空房,打轿去拜冯主事,看他口气若何。冯主事见知州来拜,急忙迎接归厅。茶罢,贺知州提起沈襄之事;才说得"沈襄"二字,冯主事便掩着两耳道:"此乃严相公仇家,学生虽有年谊,平素实无交情。老公祖休得下问,恐严府知道,有累学生。"说罢,站起身来道:"老公祖既有公事,不敢留坐了。"贺知州一场没趣,只得作别;在轿上想道:"据冯公如此惧怕严府,沈襄必然不在他家。或者被公人所害,也不见得。或者去投冯公,见拒不纳,别走个相识人家去了,亦未可知。"回到州中,又取出四人来,问闻氏道:"你丈夫除了冯主事,州中还认得有何人?"闻氏道:"此地并无相识。"知州道:"你丈夫是什么时候去的?那张千李万几时来回复你的说话?"闻氏道:"丈

она говорит правду. С другой стороны, Чжан Цянь и Ли Вань не сознаются в преступлении...» – размышлял он про себя и в конце концов пришел к тому, что приказал запереть всех четверых в пустой комнате, а себе велел подать паланкин и отправился к начальнику канцелярии Фэну послушать, что тот ему скажет.

Когда Фэну доложили, что явился правитель области, он поспешил к нему навстречу и провел его в гостиную. После чая правитель области заговорил о деле Шэнь Сяося.

Но стоило ему произнести это имя, как Фэн, зажав уши, заявил:

– Это же враг господина министра Янь Суна. Я хоть учился с отцом Шэнь Сяося, но никаких отношений с ним не поддерживаю. Прошу вас больше не говорить об этом человеке, а то семья Яней может узнать, и, чего доброго, привлекут к ответу и меня.

С этими словами он встал и произнес:

– Поскольку у вас, уважаемый, есть дела, не смею, конечно, вас задерживать.

Начальнику уезда, крайне смущенному, ничего не оставалось, как откланяться.

«Раз господин Фэн так боится Яней, – рассуждал он, сидя в паланкине, – то Шэнь Сяося, безусловно, не у него. Возможно, что Шэнь Сяося действительно убит конвоирами. Кто его знает! А может быть, он и явился к Фэну, а тот не пожелал его принять, и он ушел к кому-нибудь из других своих знакомых».

Возвратясь в ямэнь, правитель области снова велел привести всех задержанных и прежде всего обратился к Шунъй:

– У твоего мужа есть здесь кто-нибудь из знакомых, кроме начальника канцелярии Фэна?

– Больше никаких знакомых здесь нет.

– В какое время твой муж ушел? Когда вернулись конвоиры и сказали тебе, что муж твой исчез?

夫是昨日未吃午饭前就去的，却是李万同出店门。到申牌时分，张千假说催趱上路，也到城中去了，天晚方回来。张千兀自向小妇人说道：'我李家兄弟跟着你丈夫，冯主事家歇了。明日我早去催他出城。'今早张千去了一个早晨，两人双双而回，单不见了丈夫。不是他谋害了是谁？若是我丈夫不在冯家，昨日李万就该追寻了；张千也该着忙，如何将好言语稳住小妇人？其情可知。一定张千李万两个在路上预先约定，却叫李万乘夜下手。今早张千进城，两个乘早将尸首埋藏停当，却来回复小妇人。望青天爷爷明鉴！"贺知州道："说得是。"张千李万正要分辨，知州相公说道："你做公差，所干何事？若非用计谋死，必然得财卖放。有何理说？"喝叫手下将那张李重责三十。打得皮开肉绽，鲜血迸流，张千李万只是不招。妇人在旁，只顾哀哀的痛哭。知州相公不忍，便讨夹棍，将两个公差夹起。那公差其实不曾谋死，虽然负痛，怎生招得？一

— Муж ушел вчера, перед полуднем, ушел вместе с Ли Ванем, — отвечала Шунюй. — К вечеру другой конвоир, Чжан Цянь, под предлогом, что хочет их поторопить, тоже ушел в город; вернулся он, когда уже совсем стемнело, и сказал мне буквально следующее: «Ли Вань и твой муж заночевали у начальника канцелярии Фэна; завтра с утра я пойду поторопить их». Чжан Цянь ушел утром сегодня, целых полдня где-то пропадал, а вернулись они вдвоем, без мужа. Так кто же, если не они, прикончили его! Ведь если бы моего мужа не оказалось в доме Фэна, Ли Вань еще вчера бросился бы на поиски, да и Чжан Цянь всполошился бы. А он, наоборот, принялся меня успокаивать. Тут все ясно. Наверняка они еще в пути обо всем договорились и решили, что Ли Вань ночью его убьет. Сегодня утром, когда Чжан Цянь пошел в город, они вместе закопали труп, а вернувшись, сказали, что муж убежал. Прошу вас, благороднейший господин начальник, разобрать это дело по справедливости.

— Да, пожалуй, ты права, — заявил правитель области.

Чжан Цянь и Ли Вань хотели было что-то сказать в свое оправдание, но начальник области обрушился на них:

— Вы — служащие ямэня. Чем же вы занимаетесь! Если вы и не убили его, как задумали, то уж наверняка отпустили за деньги. Что тут оправдываться?! — закричал начальник и тут же приказал дать каждому по тридцать палок.

Били их так, что у Чжан Цяня и Ли Ваня треснула кожа, ручьем полилась кровь, но никакой вины за собой они не признавали.

Шунюй при этом стояла в стороне и горько плакала.

Начальнику области стало жаль ее, и он велел зажать конвоиров в тиски.

Но конвоиры действительно не убивали Шэнь Сяося и потому, невзирая на боль, которую им причиняли пытки, конечно, все отрицали. Дважды их зажимали в тиски, но признания от

连上了两夹,只是不招。知州相公再要夹时,张李受苦不过,再三哀求道:"沈襄实未曾死,乞爷爷立个限期,差人押小的找寻沈襄,还那闻氏便了。"知州也没有定见,只得勉从其言。闻氏且发尼姑庵住下。差四名民壮,锁押张千李万二人追寻沈襄,五日一比。店主释放宁家。将情具由申详兵备道,道里依缴了。张千李万,一条铁炼锁着,四名民壮,轮番监押。带得几两盘缠,都被民壮搜去为酒食之费;一把倭刀,也当酒吃了。那临清去处又大,茫茫荡荡,来千去万,那里去寻沈公子?也不过一时脱身之法。

闻氏在尼姑庵住下,刚到五日,准准的又到州里去啼哭,要生要死。州守相公没奈何,只苦得比较差人。张千李万,一连比了十数限,不知打了多少竹批,打得爬走不动,张千得病身死。单单剩得李万,只得到尼姑庵来拜求闻氏道:"小的情极,不得不说了。其实奉差来时,有经历金绍口传杨总督

них так и не удалось добиться. Правитель области хотел было приступить к третьей пытке, но Чжан Цянь и Ли Вань, которые были уже не в силах переносить мучения, взмолились.

– Правда же – Шэнь Сяося не умер, – говорили они. – Просим вас, господин начальник, назначить нам срок, дать нам сопровождающих, и мы найдем его и вернем жене.

Так как у правителя не было определенной уверенности, что Сяося убит, ему ничего не оставалось, как согласиться. На поиски Шэнь Сяося он дал пятидневный отчетный срок и назначил четырех молодцов сопровождать Чжан Цяня и Ли Ваня; Шунюй он пока отправил в женский монастырь; хозяина гостиницы отпустил. О ходе дела и принятых решениях было написано подробное донесение инспектору, и тот одобрил принятые меры.

Чжан Цяня и Ли Ваня сковали одной цепью, и четверо молодцов поочередно водили их по городу. Деньги, которые были при них, молодцы отобрали, и даже японский нож и тот пропили. Цзинин был город большой, народу приезжало и уезжало десятки тысяч – где было в таком городе отыскать Сяося! Для них это просто был выход хоть на время избавиться от мучений.

Шунюй тем временем спокойно жила в монастыре. Но каждые пять дней она неизменно являлась в ямэнь к правителю области, плакала, убивалась, и тому ничего не оставалось, как в каждый отчетный срок избивать Чжан Цяня и Ли Ваня. Так повторялось раз десять. За это время им столько дали палок, что и не сосчитать. Бывшие конвоиры уже едва волочили ноги, и вскоре один из них, Чжан Цянь, заболел и умер. Ли Ваню в конце концов пришлось пойти к Шунюй в монастырь и умолять ее смилостивиться.

– Я уже доведен до того, что больше скрывать не в силах, – говорил он Шунюй. – Дело было так, что, когда нас послали за Сяося, секретарь Цзинь Шао на словах передал нам распоряжение губернатора Ян Шуня, чтобы мы в пути убили вашего

钧旨，教我中途害你丈夫，就所在地方，讨个结状回报。我等口虽应承，怎肯行此不仁之事？不知你丈夫何故忽然逃走，与我们实实无涉。青天在上，若半字虚情，全家祸灭！如今官府五日一比，兄弟张千，已自打死，小的又累死，又是冤枉。你丈夫的确未死，小娘子他日夫妇相逢有日。且求小娘子休去州里啼啼哭哭，宽小的比限，完全狗命，便是阴德！"闻氏道："据你说不曾谋害我丈夫，也难准信。既然如此说，奴家且不去禀官，容你从容查访。只是你们自家要上紧用心，休得怠慢。"李万喏喏连声而退。有诗为证：

> 白金廿两酿凶谋，
> 谁料中途已失囚？
> 锁打禁持熬不得，
> 尼庵苦向妇人求。

官府立限缉获沈襄，一来为他是总督衙门的紧犯，二来为

мужа, достали свидетельство от местных властей о том, что он умер от болезни, и вернулись бы в Баоань и отчитались. Хотя мы и согласились, но совершить такое мы, конечно, не могли. А почему ваш муж вдруг сбежал, мы действительно к этому никакого отношения не имеем – небо тому свидетель. Если я хоть слово солгал, погибнуть всему моему семейству! Начальник теперь каждые пять дней требует отчета; мой напарник Чжан Цянь умер под палками; погибну и я, и будет еще одной несправедливостью больше. Ведь муж ваш действительно жив, и вы еще встретитесь с ним. Прошу вас, не ходите больше плакать и жаловаться в ямэнь, тогда мне смогут дать срок подлиннее, и я уцелею. Это будет благодетельным поступком с вашей стороны!

– По твоим словам выходит, что мужа вы не убивали, – отвечала Шунюй. – Трудно тебе поверить. Но все же, раз ты так говоришь, я не буду ходить жаловаться, чтобы ты мог спокойно разыскивать мужа. Но только ты старайся, будь внимательным и не ленись.

– Да, да, конечно, – несколько раз повторил в ответ Ли Вань и ушел.

Можно привести стихотворение по этому поводу:

За двадцать ланов серебра
  пойти решились на убийство;
Кто мог подумать, что в пути
  вдруг потеряют арестанта.
Не в силах больше перенесть
  бессчетных пыток и побоев,
Пришел конвойный в монастырь
  у женщины просить пощады.

Надо сказать, что правитель дал такой короткий отчетный срок для розыска Сяося по двум причинам: во-первых, дело

妇人日日哀求，所以上紧严比。今日也是那李万不该命绝，恰好有个机会。

却说总督杨顺，御史路楷，两个日夜商量，奉承严府，指望旦夕封侯拜爵。谁知朝中有个兵科给事中吴时来，风闻杨顺横杀平民冒功之事。把他尽情劾奏一本，并劾路楷朋奸助恶。嘉靖爷正当设醮祝禧，见说杀害平民，大伤和气，龙颜大怒，着锦衣卫扭解来京问罪。严嵩见圣怒不测，一时不及救护，到底亏他于中调停，止于削爵为民。可笑杨顺路楷杀人媚人，至此徒为人笑，有何益哉！

再说贺知州听得杨总督去任，已自把这公事看得冷了；又闻氏连次不来哭禀；两个差人又死了一个，只剩得李万，又苦苦哀求不已。贺知州分付打开铁链，与他个广捕文书，只教他用心缉访，明是放松之意。李万得了广捕文书，犹如捧了一道

было в том, что Сяося был важным преступником, которого затребовал сам губернатор Сюаньфу; во-вторых, о Сяося непрерывно напоминала Шунюй, которая без конца приходила в ямэнь, плакала и молила ускорить поиски. Но на этот раз Ли Ваню не суждено было погибнуть – помог случай.

Пока Ян Шунь и Лу Кай в надежде получить повыше титулы и побольше почестей только и заняты были тем, что судили да рядили, как угодить Янь Суну и Янь Шифаню, один цензор по военному ведомству, некий У Шилай, возненавидев Ян Шуня за то, что тот губил простой народ, уничтожал беженцев и доносил об этом как о победе, написал доклад императору, где подробно изложил, как обстояло дело. В докладе он обвинял также и Лу Кая как соучастника преступлений Ян Шуня.

Как раз в эти дни император совершал торжественное моление о благодатном правлении. Узнав, что убивают ни в чем не повинный народ, наносят страшный вред миру и согласию в стране, император был крайне возмущен. Он тут же дал распоряжение охранным войскам взять виновных и доставить их на следствие в столицу. Неожиданный гнев императора лишил Янь Суна возможности заступиться за них, но все же, благодаря его вмешательству, Ян Шунь с Лу Каем отделались только лишением всех званий и должностей. Вот вам и презренные Ян Шунь и Лу Кай: убивали людей, строили людям козни – а толку что? Выставили себя на посмешище другим, и все тут.

Теперь дальше. Когда до правителя области, господина Хэ, дошел слух о том, что Ян Шуня сняли с поста, он потерял интерес к делу Шунюй; к тому же сама Шунюй больше не являлась жаловаться, из двух конвоиров один умер, а оставшийся в живых Ли Вань не переставал молить, чтобы его пощадили. Кончилось тем, что правитель области велел снять с Ли Ваня оковы, дал ему грамоту на розыски беглеца по всей стране и только на словах приказал проявить усердие в этом деле – ясно было, что

赦书，连连磕了几个头，出得府门，一道烟走了。身边又无盘缠，只得求乞而归。不在话下。

却说沈小霞在冯主事家复壁之中，住了数月，外边消息，无有不知。都是冯主事打听将来，说与小霞知道。晓得闻氏在尼姑庵寄居，暗暗欢喜。过了年余，已知张千李万都逃了，这公事渐渐懒散。冯主事特地收拾内书房三间，安放沈襄在内读书，只不许出外，外人亦无有知者。冯主事三年孝满，为有沈公子在家，也不去起复做官。光阴似箭，一住八年。值严嵩一品夫人欧阳氏卒，严世蕃不肯扶柩还乡，唆父亲上本留己侍养；却于丧中簇拥姬妾，日夜饮酒作乐。嘉靖爷天性至孝，访知其事，心中甚是不悦。时有方士蓝道行，善扶鸾之术。天子召见，叫他请仙，问以辅臣贤否。蓝道行奏道："臣所召乃是上界真仙，正直无阿。万一箕下判断，有忤圣心，乞恕微臣

правитель просто освобождал его. Ли Вань принял грамоту так, словно ему вручили указ о помиловании, много раз до земли поклонился начальнику, вышел из ямэня и бросился бежать — только пыль вилась вслед за ним. Денег у Ли Ваня не было, и ему пришлось добираться домой, прося подаяния. Но оставим его.

Несколько месяцев провел Сяося в потайном помещении в доме Фэна. О происходящих событиях он был осведомлен через господина Фэна, который все разузнавал, а затем сообщал ему. Сяося знал, что Шунюй живет пока в монастыре, и в душе был очень этому рад. Через год ему уже было ясно, что ни Чжан Цяня, ни Ли Ваня больше не существует и что дело постепенно заглохло. Фэн в своих внутренних покоях устроил для Сяося отдельный кабинет из трех комнат, чтобы его гость мог там спокойно заниматься, и только не разрешал ему никуда выходить, так что никто из посторонних не знал, что Сяося живет у него. Трехгодичный срок траура господина Фэна к этому времени подошел к концу, но, чтобы не оставлять Сяося одного, он на службу не вернулся.

Незаметно пролетело восемь лет. В тот год умерла жена Янь Суна, госпожа Оуян. Янь Шифань, не пожелав сопровождать гроб матери на родину, уговорил отца просить у императора дозволения остаться в столице ухаживать за отцом; а получив разрешение, невзирая на траур, развлекался со своими женами и наложницами, дни и ночи пьянствовал и веселился. Император сам был очень почтительным сыном и потому, когда узнал о поведении Шифаня, остался этим крайне недоволен. Как раз в то время в столице появился некий чародей, по имени Лань Даосин, который обладал искусством гадать и предсказывать судьбу. Как-то раз император призвал его, велел ему обратиться к духам и спросить, хороши ли у него министры.

— Я призываю истинных богов неба, — докладывал императо-

之罪。"嘉靖爷道："朕正愿闻天心正论，与卿何涉？岂有罪卿之理？"蓝道行画符念咒，神箕自动，写出十六个字来，道是：

高山番草，
父子阁老；
日月无光，
天地颠倒。

嘉靖爷爷看了，问蓝道行道："卿可解之。"蓝道行奏道："微臣愚昧未解。"嘉靖爷道："朕知其说。高山者，山字连高，乃是嵩字；番草者，番字草头，乃是蕃字；此指严嵩严世蕃父子二人也。朕久闻其专权误国，今仙机示朕，朕当即为处分。卿不可泄于外人。"蓝道行叩头，口称"不敢"。受赐而出。从此嘉靖爷渐渐疏了严嵩。有御史邹应龙，看见机会

ру Лань Даосин. – Они говорят прямо, без лести и прикрас. И если, паче чаяния, ответ не будет угоден вашему сердцу, прошу, ваше величество, не осуждать меня.

– Услышать правдивое слово неба – это как раз то, чего я и хочу. Каков бы ни был ответ, вы тут ни при чем, и винить вас я не буду.

Лань Даосин стал выводить магические знаки, и, когда начал произносить заклинания, гадательный прибор вдруг сам зашевелился и вывел следующие слова:

Высоки горы
и чужды травы –
Отец и сын
теперь министры.
Луна и солнце
не светят больше,
Земля и небо
перевернулись.

– Поясните, что это значит, – обратился император к Лань Даосину.

– Я невежествен и не понимаю, – ответил тот.

– Зато я понимаю, – сказал тогда император. – Если соединить иероглифы «гора» и «высокий», получится иероглиф «Сун», а если над словом «чуждый» написать «траву», выйдет иероглиф «Фань». Это намек на Янь Суна и на его сына Янь Шифаня. До меня уже давно доходят слухи, что, пользуясь своей силой и властью, Янь Сун и Янь Шифань чинят вред стране. А раз на это мне указали теперь и небесные духи, то я должен немедленно принять меры. Но только никому об этом ни слова.

– Не посмею, не посмею, – говорил Лань Даосин, кланяясь до земли, и, получив от императора вознаграждение, вышел.

可乘，遂劾奏："严世蕃凭借父势，卖官鬻爵，许多恶迹，宜加显戮。其父严嵩溺爱恶子，植党蔽贤，宜亟赐休退，以清政本。"嘉靖爷见疏大喜，即升迁应龙为通政右参议。严世蕃下法司，拟成充军之罪。严嵩回籍。未几，又有江西巡按御史林润，复奏严世蕃不赴军伍，居家愈加暴横，强占民间田产，畜养奸人，私通倭虏，谋为不轨。得旨，三法司提问。问官勘实覆奏，严世蕃即时处斩，抄没家财。严嵩发养济院终老。被害诸臣，尽行昭雪。

冯主事得此音信，慌忙报与沈襄知道，放他出来，到尼姑庵访问那闻淑女。夫妇相见，抱头而哭。闻氏离家时怀孕三

С тех пор император стал постепенно отдалять от себя Янь Суна. Этим обстоятельством воспользовался цензор Цзоу Инлун и подал на высочайшее имя обвинительный доклад:

> *Янь Шифань, опираясь на всесилие своего отца, торгует должностями и титулами; на его счету столько злодейских преступлений, что он заслуживает публичной казни. Отцу же его Янь Суну, который потакает злодею-сыну, насаждает своих людей и отстраняет достойных, следует дать отставку, чтобы очистить правление.*

Обрадованный этим докладом, император вскоре повысил Цзоу Инлуна в должности. Янь Шифань был предан суду и приговорен к ссылке, а Янь Суну было предложено вернуться на родину. Через некоторое время поступило донесение от цзянсийского инспектора, цензора Линь Юня, в котором сообщалось о том, что Янь Шифань уклоняется от военных повинностей, живет у себя дома и безобразничает больше прежнего: грабит местных жителей, содержит проходимцев-головорезов, налаживает тайные связи с японскими пиратами и замышляет измену. Император специальным указом предписал представителям трех судебных органов расследовать дело. Судьи доложили, что обвинения подтверждаются фактами, и Янь Шифань был немедленно казнен, а имущество его конфисковано. Янь Суна отправили в дом призрения. Все пострадавшие от козней Яней были полностью оправданы и восстановлены в правах.

Как только до Фэна дошла весть о казни Янь Шифаня, он сразу же сообщил об этом Сяося. Теперь уже не было надобности держать Сяося взаперти, и он отправился в монастырь проведать Шунюй. Муж и жена, встретившись, бросились друг другу в объятия и зарыдали. Когда Шунюй отправилась с мужем

月，今在庵中生下一孩子，已十岁了。闻氏亲自教他念书，《五经》皆已成诵，沈襄欢喜无限。冯主事方上京补官，教沈襄同去讼理父冤。闻氏暂迎归本家园内居住。沈襄从其言，到了北京。冯主事先去拜了通政司邹参议，将沈炼父子冤情说了，然后将沈襄讼冤本稿送与他看。邹应龙一力担当。次日，沈襄将奏本往通政司挂号投递。圣旨下，沈炼忠而获罪，准复原官，仍进一级，以旌其直；妻子召还原籍；所没入财产，府县官照数给还；沈襄食年久，准贡，敕授知县之职。沈襄复上疏谢恩，疏中奏道：

　　臣父炼向在保安，因目击宣大总督杨顺，杀戮平民冒功，吟诗感叹。适值御史路楷阴受严世蕃之嘱，巡按宣大，与杨顺合谋，陷臣父于极

в путь, она была на третьем месяце, а теперь ребенку, который родился в монастыре, исполнилось десять лет. Шунюй сама учила его грамоте, мальчик уже знал наизусть все «Пятикнижие», и Сяося был безгранично счастлив.

Фэн теперь собирался в столицу за назначением на должность. Он предложил Сяося ехать с ним хлопотать о снятии обвинения с отца, а Шунюй пока поселить у него. Сяося согласился и вместе с Фэном отправился в Пекин.

В столице Фэн прежде всего нанес визит Цзоу Инлуну, который служил теперь помощником начальника Ведомства принятия прошений, и рассказал ему о горькой судьбе Шэнь Ляня и его семьи. Затем Фэн показал ему черновики прошения Сяося, и Цзоу Инлун обещал взять это дело на себя. На следующий день Сяося отнес жалобу на высочайшее имя в Ведомство принятия прошений. Вскоре последовал императорский указ: Шэнь Лянь, как верный и преданный службе, но безвинно пострадавший, был посмертно восстановлен в чине и пожалован повышением в ранге на одну ступень; жене и сыновьям Шэнь Ляня разрешалось вернуться на родину; конфискованное имущество полностью возвращалось семье. Самому Шэнь Сяося, в связи с тем что он много лет был сюцаем на стипендии, разрешалось вступить в должность и давалось назначение на пост правителя уезда. В ответ на указ Сяося написал императору благодарственный доклад. В нем, помимо прочего, говорилось:

> *Когда Шэнь Лянь, отец вашего покорного слуги, попал в Баоань и увидел, как тамошний губернатор Ян Шунь убивает невинный народ и выдает это за заслугу, он написал стихи, в которых выразил свое возмущение этим. Тогда цензор Лу Кай, получивший тайное распоряжение от Янь Шифаня, был послан инспектором в Датун и Сю-*

刑，并杀臣弟二人，臣亦几乎不免。冤尸未葬，危宗几绝，受祸之惨，莫如臣家。今严世蕃正法，而杨顺、路楷，安然保首领于乡。使边廷万家之怨骨，衔恨无伸；臣家三命之冤魂，含悲莫控：恐非所以肃刑典而慰人心也。

圣旨准奏，复提杨顺路楷到京，问成了死罪，监禁刑部牢中待决。沈襄来别冯主事，要亲到云州迎接母亲和兄弟沈到京，依傍冯主事寓所相近居住。然后往保安州访求父亲骸骨，负归埋葬。冯主事道："老年嫂处，适才已打听个消息，在云州康健无恙。令弟沈已在彼游庠了。下官当遣人迎之。尊公遗体要紧，贤侄速往访问，到此相会令堂可也。"沈襄领命，径

аньфу. Вступив в должность, он действовал заодно с Ян Шунем, строя планы, как загубить отца. Кончилось тем, что они казнили моего отца, убили двух моих братьев, а сам я едва избежал смерти. Трупы невинно загубленных не были похоронены, и всему нашему роду угрожало полное истребление. Ни одна семья не пострадала так жестоко, как наша. Ныне Янь Шифань казнен, а Ян Шунь и Лу Кай целы и невредимы и продолжают спокойно жить у себя на родине. Десятки тысяч убитых ими на границе ни в чем не повинных людей не отомщены, а трем неприкаянным душам из семьи вашего покорного слуги некому пожаловаться и излить свою обиду: боюсь, что такое положение не соответствует строгости законов и чаяниям людей.

Император одобрил доклад. Ян Шунь и Лу Кай были доставлены в столицу, приговорены к смертной казни и в ожидании приведения приговора в исполнение посажены в тюрьму.

Сяося зашел проститься с Фэном: он собирался поехать в Юньчжоу за матерью и младшим братом Чжи, чтобы перевезти их в столицу и поселить где-нибудь недалеко от дома Фэна; после этого намеревался поехать в Баоань, разыскать останки отца и перевезти их на родину, чтобы там похоронить.

— Я как раз недавно получил известие из Юньчжоу, — сказал Фэн, когда Сяося посвятил его в свои планы. — Твоя матушка пребывает в добром здравии, а твой младший брат Чжи уже стал сюцаем и учится там же, в Юньчжоу. За ними я сам пошлю кого-нибудь, а ты без промедления отправляйся искать останки отца. Это сейчас важнее, с матушкой встретишься здесь, когда вернешься.

往保安，一连寻访两日，并无踪迹。第三日，因倦借坐人家门首。有老者从内而出，延进草堂吃茶。见堂中挂一轴子，乃楷书诸葛孔明两张《出师表》也。表后但写年月，不着姓名。沈小霞看了又看，目不转睛，老者道："客官为何看之？"沈襄道："动问老丈，此字是何人所书？"老者道："此乃吾亡友沈青霞之笔也。"沈小霞道："为何留在老丈处？"老者道："老夫姓贾名石。当初沈青霞编管此地，就在舍下作寓。老夫与他八拜之交，最相契厚。不料后遭奇祸，老夫惧怕连累，也往河南逃避，带得这二幅《出师表》，裱成一轴，时常展视，如见吾兄之面。杨总督去任后，老夫方敢还乡。嫂嫂徐夫人和幼子沈，徙居云州，老夫时常去看他。近日闻得严家势败，吾兄必当昭雪，已曾遣人往云州报信。恐沈小官人要来移取父亲灵柩，老夫将此轴悬挂在中堂，好叫他认认父亲遗笔。"沈小霞听罢，连忙拜倒在地，口称"恩叔"。贾石慌忙扶起道：

Сяося так и сделал: сразу же отправился в Баоань, где два дня подряд безуспешно разыскивал останки отца. На третий день, измученный, он присел возле ворот какого-то дома. Из дома вышел старец и пригласил его выпить чаю. В гостиной Сяося сразу же обратил внимание на висевший на стене свиток. На свитке были наклеены два доклада Чжугэ Ляна, переписанные от руки; в конце текста стояла только дата, подписи переписывавшего не было. Сяося не мог оторвать глаз от свитка.

– Почему вы так смотрите на этот свиток? – обратился к нему старец.

– Позвольте узнать, чья это рука?

– Это кисть моего покойного друга Шэнь Ляна.

– А каким образом свиток очутился у вас?

– Меня зовут Цзя Ши, – сказал старец. – В свое время, когда Шэнь Лянь был сослан в наши края, он жил здесь, у меня. Мы с ним были очень дружны и побратались. Потом его постигла страшная участь. Я боялся, как бы и меня не привлекли к ответу, и бежал в Хэнань. Оба эти доклада я взял с собой и наклеил на свиток. Я часто разворачивал его, смотрел на доклады, и тогда мне казалось, что я вижу перед собой своего старого друга. Когда губернатор Ян Шунь ушел с поста, я решил вернуться на родину. Жена моего друга, госпожа Сюй, с малолетним сыном уехала в Юньчжоу, но я часто их навещаю. Недавно до меня дошли слухи, что с Янями наконец расправились, значит, мой друг будет оправдан и отомщен – я уже послал в Юньчжоу человека, чтобы сообщить им об этом. Я думаю, что скоро сын моего друга приедет за гробом отца, поэтому я повесил свиток в главном зале: если сын Шэнь Ляня явится, он признает почерк своего почтенного отца.

Услышав такое, Шэнь Сяося тут же повалился в ноги Цзя Ши.

– О благодетель наш! – воскликнул он, отбивая поклоны.

"足下果是何人？"沈小霞道："小侄沈襄。此轴乃亡父之笔也。"贾石道："闻得杨顺这厮差人到贵府来提贤侄，要行一网打尽之计。老夫只道也遭其毒手，不知贤侄何以得全？"沈小霞将济宁事情备细说了一遍。贾石口称"难得"。便分付家童治饭款待。沈小霞问道："父亲灵柩，恩叔必知，务求指引一拜。"贾石道："你父亲屈死狱中，是老夫偷尸埋葬，一向不敢对人说知。今日贤侄来此搬回故土，也不枉老夫一片用心。"说罢，刚欲出门，只见外面一位小官人，骑马而来。贾石指道："遇巧！遇巧！恰好令弟来也。"那小官便是沈，下马相见。贾石指沈小霞道："此位乃大令兄讳襄的便是。"此日弟兄方才识面，恍如梦中相会，抱头而哭。贾石领路，三人

– Кто вы? – спросил Цзя Ши, поспешив поднять с колен незнакомца.

– Я – Шэнь Сяося, и доклады на этом свитке написаны рукой моего покойного отца.

– Мне говорили, что Ян Шунь послал людей, чтобы арестовать вас и доставить сюда – ведь он собирался уничтожить весь ваш род, – говорил старик. – Я думал, что и вас постигла та же участь. Как же вам удалось уцелеть?

Тут Шэнь Сяося рассказал подробно обо всем, что произошло в Цзинине.

– Поразительно! Поразительно! – восклицал Цзя Ши, слушая его рассказ.

Затем он тут же велел слугам приготовить для гостя обед.

– Вы, наверное, знаете, благодетель, где находится гроб отца, – сказал Сяося. – Очень прошу вас указать мне это место, чтобы я мог поклониться праху покойного батюшки.

– Ваш отец погиб в тюрьме. Я выкрал из тюрьмы его тело, тайком похоронил и никогда не решался кому бы то ни было говорить об этом. Вот теперь наконец, когда вы приехали, чтобы увезти на родину его останки, я вижу: старания мои не пропали даром.

Только они собрались пойти на могилу Шэнь Ляня, как увидели, что к дому верхом на лошади подъезжает молодой человек.

– Какое счастливое совпадение! – воскликнул Цзя Ши. – И ваш брат как раз приехал!

Это и был Шэнь Чжи, младший брат Сяося. Юноша сошел с коня, и они поздоровались.

– Это твой старший брат Сяося, – сказал Цзя Ши молодому человеку, указывая на Сяося.

Только теперь младший и старший братья впервые увиделись, и им казалось, что это сон. Обняв друг друга, они разры-

同到沈青霞墓所，但见乱草迷离，土堆隐起。贾石令二沈拜了，二沈俱哭倒在地。贾石劝了一回道："正要商议大事，休得过伤。"二沈方才收泪。贾石道："二哥、三哥，当时死于非命，也亏了狱卒毛公存仁义之心，可怜他无辜被害，将他尸藁葬于城西三里之外。毛公虽然已故，老夫亦知其处。若扶令先尊灵柩回去，一起带回，使他父子魂魄相依。二位意下何如？"二沈道："恩叔所言，正合愚弟兄之意。"当日又同贾石到城西看了，不胜悲感。次日另备棺木，择吉破土，重新殡殓。三人面色如生，毫不朽败，此乃忠义之气所致也。二沈悲哭，自不必说。当时备下车仗，抬了三个灵柩，别了贾石起身。临别，沈襄对贾石道："这一轴《出师表》，小侄欲向恩叔取去供养祠堂，幸勿见拒。"贾石慨然许了，取下挂轴相赠。二沈就草堂拜谢，垂泪而别。沈先奉灵柩到张家湾，觅船

дались.

Все трое отправились на могилу Шэнь Ляня. Цзя Ши шел впереди, указывая дорогу. Перед еле заметным холмиком, густо заросшим травой, Цзя Ши остановился и приказал братьям совершить земной поклон. Рыдая, Сяося и Чжи опустились на землю. Цзя Ши стал их успокаивать.

– Нам следует обсудить одно важное дело, не надо так убиваться! – говорил Цзя Ши и продолжал: – Дело в том, что обоих ваших братьев тоже убили в тюрьме. К счастью, нашелся один добрый тюремщик, некий Мао, который сжалился над невинно загубленными и похоронил их в трех ли к западу от города. Самого Мао теперь уже нет в живых, но я знаю, где это место, и когда вы повезете на родину гроб вашего батюшки, возьмите и их останки, чтобы потом похоронить всех вместе. Как вы на это смотрите?

– Мы как раз так и хотели сделать, – отвечали братья.

В тот же день вместе с Цзя Ши они побывали на могиле братьев и долго не могли прийти в себя от горя.

На следующий день были заказаны гробы и выбран благоприятный день, чтобы отрыть могилы и переложить тела.

Трое покойников выглядели как живые: сохранилось выражение лица, тела́ совсем не разложились. Так, конечно, могло быть лишь с людьми преданной и благородной души. О том, как рыдали братья, нечего и говорить.

И вот гробы погрузили на повозку, братья стали прощаться с Цзя Ши и собираться в путь.

– А этот свиток я хотел бы просить вас отдать мне, – обратился Сяося к Цзя Ши, когда они прощались. – Я бы взял его с собой и повесил в нашем родовом храме. Прошу вас не отказать мне.

Цзя Ши тут же снял свиток и подарил его братьям. Те земно поклонились, поблагодарили Цзя Ши и в слезах простились с

装载。沈襄复身又到北京，见了母亲徐夫人，回复了说话，拜谢了冯主事起身。

　　此时京中官员，无不追念沈青霞忠义，怜小霞母子扶柩远归，也有送勘合的，也有赠赆金的，也有馈赆仪的。沈小霞只受勘合一张，余俱不受。到了张家湾，另换了官座船，驿递起人夫一百名牵缆，走得好不快！不一日，来到济宁。沈襄分付座船，暂泊河下，单身入城到冯主事家，投了主事平安书信，园上领了闻氏淑女并十岁儿子下船，先参了灵柩，后见了徐夫人。徐氏见了孙儿如此长大，喜不可言。当初只道灭门绝户，如今依然有子有孙；昔日冤家皆恶死见报，天理昭然，可见做恶人的到底吃亏，做好人的到底便宜。闲话休题。到了浙江绍兴府，孟春元领了女儿孟氏，在二十里外迎接。一家骨肉重逢，悲喜交集。将丧船停泊码头，府县官员都往唁吊。旧时家

ним.

Шэнь Чжи поехал сопровождать гробы. Он должен был добраться до Чжанцзяваня, где ему предстояло нанять джонку и погрузить на нее гробы, а Сяося направился в столицу. Там он встретился с матерью, рассказал ей обо всем, зашел поблагодарить господина Фэна, а затем вместе с матерью стал собираться в Чжанцзявань.

В то время в столице не было чиновника, который не вспоминал бы благородного и преданного Шэнь Ляня и не восхищался бы Сяося с матерью, собиравшимися в такую даль везти гробы, поэтому кто дарил им подорожные, кто деньги на похороны, кто на дорогу. Из всего этого Сяося взял только одну подорожную и больше ничего.

Приехав в Чжанцзявань, Сяося нанял на почтовой станции джонку; человек сто ее волочили, так что двигались они не быстро. Но вот в конце концов они добрались до Цзинина. Сяося велел причалить и, оставив своих на джонке, сошел на берег и отправился в город. Здесь он сообщил близким господина Фэна, что глава их семьи благополучно здравствует в столице, взял в собой Шунюй и сына и повел их на джонку. Мать с сыном прежде всего поклонились гробам, а затем госпоже Сюй. Увидев перед собой такого большого внука, та обрадовалась так, что и словами не передать. В свое время она думала, что вся семья погибла и некому будет продолжать их род, а вот теперь вышло, что и сыновья остались, и внук есть, враги умерли недоброй смертью, а погибшие муж и сыновья отомщены. Справедливость неба очевидна: злодеи все-таки кончают плохо, а хорошие люди в конце концов благоденствуют.

Но оставим лишние разговоры.

Когда все они прибыли в Шаосин, тесть Шэнь Сяося, господин Мэн Чуньюань, вместе с дочерью вышли встречать их за двадцать ли. Семья вновь воссоединилась, и были тут и радость

产，已自清查给还。二沈扶柩葬于祖茔，重守三年之制。无人不称大孝。抚按又替沈炼建造表忠祠堂，春秋祀祭。亲笔《出师表》一轴，至今供奉祠堂之中。服满之日，沈襄到京受职，做了知县。为官清正，直升到黄堂知府。闻氏所生之子，少年登科，与叔父沈同年进士。子孙世世书香不绝。冯主事为救沈襄一事，京中重其义气，累官至吏部尚书。忽一日，梦见沈青霞来拜，说道："上帝怜某忠直，已授北京城隍之职。以年兄为南京城隍，明日午时上任。"冯主事觉来，甚以为疑，至明午忽见轿马来迎，无疾而逝。二公俱已为神矣。有诗为证。诗曰：

生前忠义骨犹香，
精魄为神万古扬。

и слезы. На пристани собрались представители местной власти – они явились выразить свое соболезнование родным покойных. Имущество Шэнь Ляня к тому времени уже было полностью возвращено его семье.

Братья похоронили останки родных на родовом кладбище и в течение трех лет строго соблюдали траур, так что не было человека, который не считал бы их образцом величайшей сыновней почтительности. Правитель области выстроил в честь Шэнь Ляня храм, где каждую весну и осень совершались жертвоприношения. Свиток с докладами Чжугэ Ляна, собственноручно переписанными Шэнь Лянем, и по сию пору висит в этом храме.

Когда истекли три года траура, Сяося отправился в столицу за назначением и получил должность правителя уезда. Правил он честно, был справедлив и дослужился до поста правителя области. Его сын совсем молодым выдержал экзамен и в тот же год, что и его дядя Шэнь Чжи, стал цзиньши. И в дальнейшем из поколения в поколение все их потомки были учеными людьми.

В столице люди помнили, как в свое время начальник канцелярии Фэн спас Шэнь Сяося, очень уважали его за благородство и твердость духа, и он был назначен начальником Палаты чинов. Однажды во сне к Фэну явился Шэнь Лянь и сказал: «Верховный владыка за мою преданность и прямоту пожаловал мне должность бога-покровителя города Пекина, а тебя теперь назначил богом-покровителем Нанкина. Завтра в полдень вступаешь в должность». Фэн проснулся в крайнем удивлении. На следующий день, в полдень, ему вдруг показалось, что за ним прислали паланкин, и он безболезненно скончался. Так оба друга стали божествами. Есть стихи, в которых говорится:

У того, кто при жизни верен и честен,
и кости благоуханны.
Беспорочные духом себя прославляют

料得奸雄沉地狱，
皇天果报自昭彰。

*на десять тысяч годов.
А кто достоин предателем зваться,
в преисподнюю будет ввергнут.
Всевышнее небо так воздаёт
за высокое и за низость.*

(Перевод Л. Н. Меньшикова)

Цзинь гу цигуань
Глава 8

КИТАЙСКАЯ КЛАССИКА

第 八 卷

宋金郎团圆破毡笠

不是姻缘莫强求，
姻缘前定不须忧；
任从波浪翻天起，
自有中流稳渡舟。

话说正德年间，苏州府昆山县大街，有一居民，姓宋名敦，原是宦家之后。浑家卢氏，夫妻二口，不做生理，靠着祖遗田地，见成收些租课为活。年过四十，并不曾生得一男半女。宋敦一日对浑家说："自古道：'养儿待老，积谷防饥。'你我年过四旬，尚无子嗣。光阴似箭，眨眼头白。百年之事，靠着何人？"说罢，不觉泪下。卢氏道："宋门积祖善良，未曾作恶造业；况你又是单传，老天决不绝你祖宗之嗣。

ГЛАВА 8

СТАРАЯ ВОЙЛОЧНАЯ ШЛЯПА СОЕДИНИЛА СУН ЦЗИНЯ С ЖЕНОЙ

Что не дано судьбою человеку,
того и силой не добьешься.
Судьба заранее предписана нам небом –
о ней тревожиться не стоит.
И пусть вздымаются, бушуют волны,
пусть к небу тянутся их гребни,
Коль суждено – среди потоков бурных
спокойно лодку переправишь.

Рассказывают, что в годы Чжэн-дэ на одной из главных улиц уездного города Куньшань, что находится в области Сучжоу, жил некий горожанин по фамилии Сун, по имени Дунь. Был он из чиновничьей семьи. Сун Дунь и его жена, урожденная Ду, ничем не промышляли и жили лишь на доход от сдачи в аренду земли, доставшейся им по наследству. Обоим перевалило за сорок, а детей у них не было.

Как-то Сун Дунь сказал жене:

– С древних времен говорят: соберешь зерно – избежишь голода, вырастишь сына – обеспечишь старость. Нам-то с тобой уже за сорок, а еще нет у нас наследника-сына. Время мчится стрелой, глядишь – скоро и поседеем, кто же позаботится о нас после нашей смерти?

Сказал и заплакал.

– Все твои предки были люди добродетельные. Никому они не причиняли вреда, никому не строили козней, – отвечала на это жена. – Притом из всего вашего рода только ты один и

招子也有早晚,若是不该招时,便是养得长成,半路上也抛撇了,劳而无功,枉添许多悲泣。"宋敦点头道:"是。"方才拭泪未干,只听得坐启中有人咳嗽,叫唤道:"玉峰在家么?"——原来近时风俗,不论大家小家,都有个外号,彼此相称。玉峰乃是宋敦的外号。——宋敦侧耳而听。叫唤第二句,便认得声音,是刘顺泉。那刘顺泉双名有才,积祖驾一只大船,揽载客货,往各省交卸。趁得好些水脚银两,一个十全的家业,团团都做在船上。就是这只船本,也值几百金,浑身是香楠木打造的。江南一水之地,多有这行生理。那刘有才是宋敦最契之友。听得是他声音,连忙趋出坐启,彼此不须作揖,拱手相见,分坐看茶,自不必说。宋敦道:"顺泉今日如何得暇?"刘有才道:"特来与玉峰借件东西。"宋敦笑道:"宝舟缺什么东西,到与寒家相借?"刘有才道:"别的东西不来干渎,只这件,是宅上有余的,故此敢来启口。"宋敦道:"果是寒家所有,决不相吝。"刘有才不慌不忙,说出这件东西。正是:

> 背后并非擎诏,
> 当前不是围胸;
> 鹅黄细布密针缝,
> 净手将来供奉。
>
> 还愿曾装冥钞,
> 祈神并衬威容;
> 名山古刹几相从,
> 染下炉香浮动。

остался в живых – не может быть, чтобы владыка неба оставил тебя без потомства. Только одним суждено иметь детей раньше, другим – позже. А если не суждено совсем, то пусть ребенок родится, пусть вырастет, все равно умрет в расцвете сил, и все старания родителей пойдут

прахом, и придется им проливать много горьких слез.

– Да, ты права, – кивнул Сун Дунь, вытирая слезы.

В это время за дверью послышался кашель, и кто-то позвал Сун Дуня.

Сун Дунь по голосу узнал Лю Юцая. Лю Юцай унаследовал от отца большую джонку и, так же как его предки, промышлял перевозкой купцов и товаров, зарабатывая на этом большие деньги. Все свое немалое состояние Лю Юцай сколотил именно на джонке. Сама джонка стоила несколько сотен ланов, так как целиком была сделана из редкой породы ароматного кедра. В Цзяннани, местности, сплошь пересеченной реками, многие занимались таким промыслом.

Лю Юцай был самым близким другом Сун Дуня, и тот поспешил пригласить его в дом. Они были настолько дружны, что не обременяли себя низкими поклонами и только сложили руки в знак приветствия. Само собой, гостя усадили, подали чай, но об этом рассказывать незачем.

– Как это случилось, что ты сегодня свободен? – спросил Сун Дунь.

– Я пришел одолжить одну вещь.

– Чего же это не хватает на твоей чудесной джонке, раз ты решил занять у меня? – улыбнулся Сун Дунь.

– Я не стал бы беспокоить тебя, но эта вещь лежит у тебя без дела, потому и осмелился прийти.

– Ну, если в моем скромном доме имеется такая вещь, то, конечно, не пожалею.

Оказалось, что Лю Юцаю нужны были сумка и платок.

原来宋敦夫妻二口，因难于得子，各处烧香祈嗣，做成黄布袱、黄布袋，装裹佛马楮钱之类。烧过香后，悬挂于家中佛堂之内，甚是志诚。原来刘有才长于宋敦五年，四十六岁了。阿妈徐氏亦无子息。闻得徽州有盐商求嗣，新建陈州娘娘庙于苏州阊门之外，香火甚盛，祈祷不绝。刘有才恰好有个方便，要驾船往枫桥接客，意欲进一炷香。却不曾做得布袱布袋，特特与宋家告借。其时说出缘故，宋敦沉思不语。刘有才道："玉峰莫非有吝借之心么？若污坏时，一个就赔两个。"宋敦道："岂有此理！只是一件，既然娘娘庙灵显，小子亦欲附舟一往。只不知几时去？"刘有才道："即刻便行。"宋敦道："布袱布袋，拙荆另有一副，共是两副，尽可分用。"刘有才道："如此甚好。"宋敦入内，与浑家说知，欲往郡城烧香之事。刘氏也好生欢喜。宋敦于佛堂挂壁上，取下两副布袱布袋，留下一副自用，将一副借与刘有才。刘有才道："小子先

Надо сказать, что Сун Дунь и его жена всюду в храмах возжигали жертвенные свечи и молились о даровании потомства. Они сшили себе сумки и платки из желтой ткани, в которых носили бумажные деньги и прочие вещи, предназначенные в жертву Будде. В доме был специальный уголок, где муж и жена, возвратясь с моления, хранили свои сумки; все это они делали с большой искренностью и верой.

Лю Юцай был старше друга на пять лет, ему уже исполнилось сорок шесть, но детей у него еще не было. Жена его, урожденная Сюй, прослышала, что какой-то торговец солью из Хуэйчжоу, желавший иметь потомство, недавно выстроил в Сучжоу, недалеко от ворот Чанмэнь, храм в честь богини-чадодательницы и что храм этот всегда переполнен молящимися. Лю Юцаю представился удобный случай: он должен был заехать за клиентами в Фэнцяо и собирался принести жертвы и возжечь свечу в этом храме. Но у Юцая не было сумки для жертвенных принадлежностей, и сейчас он зашел к другу, чтобы одолжить ее.

Выслушав Юцая, Сун Дунь глубоко задумался.

— Уж не жалеешь ли ты сумки? — удивился молчанию друга Юцай. — Если я ее испорчу, взамен дам две новые.

— Ну что ты! — возразил Сун Дунь. — Я вот о чем думаю: если этот храм так славится, то я и сам не прочь бы туда съездить. Когда ты собираешься?

— Теперь же, — ответил Юцай.

— У жены своя сумка, так что у нас их две, и я вполне могу с тобой поделиться.

— Ну вот и хорошо.

Сун Дунь сообщил жене, что собирается поехать в Сучжоу возжечь свечи и помолиться о потомстве, чем очень ее обрадовал. Затем он пошел в молельню, взял себе одну из сумок, а другую отдал Юцаю.

往舟中伺候，玉峰可快来。船在北门大坂桥下，不嫌怠慢时，吃些见成素饭，不消带米。"宋敦应允。当下忙忙的办下些香烛纸马阡张定段，打叠包裹，穿了一件新联就的洁白湖绸道袍，赶出北门下船。趁着顺风，不勾半日，七十里之程，等闲到了。天色已晚，把船径放到枫桥停泊。那枫桥乃四方商贾辏集之地，舳舻相接，一望无际，昔人有诗云：

月落乌啼霜满天，
江枫渔火对愁眠；
姑苏城外寒山寺，
夜半钟声到客船。

次日起个黑早，在船中洗盥罢，吃了些素食，净了口手，一对儿黄布袱驮了冥财，黄布袋安插纸马文疏，挂于项上，离了船头，慢腾腾步到陈州娘娘殿前，刚刚天晓。庙门虽开，殿

– Ну, буду ждать тебя на джонке, – обратился Юцай к другу. – Приходи скорей. Джонка будет стоять у Западных ворот под Мостом четырех коней. И если не побрезгуешь простой пищей, которую готовят у нас на джонке, можешь не брать с собой ничего из еды.

Сун Дунь согласился. Он тотчас собрал и уложил в сумку жертвенные свечи, жертвенные деньги, бумажные изображения святых; надел новый белоснежный халат из хуского шелка и направился к Западным воротам, где сел в джонку, и они отчалили.

С попутным ветром они проплыли семьдесят ли за каких-нибудь полдня, и, когда причалили к Фэнцяо, уже смеркалось. Надо сказать, что в Фэнцяо стекались торговцы со всей округи. Здесь куда ни глянь весь берег был забит джонками. Об этой местности в старину были сложены такие стихи:

> *Месяц заходит, вороны кричат,*
> *в инее небо седое.*
> *Грустен ночлег мой. Огни рыбаков,*
> *клен над рекой предо мною.*
> *В колокол бьют за стенами Гусу,*
> *там, где обитель Ханьшаня.*
> *Слышу и я в одиноком челне*
> *звон полуночной порою.*

(Перевод Л. Н. Меньшикова)

На следующий день друзья поднялись до рассвета, умылись, поели постной пищи, прополоскали после еды рот, вымыли руки. Каждый наполнил платок жертвенными деньгами, завязал его узлом и положил изображения богов и молитвенные принадлежности в желтую сумку. С сумками за плечами они сошли на берег и побрели к воротам Чанмэнь. Уже рассвело, когда они

门还关着。二人在两廊游绕，观看了一遍，果然造得齐整。正在赞叹，呀的一声，殿门开了。就有庙祝出来迎接进殿。其时香客未到，烛架尚虚，庙祝放下琉璃灯来，取火点烛，讨文疏替他通陈祷告。二人焚香礼拜已毕，各将几十文钱，酬谢了庙祝。化纸出门。刘有才再要邀宋敦到船，宋敦不肯。当下刘有才将布袱布袋交还宋敦，各各称谢而别。刘有才自往枫桥接客去了。宋敦看天色尚早，要往娄门趁船回家。刚欲移步，听得墙下呻吟之声。近前看时，却是矮矮一个芦席棚，搭在庙垣之侧，中间卧着个有病的老和尚，恹恹欲死，呼之不应，问之不答。宋敦心中不忍，停眸而看。旁边一人走来说道："客人，你只管看他则甚？要便做个好事了去。"宋敦道："如何做个好事？"那人道："此僧是陕西来的，七十八岁了，他说一生不曾开荤。每日只诵《金刚经》。三年前在此募化建庵，没有

подходили к храму. Он был еще закрыт, но ворота во двор оказались открытыми, и приятели стали прогуливаться по галереям, расположенным по обе стороны здания.

– Действительно, прекрасное строение! – восхищались они.

В это время двери храма со скрипом распахнулись, из зала вышел служитель и пригласил их войти. Молящихся в храме еще не было, и стойки для курильных свечей пустовали. Служитель зажег от стеклянного фонаря свечи друзей и стал за них молиться.

Когда обряд был окончен, они отблагодарили служителя несколькими десятками монет, сожгли свои жертвенные деньги и покинули храм. Юцай предложил Сун Дуню вернуться на джонку, но тот отказался. Тогда Юцай отдал Сун Дуню его сумку и платок, и, поблагодарив друг друга, приятели разошлись. Лю Юцай пошел обратно в Фэнцяо разыскивать своих клиентов-купцов, а Сун Дунь, рассчитав, что у него еще есть время, решил пройтись до ворот Лоумэнь, а оттуда на лодке возвратиться домой. Не успел он отойти от храма, как услышал, что кто-то вздыхает и стонет. Подошел посмотреть – оказывается, к самой стене прилажена низенькая тростниковая лачуга, в которой при последнем издыхании лежит старый буддийский монах. Ни на оклики Сун Дуня, ни на его вопросы монах не отвечал. Чувствуя нестерпимую жалость к старику, Сун Дунь стоял, не отрывая от него глаз.

– Что вы так глядите на него? – обратился к Сун Дуню прохожий. – Если уж хотите, так сделайте доброе дело.

– А как я могу сделать доброе дело?

– Монах этот пришел сюда из провинции Шэньси, ему уже семьдесят восемь лет, – отвечал прохожий. – Он говорил, что за всю свою жизнь никогда не прикасался к мясной пище. Целыми днями он занимался лишь тем, что читал наизусть «Цзиньган-цзин». Три года тому назад он пришел сюда собирать подаяние

施主。搭这个芦席棚儿住下，诵经不辍。这里有个素饭店，每日只上午一餐，过午就不用了。也有人可怜他，施他些钱米，他就把来还了店上的饭钱，不留一文。近日得了这病，有半个月不用饮食了。两日前还开口说得话，我们问他：'如此受苦，何不早去罢？'他说：'因缘未到，还等两日。'今早连话也说不出了，早晚待死。客人若可怜他时，买一口薄薄棺材，焚化了他，便是做好事。他说'因缘未到'，或者这因缘就在客人身上。"宋敦想道："我今日为求嗣而来，做一件好事回去，也得神天知道。"便问道："此处有棺材店么？"那人道："出巷陈三郎家就是。"宋敦道："烦足下同往一看。"那人引路到陈家来。陈三郎正在店中支分锯匠解木。那人道："三郎，我引个主顾作成你。"三郎道："客人若要看寿板，小店有真正婺源加料双鞾的在里面。若要见成的，就店中但凭拣择。"宋敦道："要见成的。"陈三郎指着一副道：

на построение храма. Благодетелей не нашлось, тогда он соорудил эту тростниковую лачугу и приютился в ней. Старик читал молитвы и питался только раз в сутки, по утрам, поблизости в харчевне, где приготовляли постную пищу. После полудня он уже ничего не брал в рот. Иногда люди из жалости приносили ему зерна или денег, но все это он отдавал хозяину лавки за питание и не оставлял себе ни гроша. Недавно монах заболел: вот уже полмесяца как он ничего не пьет и не ест. Два дня тому назад он еще мог говорить; мы спрашивали его, не лучше ли поскорей умереть, чем так страдать, а он нам ответил на это: «Судьба еще не пришла, подожду дня два». Сегодня утром он уже ни слова вымолвить не мог, того и гляди скончается. Если вам, уважаемый, жаль монаха, купите какой ни есть простенький гроб и предайте его тело сожжению. Этим вы сделаете доброе дело. Монах говорил: «Судьба еще не пришла». Может быть, его судьба – именно вы.

«Я пришел сюда помолиться о потомстве, и если я сделаю доброе дело, то, может быть, это дойдет до неба», – подумал Сун Дунь и спросил:

– Есть ли здесь гробовая лавка?

– Как выйдете из переулка, там будет как раз лавка Чэня, – ответил прохожий.

– Я бы хотел, чтобы вы пошли вместе со мной подобрать гроб, – попросил Сун Дунь.

Незнакомец повел Сун Дуня в лавку Чэня. Когда они вошли туда, Чэнь наблюдал за тем, как пильщики разделывали дерево.

– Хозяин! – обратился незнакомец к гробовщику. – Я привел к тебе покупателя.

– Если вам нужны доски, – сказал Чэнь, – то у меня есть плотные обработанные доски из лучших сортов дерева, а если готовый гроб, то прошу, выбирайте любой.

– Нужен готовый, – сказал Сун Дунь.

"这是头号,足价三两。"宋敦未及还价。那人道:"这个客官是买来舍与那芦席棚内老和尚做好事的,你也有一半功德,莫要讨虚价。"陈三郎道:"既是做好事的,我也不敢要多,照本钱一两六钱罢,分毫少不得了。"宋敦道:"这价钱也是公道了。"想起:"汗巾角上带得一块银子,约有五六钱重,烧香剩下不上一百铜钱,总凑与他,还不勾一半。——我有处了,刘顺泉的船在枫桥不远。"便对陈三郎道:"价钱依了你,只是还要到一个朋友处借办,少顷便来。"陈三郎到罢了,说道:"任从客便。"那人怫然不乐道:"客人既发了慈悲心,却又做脱身之计。你身边没有银子,来看则甚?"说犹未了,只见街上人纷纷而过,多有说这老和尚可怜,半月前还听得他念经之声,今早呜呼了。正是:

> 三寸气在千般用,
> 一旦无常万事休。

— Вот этот — первый сорт и стоит ровно три лана, — указал хозяин на один из гробов.

Сун Дунь еще не успел ничего ответить, как его спутник объяснил хозяину:

— Господин берет гроб для старого монаха, который живет в тростниковом шалаше; человек творит доброе дело, в этом будет и твоя доля заслуги, так что не запрашивай слишком много.

— Раз так, не посмею брать лишнего, — ответил лавочник. — Отдам по своей цене — один лан и шесть цяней. Дешевле уже никак.

— Что же, такая цена вполне справедлива, — сказал Сун Дунь и тут вспомнил, что у него с собой было серебра всего пять-шесть цяней; после посещения храма осталось не более сотни тунцяней, так что, если он отдаст все деньги, это не составит и полцены. «Но у меня есть еще выход, — подумал Сун Дунь, — ведь джонка Юцая стоит возле Фэнцяо, неподалеку отсюда...»

— Не будем торговаться, — сказал он хозяину, — мне придется только зайти к приятелю за деньгами. Я скоро вернусь.

— Как вам будет угодно, — спокойно ответил лавочник.

Но спутник Сун Дуня проворчал:

— Вначале выразили сострадание, а теперь думаете, как бы отделаться. Раз не было с собой денег, зачем шли гроб выбирать?

Только он это сказал, как до них донеслись голоса прохожих, говоривших, что им жалко монаха, что еще полмесяца назад слышно было, как он читает свои молитвы, а теперь, мол, его уже нет в живых. Вот уж действительно,

Пока ты жив —
на все годишься;
Умрешь однажды —
и всему конец.

那人道："客人不听得说么？那老和尚已死了，他在地府睁眼等你断送哩！"宋敦口虽不语，心下覆想道："我既是看定了这具棺木，倘或往枫桥去，刘顺泉不在船上，终不然呆坐等他回来。况且常言得'价一不择主'，倘别有个主顾，添些价钱，这副棺木买去了，我就失信于此僧了。罢罢！"便取出银子，刚刚一块，讨等来一称，叫声惭愧。原来是块元宝锭心，看时像少，称时便多，到有七钱多重。先教陈三郎收下，将身上穿的那一件新联就的洁白湖绸道袍脱下，道："这一件衣服，价在一两之外，倘嫌不值，权时相抵，待小子取赎。若用得时，便乞收算。"陈三郎道："小店大胆了，莫怪计较。"将银子衣服收过了。宋敦又在髻上拔下一根银簪，约有二钱之重。交与那人道："这枝簪，相烦换些铜钱，以为殡殓杂用。"当下店中看的人都道："难得这位做好事的客官，他担当了大事去。其余小事，我们地方上也该凑出些钱钞相助。"众人都凑钱去了。宋敦又复身到芦席边，看那老僧，果然化去。不觉双眼垂泪，分明如亲戚一般，心下好生酸楚，正不知什么缘故，不忍再看，含泪而行。到娄门时，航船已开，

— Слышите, монах уже преставился и с открытыми глазами ждет, пока вы его похороните, — приставал незнакомец.

Сун Дунь молча рассуждал: «Я уже договорился взять этот гроб... Но если я пойду за деньгами, а Юцая не окажется на джонке, то не сидеть же и дожидаться его целый день. А как говорится, кто платит, тот и хозяин. Если кто-нибудь даст за этот гроб бо́льшую цену, гробовщик, конечно, его продаст, и я не сдержу своего слова перед тем монахом».

— Ладно уж! — Сун Дунь вытащил слиток, смущенно извинился и попросил весы. Это был слиток хорошего серебра. Он выглядел маленьким, но оказалось, что весу в нем больше семи цяней. Вручив слиток лавочнику, Сун Дунь снял с себя новый белый шелковый халат.

— Он стоит больше лана, — сказал Сун Дунь хозяину. — Если вам кажется, что он дешевле, возьмите его как залог, а я потом выкуплю; если нет — пусть пойдет в счет платы.

— Простите, что принимаю все это, и не сочтите за недоверие к вам, — сказал хозяин, забирая деньги и платье.

Затем Сун Дунь вытащил из волос серебряную шпильку, весившую около двух цяней, и отдал ее незнакомцу.

— Попрошу вас, не откажитесь обменять эту шпильку на деньги, и пусть они пойдут на похоронные расходы.

— Редко встретишь такого доброго человека! — в один голос твердили свидетели этой сцены. — Самое главное он взял на себя. Теперь нам, местным жителям, следует собрать немного денег и в чем-нибудь еще помочь.

Все разошлись собирать деньги, а Сун Дунь пошел взглянуть на монаха. Монах действительно скончался.

Сун Дунь разрыдался, сам не зная почему, ему было так тяжело, как будто он потерял близкого родственника. Сун Дунь не мог больше смотреть на несчастного монаха и плача побрел к воротам Лоумэнь. Рейсовая лодка уже ушла, и ему пришлось на-

乃自唤一只小船，当日回家。浑家见丈夫黑夜回来，身上不穿道袍，面又带忧惨之色，只道与人争竞，忙忙的来问。宋敦摇首道："话长哩！"一径走到佛堂中，将两副布袱布袋挂起，在佛前磕了个头，进房坐下，讨茶吃了，方才开谈，将老和尚之事备细说知。浑家道："正该如此。"也不嗔怪。宋敦见浑家贤慧，到也回愁作喜。是夜夫妻二口睡到五更，宋敦梦见那老和尚登门拜谢道："檀越命合无子，寿数亦止于此矣。因檀越心田慈善，上帝命延寿半纪。老僧与檀越又有一段因缘，愿投宅上为儿，以报盖棺之德。"卢氏也梦见一个金身罗汉走进房里，梦中叫喊起来，连丈夫也惊醒了。各言其梦，似信似疑，嗟叹不已。正是：

种瓜还得瓜，
种豆还得豆；
劝人行好心，
自作还自受。

从此卢氏怀孕，十月满足，生下一个孩儿。因梦见金身

нять маленькую лодочку, на которой он в тот же день добрался до дому.

Когда его жена увидела печальное лицо мужа, вернувшегося среди ночи без халата, она решила, что Сун Дунь попал в какую-нибудь переделку, и тут же стала его расспрашивать.

– Долго рассказывать! – бросил на ходу Сун Дунь и прошел прямо в молельню. Там он повесил сумки и платки, отбил поклон перед Буддой; затем вернулся в комнату, выпил чаю и только после этого подробно рассказал жене всю историю с монахом.

– Так и нужно было сделать, – отвечала ему жена, ничуть не удивившись поступку мужа. Видя, как умна и рассудительна жена, Сун Дунь повеселел.

В эту ночь супруги спали до пятой стражи. Во сне Сун Дуню явился тот самый монах, поклонился и сказал:

– Вам, мой благодетель, не суждено было иметь детей, и срок вашей жизни кончался. Но верховный владыка за вашу душевную доброту жалует вам еще шесть лет жизни. Я же, старый монах, связан с вами судьбой и хочу стать вашим сыном, чтобы отблагодарить вас за ваше благодеяние.

Госпоже Лу тоже приснилось, будто в комнату вошел архат, весь из золота. Она закричала, крик ее разбудил Сун Дуня. Муж и жена рассказали друг другу свои сновидения и лишь вздыхали, не зная, верить или нет. Действительно,

Посадишь тыкву – тыкву и получишь,
горох посеешь – соберешь горох.
Людей толкая на поступок добрый,
сам сотвори добро – и им тебе отплатят.

С этой ночи госпожа Лу зачала... Она родила сына, которого назвали Цзинь, а в честь золотого архата, явившегося ей во сне,

罗汉，小名金郎，官名就叫宋金。夫妻欢喜，自不必说。此时刘有才也生一女，小名宜春。各各长成，有人撺掇两家对亲。刘有才到也心中情愿。宋敦却嫌他船户出身，不是名门旧族。口虽不语，心中有不允之意。那宋金方年六岁，宋敦一病不起，呜呼哀哉了。自古道："家中百事兴，全靠主人命。"十个妇人，敌不得一个男子。自从宋敦故后，卢氏掌家，连遭荒歉，又里中欺他孤寡，科派户役，卢氏撑持不定，只得将田房渐次卖了，赁屋而居。初时，还是诈穷，以后坐吃山崩，不上十年，弄做真穷了。卢氏亦得病而亡。断送了毕，宋金只剩得一双赤手，被房主赶逐出屋，无处投奔。且喜从幼学得一件本事，会写会算。偶然本处一个范举人选了浙江衢州府江山县知县，正要寻个写算的人。有人将宋金说了，范公就教人引来。见他年纪幼小，又生得齐整，心中甚喜。叩其所长，果然书通真草，算善归除。当日就留于书房之中，取一套新衣与他换过，同桌而食，好生优待。择了吉日，范知县与宋金下了官

ему дали уменьшительное имя Цзиньлан. Нечего и говорить о радости супругов.

В это же время в семье Лю Юцая родилась дочь, которую назвали Ичунь. Когда дети подросли, люди стали поговаривать о том, что неплохо бы этим семьям породниться. Лю Юцаю очень хотелось этого. Сун Дунь, напротив, не так уж желал иметь своей невесткой дочь простого лодочника, но об этом помалкивал.

Когда Сун Цзиню исполнилось шесть лет, Сун Дунь тяжело заболел и умер. С древних времен говорят: всякий дом хозяином держится – десять женщин не заменят одного мужчину. После смерти мужа госпоже Лу, на руках которой осталось все хозяйство, пришлось несколько лет бедствовать из-за неурожаев. Старшины в деревне скрывали от властей ее вдовье положение, и с нее продолжали взимать подворные повинности. Вскоре бедной женщине стало невмоготу, пришлось продать землю и дом и снять небольшую комнату. Первое время она еще далека была от нищеты, но, как говорится, сидеть да есть – так и гору съешь. Поэтому не прошло и десяти лет, как вдова совсем разорилась, заболела и умерла. После ее похорон Сун Цзинь остался без гроша, хозяин выгнал его из комнаты. К счастью, молодой человек с детских лет кое-чему научился: умел считать и писать. Случилось так, что один из местных жителей, некий цзюйжэнь Фань, был назначен начальником уезда в провинцию Чжэцзян. Отправляясь на должность, Фань подыскивал себе грамотного и умеющего вести счета секретаря. Кто-то рассказал ему о Сун Цзине, и он велел привести его. При виде красивого и совсем молодого человека Фань очень обрадовался. Он проэкзаменовал юношу. Обнаружилось, что Сун Цзинь отлично владеет и уставным стилем письма и скорописным, а на счетах искусен во всех действиях, не исключая деления и умножения.

Фань сразу оставил Сун Цзиня у себя, дал ему новое платье, посадил за свой стол, словом, относился к нему дружески.

船，同往任所。正是：

> 冬冬画鼓催征棹，
> 习习和风荡锦帆。

却说宋金虽然贫贱，终是旧家子弟出身。今日做范公门馆，岂肯卑污苟贱，与童仆辈和光同尘，受其戏侮。那些管家们欺他年幼，见他做作，愈有不然之意。自昆山起程，都是水路，到杭州便起旱了。众人撺掇家主道："宋金小厮家，在此写算，服事老爷，还该小心谦逊，他全不知礼。老爷优待他忒过分了，与他同坐同食；舟中还可混帐，到陆路中火歇宿，老爷也要存个体面。小人们商议，不如教他写一纸靠身文书，方才妥帖。到衙门时，他也不敢放肆为非。"范举人是棉花做的耳朵，就依了众人言语。唤宋金到舱，要他写靠身文书。宋

Дождавшись благоприятного дня, Фань вместе с новым секретарем сел на казенную джонку и отправился к месту своей службы. Поистине,

> Удары в барабан цветной
>   людей за веслами торопят;
> Весенний дует ветерок,
>   парчовый парус надувая.

Напомню, что хотя Сун Цзинь был бедняком, но происходил из старой ученой семьи. Став теперь ближайшим помощником Фаня, он не желал якшаться со слугами, как говорится, греться одними лучами, в одной валяться грязи; не хотел терпеть их насмешек и не допускал вольного обращения с собой. Слуги же ничуть не церемонились, считали его молокососом, и их задевала его надменность.

Путь от уезда Куньшань до самого Ханчжоу Фань и его свита проделали водой. Далее они должны были следовать сушей. И тут слуги, желая настроить своего хозяина против Сун Цзиня, стали наговаривать на него хозяину:

— Этому самому Сун Цзиню, что ведет ваши счета и занимается перепиской, следует быть поскромней, а он совсем не считается с правилами приличия. Господин слишком уж любезен с ним, сидит и ест за одним столом. Ну, на джонке он еще мог нахальничать, но теперь, на суше, в больших гостиницах, господину нужно бы позаботиться о своем достоинстве. Мы, ничтожные, советовали бы вам заставить Сун Цзиня написать расписку в том, что он продался вам в услужение. Тогда он станет вести себя должным образом и, находясь в ямэне при господине, не посмеет распускаться и безобразничать.

Так как у молодого хозяина, как говорится, уши были из ваты, он позвал к себе в каюту Сун Цзиня и приказал ему тотчас

金如何肯写。逼勒了多时，范公发怒，喝教剥去衣服，逐出船去。众苍头拖拖拽拽，剥的干干净净，一领单布衫，赶在岸上。气得宋金半晌开口不得。只见轿马纷纷，伺候范知县起陆。宋金含着双泪，只得回避开去。身边并无财物，受饿不过，少不得学那两个古人：

  伍相吹箫于吴门，
  韩王寄食于漂母。

日间街坊乞食，夜间古庙栖身。还有一件，宋金终是旧家子弟出身，任你十分落泊，还存三分骨气，不肯随那叫街丐户一流，奴颜婢膝，没廉没耻。讨得来便吃了，讨不来忍饿，有一顿没一顿。过了几时，渐渐面黄肌瘦，全无昔日丰神。正是：

  好花遭雨红俱褪，
  芳草经霜绿尽凋。

же составить расписку.

Как мог Сун Цзинь написать такую вещь? Фань долго принуждал его и в конце концов разозлился: приказал сорвать с него одежду и прогнать с джонки. Слуги набросились на Сун Цзиня, содрали с

него все, что было возможно, и, оставив его в одной тонкой куртке, вытолкали на берег. Сун Цзинь долго не мог опомниться от обиды.

Когда Сун Цзинь увидел лошадей и повозки, сновавшие в ожидании, пока начальник уезда сойдет на берег, он заплакал, закрыл лицо руками и пошел прочь. Не было у него ни денег, ни вещей, и голод вынудил его уподобиться двум героям древних времен:

В уделе У играл на флейте У Цзысюй,
Хань Синя прачка бедная кормила.

Сун Цзинь днем ходил по улицам и просил подаяние, ночью укрывался в каком-нибудь старом покинутом монастыре. Надо помнить, что Сун Цзинь происходил из ученой семьи, поэтому, несмотря на свое жалкое существование, он все же сохранил чувство собственного достоинства и не мог уподобиться простым нищим-попрошайкам, которые, потеряв всякий стыд, униженно ползая на коленях, выпрашивают милостыню. Если Сун Цзиню подавали, он ел, если нет – голодал. Так он и перебивался. Вскоре он похудел, лицо его пожелтело, красота исчезла. Действительно,

От зимнего инея
　　травы душистые вянут,
От сильного ливня
　　яркие блекнут цветы.

时值暮秋天气，金风催冷，忽降下一场大雨。宋金食缺衣单，在北新关关王庙中担饥受冻，出头不得。这雨自辰牌直下至午牌方止。宋金将腰带收紧，那步出庙门来，未及数步，劈面遇着一人。宋金睁眼一看，正是父亲宋敦的最契之友，叫做刘有才，号顺泉的。宋金"无面目见江东父老"，不敢相认，只得垂眼低头而走。那刘有才早已看见，从背后一手挽住。叫道："你不是宋小官么？为何如此模样？"宋金两泪交流，叉手告道："小侄衣衫不齐，不敢为礼了，承老叔垂问。"如此如此，这般这般，将范知县无礼之事，告诉了一遍。刘翁道："'恻隐之心，人皆有之。'你肯在我船上相帮，管教你饱暖过日。"宋金便下跪道："若得老叔收留，便是重生父母。"当下刘翁引着宋金到于河下。刘翁先上船，对刘妪说知其事。刘妪道："此乃两得其便，有何不美。"刘翁就在船头上招宋小官上船。于自身上脱下旧布道袍，教他穿了。引他到后艄，见了妈妈徐氏；女儿宜春在傍，也相见了。宋金走出船头。

Стояли последние осенние дни. Западный ветер нагонял холод, полили дожди. Сун Цзинь, голодный, в лохмотьях, сидел в заброшенном храме Гуань-вана, который служил ему кровом. Несмотря на голод, он не мог носа на улицу высунуть: с утра до самого полудня шел проливной дождь. Когда дождь прекратился, Сун Цзинь подтянул потуже пояс и вышел из храма. Не успел он пройти и нескольких шагов, как лицом к лицу столкнулся с человеком, в котором сразу узнал самого близкого друга своего отца – Лю Юцая. Стыдясь в таком виде предстать перед земляком, Сун Цзинь притворился, будто не узнал старика, и прошел мимо с низко опущенной головой. Лю Юцай сразу же признал в нищем сына своего друга, остановил Сун Цзиня, схватив его за плечо:

– Да ты ведь молодой Сун! Почему ты в таком виде?

– В таком жалком одеянии я не осмелился вас приветствовать, – сказал Сун Цзинь, утирая хлынувшие слезы, и подробно рассказал, как с ним поступил начальник уезда.

– Бедняга! – промолвил старик Лю, выслушав печальную историю Сун Цзиня. – Пойдем, станешь помогать мне на джонке и будешь в тепле и сыт.

– Если вы возьмете меня к себе, – сказал Сун Цзинь, упав перед Лю на колени, – это для меня все равно что вновь обрести родителей.

Старик Лю тут же повел его к реке. На джонку старик поднялся первым, чтобы предупредить о случившемся жену.

– Ну что же, – сказала та, выслушав мужа, – это и ему и нам выгодно. Что тут плохого?

Тогда Лю Юцай помахал Сун Цзиню, приглашая его на джонку. Старик сбросил с себя старое холщовое платье и приказал Сун Цзиню переодеться. Когда тот был готов, Лю Юцай повел гостя на корму и познакомил его со своей старухой. Здесь Сун

刘翁道："把饭与宋小官吃。"刘妪道："饭便有，只是冷的。"宜春道："有热茶在锅内。"宜春便将瓦罐子舀了一罐滚热的茶。刘妪便在厨柜内取了些腌菜，和那冷饭，付与宋金道："宋小官！船上买卖，比不得家里，胡乱用些罢！"宋金接得在手。又见细雨纷纷而下，刘翁叫女儿："后艄有旧毡笠，取下来与宋小官戴。"宜春取旧毡笠看时，一边已自绽开。宜春手快，就盘髻上拔下针线将绽处缝了，丢在船篷之上，叫道："拿毡笠去戴。"宋金戴了破毡笠，吃了茶淘冷饭。刘翁教他收拾船上家火，扫抹船只；自往岸上接客，至晚方回，一夜无话。次日，刘翁起身，见宋金在船头上闲坐，心中暗想："初来之人，莫惯了他。"便吆喝道："个儿郎吃我家饭，穿我家衣，闲时搓些绳，打些索，也有用处。如何空坐？"宋金连忙答应道："但凭驱使，不敢有违。"刘翁便取

Цзинь увидел и их дочь Ичунь.

— Дайте-ка молодому человеку поесть! — распорядился старик Лю после того, как Сунь Цзинь представился и ушел на нос джонки.

— Поесть дать можно, только все холодное, — ответила жена Лю Юцая.

— В котле еще есть горячий чай, — заметила Ичунь и начерпала из котла полный глиняный жбан горячего чая.

Матушка Сюй достала из шкафа соленых овощей и вместе с холодной кашей предложила все это Сунь Цзиню.

— При нашем деле жить на лодке приходится не так, как дома, — сказала она, — так что как-нибудь перекусите.

Не успел еще Сун Цзинь притронуться к еде, как стал накрапывать дождь.

— Принеси-ка с кормы старую войлочную шляпу, — приказал старик Лю дочери, — пусть Сун Цзинь наденет.

Ичунь взяла шляпу и увидела, что с одной стороны она уже распоролась по шву. Руки у Ичунь были проворные: она тут же вытащила из прически иголку с ниткой, сшила порванные места и бросила шляпу на рогожный тент.

— Возьмите шляпу! — крикнула она.

Сун Цзинь надел шляпу и принялся за еду. Затем Лю велел Сун Цзиню прибрать и подмести палубу, а сам отправился на берег искать клиентов и вернулся только вечером. На следующее утро старик Лю поднялся и сразу заметил, что Сунь Цзинь сидит на палубе, ничего не делая.

«Человек только что пришел к нам, нельзя приучать его к безделью», — подумал Лю и прикрикнул на Сун Цзиня:

— Послушай! Я тебя кормлю и одеваю. Чем сидеть так без дела, куда полезнее сучить веревки и плести канаты.

— Все, что прикажете, я ни в чем не осмелюсь ослушаться, — поторопился ответить Сун Цзинь.

一束麻皮，付与宋金，教他打索子。正是：

> 在他矮檐下，
> 怎敢不低头。

宋金自此朝夕小心，辛勤做活，并不偷懒。兼之写算精通，凡客货在船，都是他记帐，出入分毫不爽。别船上交易，也多有央他去拿算盘，登帐簿，客人无不敬而爱之，都夸道："好个宋小官，少年伶俐。"刘翁刘妪见他小心得用，另眼相待，好衣好食的管顾他。在客人面前，认为表侄。宋金亦自以为得所，心安体适，貌日丰腴。凡船户中无不欣羡。光阴似箭，不觉二年有余。刘翁一日暗想："自家年纪渐老，止有一女，要求个贤婿以靠终身，似宋小官一般，到也十全之美。但不知妈妈心下如何？"是夜与妈妈饮酒半醺，女儿宜春在傍，刘翁指着女儿对妈妈道："宜春年纪长成，未有终身之托，奈何？"刘妪道："这是你我靠老的一桩大事，你如何不上紧？"刘翁道："我也日常在念，只是难得个十分如意的。像

Лю принес пучок пеньки и велел плести канат. Действительно,

*Под низким навесом чужим
Как головы не склонить?!*

С этих пор Сун Цзинь с усердием трудился с утра до ночи, никогда он не ленился, никогда не уклонялся от поручений. У него был хороший почерк, он прекрасно считал на счетах, поэтому ему поручалось вести все денежные дела, связанные с перевозкой купцов и товаров, и он никогда не ошибался ни на грош. Другие лодочники часто звали его помочь им в расчетах и записях. Не было ни одного пассажира, который не полюбил бы Сун Цзиня, не уважал и не хвалил бы его за то, что он уже в юные годы так умен и понятлив. Старик и старуха, видя, как усердно и ловко работает молодой человек, заботились о нем как могли, хорошо кормили и одевали. Людям они выдавали его за племянника. Молодой человек, найдя наконец пристанище, успокоился душой, окреп телом, обрел былой цветущий вид и приводил в восхищение всех лодочников.

Время летело стрелой: незаметно прошло больше двух лет.

«Мы с женой уже стареем, – подумал однажды Лю, – и нет у нас никого, кроме дочери; пора подыскать хорошего зятя, опору для нее и для нас. Сун Цзинь вполне подходит, не знаю только, что скажет старуха».

В тот же вечер, попивая с женой вино, он, указывая взглядом на стоявшую подле них Ичунь, сказал:

– Дочь наша стала уже взрослая, но у нее все еще нет надежной опоры в жизни. Как же быть?

– И для нас это очень важно – было бы на кого понадеяться в старости, – ответила матушка Сюй. – Что же ты не позаботишься об этом?

– Я часто об этом думаю, – возразил Лю, – но где найдешь

我船上宋小官恁般本事人才，千中选一，也就不能勾了。"刘妪道："何不就许了宋小官？"刘翁假意道："妈妈说那里话！他无家无倚，靠着我船上吃饭。手无分文，怎好把女儿许他？"刘妪道："宋小官是宦家之后，况系故人之子。当初他老子存时，也曾有人议过亲来，你如何忘了？今日虽然落薄，看他一表人材，又会写，又会算，招得这般女婿，须不辱了门面。我两口儿老来也得所靠。"刘翁道："妈妈，你主意已定否？"刘妪道："有什么不定！"刘翁道："如此甚好。"原来刘有才平昔是个怕婆的，久已看上了宋金，只愁妈妈不肯。今见妈妈慨然，十分欢喜。当下便唤宋金，对着妈妈面许了他这头亲事。宋金初时也谦逊不当，见刘翁夫妇一团美意，不要他费一分钱钞，只索顺从。刘翁往阴阳生家选择周堂吉日，回复了妈妈，将船驾回昆山。先与宋小官上头，做一套绸绢衣服与他穿了，浑身新衣、新帽、新鞋、新袜，妆扮得宋金一发

подходящего человека. Такого умного и работящего, как, например, наш Сун Цзинь, и среди тысячи не сыщешь.

— Почему же не выдать дочку за него? — спросила матушка Сюй.

— Ну что ты говоришь! — воскликнул старик, притворившись недовольным и удивленным. — У Сун Цзиня ни семьи, ни дома, ни гроша за душой, и жив-то он только благодаря тому, что мы его кормим здесь, на нашей джонке. Как можно за такого отдать нашу дочь?

— Почтенный Сун родом из чиновной ученой семьи, — возразила жена, — притом сын нашего друга. Еще при жизни его отца поговаривали о том, чтобы наши семьи породнились. Ты разве забыл об этом? Хоть он теперь беден, но красив и одарен да еще умеет писать и считать. Мне кажется, что иметь зятем такого человека не зазорно. Да и у нас с тобой под старость будет на кого опереться.

— Ты твердо решила?

— В чем же тут сомневаться?

— Ну и прекрасно, — сказал Лю, который всегда побаивался жены и был очень доволен, что она сама предложила выдать дочь за Сун Цзиня; старику уже давно приглянулся молодой человек, но признаться жене он все не решался, опасаясь, что та будет возражать.

Лю тотчас позвал Сун Цзиня и в присутствии жены предложил ему породниться. Сун Цзинь сначала из скромности отказывался, но в конце концов согласился, поняв, как добры к нему старики, и видя, что от него не требуется никаких затрат на свадебные подарки. Старик Лю пошел к гадателю, и тот выбрал благоприятный для свадьбы день. Затем они подняли паруса и вернулись домой в Куньшань, где прежде всего позаботились о Сун Цзине: сшили ему платье из тонкого шелка и нарядили во все новое. В новом платье, новой шапке, новых чулках и новых

标致。

虽无子建才八斗，
胜似潘安貌十分。

刘妪也替女儿备办些衣饰之类。吉日已到，请下两家亲戚，大设喜筵，将宋金赘入船上为婿。次日，诸亲作贺，一连吃了三日喜酒。宋金成亲之后，夫妻恩爱，自不必说。从此船上生理，日兴一日。

光阴似箭，不觉过了一年零两个月。宜春怀孕日满，产下一女。夫妻爱惜如金，轮流怀抱。期岁方过，此女害了痘疮，医药不效，十二朝身死。宋金痛念爱女，哭泣过哀，七情所伤，遂得了个痨瘵之疾。朝凉暮热，饮食渐减，看看骨露肉消，行迟走慢。刘翁刘妪初时还指望他病好，替他迎医问卜。延至一年之外，病势有加无减。三分人，七分鬼。写也写不动，算也算不动。到做了眼中之钉，巴不得他死了干净；却又不死。两个老人家懊悔不迭，互相抱怨起来："当初只指望半

башмаках Сун Цзинь был необычайно красив.

Хоть не имел он восьми мер таланта,
*   как Цзыцзянь,*
Но красотой не уступал
*   Аньжэню.*

Матушка Сюй позаботилась, конечно, и о нарядах для дочери. В день свадьбы был устроен богатый пир, на который пригласили родственников обеих семей, и Сун Цзинь был введен на джонку как зять. На следующий день с поздравлениями и подарками пришли все родственники. Три дня подряд длилось свадебное пиршество. Молодожены относились друг к другу с любовью, но об этом говорить излишне. С этих пор дела на джонке с каждым днем шли все лучше и лучше.

Время подобно стреле. Незаметно прошло больше года, и Ичунь родила дочку. Мать и отец любили ребенка, берегли пуще золота, ласкали и нянчили. Но когда девочке пошел второй год, она заболела оспой. Врачи и лекарства оказались бессильны: на двенадцатый день она умерла. Сун Цзинь не мог без боли вспоминать о любимой дочери. Он так плакал, так безмерно страдал, так потрясен был горем, что вскоре заболел чахоткой. По утрам его знобило, по вечерам кидало в жар; он почти не ел, не пил и таял на глазах. От него остались одни кости, и он с трудом передвигался. Первое время старики Лю приглашали врачей и обращались к гадателям в надежде, что зять поправится. Прошло больше года, но Сун Цзинь не поправлялся, ему становилось все хуже, и он походил больше на призрак, чем на живого человека. Он не мог ни писать, ни считать и стал для стариков бельмом на глазу. Они уже жалели о неудачном замужестве дочери и с нетерпением ждали, когда зять умрет. А тот все не умирал.

– Прежде мы надеялись, что зять будет нам опорой под ста-

子靠老，如今看这货色，不死不活，分明一条烂死蛇缠在身上，摆脱不下。把个花枝般女儿，误了终身，怎生是了？为今之计，如何生个计较，送开了那冤家，等女儿另招个佳婿，方才称心。"两口儿商量了多时，定下个计策。连女儿都瞒过了。只说有客货在于江西，移船往载。行至池州五溪地方，到一个荒僻的所在，但见孤山寂寂，远水滔滔，野岸荒崖，绝无人迹。是日小小逆风，刘公故意把舵使歪，船便向沙岸上阁住，却教宋金下水推舟。宋金手迟脚慢，刘公就骂道："瘵病鬼！没气力使船时，岸上野柴也砍些来烧烧，省得钱买。"宋金自觉惶愧，取了砟刀，挣扎到岸上砍柴去了。刘公乘其未回，把舵用力撑动，拨转船头，挂起满风帆，顺流而下。

不愁骨肉遭颠沛，
且喜冤家离眼睛。

且说宋金上岸打柴，行到茂林深处，树木虽多，那有气力去砍伐，只得拾些儿残柴，割些败棘，抽取枯藤，束做两大

рость, а теперь он сам чуть жив, – роптали они. – Все равно как подыхающая змея: обвилась вокруг тела, и никак ее не сбросишь! Нашей прекрасной, как цветок, дочери всю жизнь испортил. Как быть? Надо что-то придумать. Надо избавиться от него и подыскать дочери другого, подходящего мужа, – тогда легче было бы на душе.

Долго они советовались и нашли наконец выход. Дочери об этом ничего не сказали. Сказали только, что едут за клиентами и товарами в Цзянси, и повернули джонку в ту сторону.

Добрались они до Уци в области Чичжоу. Подъехали к глухому месту: одинокие безмолвные горы, безбрежная даль вод, заброшенный и запущенный берег; нигде ни следа человека.

Джонка лавировала против легкого встречного ветра, и Лю, умышленно сделав крутой поворот руля, посадил ее у берега на мель, а затем крикнул Сун Цзиню, чтобы он сошел на берег и помог столкнуть джонку.

– Ах ты, дохлятина! – ругался лодочник, глядя, как Сун Цзинь еле шевелит ногами и руками. – Если уж нет у тебя сил справиться с джонкой, то потрудись на берегу. Наруби немного дров, чтобы хоть на топливо не тратиться.

Пристыженный, Сун Цзинь взял топор и, собравшись с последними силами, отправился за дровами. Едва он ушел, старик Лю с трудом повернул руль, сдвинул джонку и направил ее по течению.

Не печалишься тем, что родной человек
оказался, несчастный, в беде;
Зато счастлив теперь, что избавиться смог
от того, кто мешал тебе жить.

Сун Цзинь зашел в самую гущу леса, но рубить не хватало сил, и он стал подбирать хворост и срезать засохший терновник.

捆，却又没有气力背负得去。心生一计，再取一条枯藤，将两捆野柴穿做一捆，露出长长的藤头，用手挽之而行，如牧童牵牛之势。行了一时，想起忘了砟刀在地，又复身转去，取了砟刀，也插入柴捆之内，缓缓的拖下岸来，到于泊舟之处，已不见了船。但见江烟沙岛，一望无际。宋金沿江而上，且行且看，并无踪影，看看红日西沉，情知为丈人所弃。上天无路，入地无门，不觉痛切于心，放声大哭。哭得气咽喉干，闷绝于地，半晌方苏。忽见岸上一老僧，正不知从何而来，将拄杖卓地，问道："檀越伴侣何在？此非驻足之地也！"宋金忙起身作礼，口称姓名："被丈人刘翁脱赚，如今孤苦无归，求老师父提挈，救取微命。"老僧道："贫僧茅庵不远，且同往暂住一宵，来日再做道理。"宋金感谢不已，随着老僧而行。约莫里许，果见茅庵一所。老僧敲石取火，煮些粥汤，把与宋金吃了。方才问道："令岳与檀越有何仇隙？愿问其详。"宋金将

Сложив две большие кучи хвороста, он обвязал каждую старой лианой, но взвалить их на плечи не смог. Тогда он взял еще одну лиану, связал обе охапки в одну, поднатужился и поволок ее за собой, как пастух быка. Пройдя немного, Сун Цзинь вспомнил, что забыл топор; он вернулся, подобрал его, воткнул в вязанку и поплелся к реке. Но джонки там уже не было. Перед ним тянулся лишь бесконечный песчаный берег, над которым поднимались речные испарения.

Сун Цзинь побрел вдоль реки, но, сколько он ни шел и как ни всматривался, джонка исчезла. Солнце уже склонилось на запад. Сун Цзинь понял, что тесть бросил его. Положение было безвыходным, и он разрыдался. От слез у него пересохло в горле; в изнеможении упал он на землю и долго не мог прийти в себя. И тут вдруг он заметил, что на берегу, опершись на посох, стоит старый монах. Как он очутился здесь, Сун Цзинь не мог понять.

— Уважаемый, где же ваши попутчики? Ведь это не подходящее место, чтобы здесь останавливаться, — обратился к нему монах.

Сун Цзинь поспешно поднялся, поклонился и, назвав себя, ответил:

— Меня обманул и бросил здесь мой тесть, и теперь мне, одинокому горемыке, некуда деться. Прошу вас, помогите и спасите меня.

— Моя скромная хижина неподалеку, — сказал монах. — Пойдемте! Переночуйте у меня, а там решим как быть.

Бесконечно благодарный, Сун Цзинь пошел вслед за монахом.

Прошли они меньше одного ли, как Сун Цзинь и вправду увидел тростниковую хижину. Старый монах развел огонь, сварил похлебку и, когда Сун Цзинь поел, спросил у него:

— Скажите, пожалуйста, что за причина вражды между вами и вашим тестем?

入赘船上,及得病之由,备细告诉了一遍。老僧道:"老檀越怀恨令岳乎?"宋金道:"当初求乞之时,蒙彼收养婚配,今日病危见弃,乃小生命薄所致,岂敢怀恨他人?"老僧道:"听子所言,真忠厚之士也。尊恙乃七情所伤,非药饵可治。惟清心调摄,可以愈之。平日间曾奉佛法诵经否?"宋金道:"不曾。"老僧于袖中取出一卷相赠,道:"此乃《金刚般若经》,我佛心印。贫僧今教授檀越,若日诵一遍,可以息诸妄念,却病延年,有无穷利益。"宋金原是陈州娘娘庙前老和尚转世来的,前生专诵此经。今日口传心受,一遍便能熟诵,此乃是前因不断。宋金和老僧打坐,闭目诵经,将次天明,不觉睡去。及至醒来,身坐荒草坡间,并不见老僧及茅庵在那里。《金刚经》却在怀中,开卷能诵。宋金心下好生诧异,遂取池

Сун Цзинь подробно рассказал монаху о том, как он попал к лодочнику, как стал его зятем. Рассказал он и о причине своей болезни.

– Таите ли вы теперь ненависть к своему тестю и теще? – спросил монах.

– В свое время, когда я нищенствовал, они меня приютили и женили на своей дочери; если нынче они бросили меня, то такова уж моя судьба. Что тут обижаться!

– Я вижу, что вы добрый и великодушный человек. А причина вашего недуга – это переживания и страдания. Лекарствами его не излечить. Вам нужно душевное спокойствие, нужно освободить сердце от сует. Вы раньше поклонялись Будде, читали буддийские каноны?

– Нет, никогда.

– Это «Цзиньганцзин», изустно переданный Буддой, – сказал монах, вытаскивая из рукава свиток. – Ныне я хочу научить вас читать эти заповеди. Если вы ежедневно будете читать их, всякие думы оставят вас, болезнь пройдет, вы обретете долголетие, и во всем вам будет сопутствовать удача.

Не надо забывать, что Сун Цзинь до своего перерождения был буддийским монахом, который жил в Сучжоу у храма богини-чадодательницы и то и дело, что читал «Цзиньганцзин». И теперь, когда монах только раз прочел этот канон, Сун Цзинь мог сразу повторить его наизусть. В этом сказалась прежняя жизнь, жизнь до перерождения.

Сун Цзинь и буддийский монах уселись вместе, как сидят йоги, буддисты и даосы. И, прикрыв глаза, Сун Цзинь стал читать наизусть «Цзиньганцзин». Под утро он незаметно заснул, а когда проснулся, увидел себя сидящим на куче бурьяна с «Цзиньганцзином», крепко прижатым к груди. Монах и хижина исчезли. Сун Цзинь развернул свиток и был очень удивлен, что знает его текст наизусть.

水净口，将经朗诵一遍。觉万虑消释，病体顿然健旺。方知圣僧显化相救，亦是夙因所致也。宋金向空叩头，感谢龙天保佑。然虽如此，此身如大海浮萍，没有着落，信步行去，早觉腹中饥馁。望见前山林木之内，隐隐似有人家，不免再温旧稿，向前乞食。只因这一番，有分教宋小官凶中化吉，难过福来。正是：

路逢尽处还开径，
水到穷时再发源。

宋金走到前山一看，并无人烟，但见枪刀戈戟，遍插林间。宋金心疑不决，放胆前去，见一所败落土地庙，庙中有大箱八只，封锁甚固。上用松茅遮盖。宋金暗想："此必大盗所藏，布置枪刀，乃惑人之计。来历虽则不明，取之无碍。"心生一计，乃折取松枝插地，记其路径，一步步走出林来，直至江岸。也是宋金时亨运泰。恰好有一只大船，因逆浪冲坏了

Прополоскав рот водой из пруда, Сун Цзинь стал нараспев громко читать канон и сразу почувствовал, что тревоги и заботы оставили его и изнуренное тело как будто вдруг окрепло. Тут он понял, что святой монах явился спасти его. Это, конечно, было предопределено судьбой. Сун Цзинь поклонился небу, благодаря за спасение. Однако, хотя он был спасен, но остался без пристанища, как лепесток в океане. Он побрел куда глаза глядят. Вдруг, когда он совсем изголодался, ему показалось, что в роще под горой как будто есть какое-то жилье. Сун Цзиню ничего не оставалось, как по-прежнему просить милостыню, и он направился туда за подаянием. Но на этот раз вместо горя его ждала радость, кончились беды – пришла удача. Вот уж действительно,

Дорога оборвалась, нет пути,
но смотришь – вновь тропинка пред тобою;
Когда до дна исчерпана вода –
глядишь – источник где-то вновь пробился.

Сун Цзинь подошел к роще. Никакого жилья там не было. Взору его представились только воткнутые в землю копья и пики. Немало удивленный, Сун Цзинь набрался храбрости, пошел вперед и вскоре набрел на разрушенный храм. В храме он обнаружил восемь огромных запертых на замок сундуков, прикрытых сверху камышом и сосновыми ветками.

«Какие-то грабители спрятали сундуки, а чтобы устрашить людей, воткнули оружие. Хоть я и не знаю, откуда все это добро, но не вижу ничего дурного в том, чтобы взять его», – размышлял Сун Цзинь, у которого уже созрел план. Втыкая в землю сосновые ветки, чтобы заметить дорогу, он потихоньку выбрался из леса и добрался до берега. Судьбе угодно было принести Сун Цзиню благополучие и счастье: как раз в это время к берегу пристала большая джонка. Встречный ветер и сломанный руль

舵，停泊于岸下修舵。宋金假作慌张之状，向船上人说道："我陕西钱金也。随吾叔父走湖广为商，道经于此，为强贼所劫。叔父被杀，我只说是跟随的小郎，久病乞哀，暂容残喘。贼乃遣伙内一人，与我同住土地庙中，看守货物，他又往别处行劫去了。天幸同伙之人，昨夜被毒蛇咬死，我得脱身在此。幸方便载我去。"舟人闻言，不甚信。宋金又道："见有八巨箱在庙内，皆我家财物。庙去此不远，多央几位上岸，抬归舟中，愿以一箱为谢，必须速往。万一贼徒回转，不惟无及于事，且有祸患。"众人都是千里求财的，闻说有八箱货物，一个个欣然愿往。当时聚起十六筹后生，准备八副绳索杠棒，随宋金往土地庙来。果见巨箱八只，其箱甚重。每二人抬一箱，恰好八杠。宋金将林子内枪刀收起，藏于深草之内，八个箱子都下了船，舵已修好了。舟人问宋金道："老客今欲何往？"

вынудили лодочников причалить, и они занимались здесь починкой. Сун Цзинь притворился растерянным и взволнованным и обратился к лодочникам:

– Я уроженец провинции Шэньси, фамилия моя Цянь. Вместе с дядей мы занимались торговлей в Хугуане. Когда мы проезжали мимо этого места, на нас напали разбойники. Дядю убили. Я сказал разбойникам, что был у него слугой, что я долго болел, и молил их пощадить меня. Грабители поручили одному из шайки следить за мной и охранять добычу, которую они спрятали в храме, а вся шайка отправилась разбойничать в другие места. К счастью, разбойник, который сторожил меня, вчера умер от укуса змеи, и я убежал. Прошу вас, сделайте одолжение, возьмите меня с собой.

Лодочники не очень-то поверили рассказу Сун Цзиня.

– В храме стоят восемь больших сундуков с нашим добром, – продолжал Сун Цзинь. – Это неподалеку отсюда, и я очень прошу несколько человек пойти со мной и перенести сюда сундуки. В благодарность я с радостью отдам вам один из них. Но только нужно поторопиться, а то разбойники вернутся, и тогда мы не только не успеем ничего сделать, но и себя погубим.

Люди, готовые ради прибыли и наживы проделать тысячи ли, услышав о восьми сундуках, полных сокровищ, с радостью согласились. Сразу нашлось шестнадцать молодцов, которые пошли с Сун Цзинем в храм, захватив с собой восемь палок для переноски тяжестей и веревки.

И действительно, в храме они увидели восемь огромных сундуков. Сундуки были тяжелы, и каждый пришлось нести двоим, так что шестнадцать человек было как раз то, что надо.

Оружие в роще Сун Цзинь подобрал и спрятал в траве. Сундуки погрузили на джонку. К тому времени руль был уже исправлен, и лодочники спросили Сун Цзиня, куда ему угодно направиться.

宋金道："我且往南京省亲。"舟人道："我的船正要往瓜洲，却喜又是顺便。"当下开船，约行五十余里，方歇。众人奉承陕西客有钱，到凑出银子，买酒买肉，与他压惊称贺。次日西风大起，挂起帆来，不几日，到了瓜洲停泊。那瓜洲到南京只隔十来里江面。宋金另换了一只渡船，将箱笼只拣重的抬下七个，把一个箱子送与舟中众人，以践其言。众人自去开箱分用，不在话下。宋金渡到龙江关口，寻了店主人家住下，唤铁匠对了匙钥。打开箱看时，其中充，都是金玉珍宝之类。原来这伙强盗积之有年，不是取之一家，获之一时的。宋金先把一箱所蓄，鬻之于市，已得数千金。恐主人生疑，迁寓于城内，买家奴伏侍，身穿罗绮，食用膏粱。余六箱，只拣精华之物留下，其他都变卖，不下数万金。就于南京仪凤门内买下一所大宅，改造厅堂园亭，制办日用家火，极其华整。门前开张典铺，又置买田庄数处，家僮数十房，出色管事者十人。又畜美童四人，随身答应。满京城都称他为钱员外，出乘舆马，入

— В Нанкин, к родным, — ответил Сун Цзинь.

— Наша джонка идет в Туачжоу, нам по пути.

Джонка отчалила и прошла без остановки более пятидесяти ли. Желая угодить богатому шэньсийскому торговцу, лодочники раскошелились: купили вина, мяса и устроили угощение в честь его избавления от бед.

На следующий день поднялся попутный западный ветер, лодочники подняли паруса и вскоре прибыли в Гуачжоу. От Гуачжоу по реке было всего десять с чем-то ли до Нанкина. Здесь Сун Цзинь нанял лодку, на которую погрузил семь самых тяжелых сундуков, а один, как обещал, подарил лодочникам. Те, конечно, поделили его содержимое, но об этом говорить не будем.

Когда лодка доехала до Лунцзянгуаня, Сун Цзинь нашел гостиницу и остановился в ней. Он пригласил слесаря подобрать ключи к сундукам; оказалось, что сундуки наполнены золотом, яшмой, жемчугом и прочими драгоценностями. Разбойники могли накопить такое богатство только за долгие годы и, конечно, не за счет одной семьи.

Сун Цзинь продал на рынке содержимое одного сундука и выручил за это несколько тысяч золотом. Боясь, как бы такое богатство не вызвало подозрений, он переселился в город, где нанял прислугу, разоделся в тонкие шелка и стал питаться изысканными яствами. Из остальных шести сундуков он оставил себе только ценные, редкостные вещи, а все остальное продал и выручил десятки тысяч золотом. Затем в районе Ифэнмэнь Сун Цзинь купил себе большую усадьбу, переделал все комнаты и залы, беседки и павильоны и роскошно обставил весь дом. Перед домом Сун Цзинь открыл лавку-ломбард. Кроме того, в нескольких местах он купил поместья, завел множество слуг, десяток отличных управляющих и держал четырех красавцев-отроков, которые неотлучно были при нем.

В столице все знали Сун Цзиня как «богача Цяня», человека,

拥金赀。自古道："居移气，养移体。"宋金今日财发身发，肌肤充悦，容采光泽，绝无向来枯瘠之容，寒酸之气。正是：

人逢运至精神爽，
月到秋来光彩新。

话分两头。且说宜春女那日见父亲教丈夫上岸打柴，心下思想："爹好没分晓！恁般一个病人，教他去打柴！欲要叫丈夫莫去，又恐违拗了父母。"正在放心不下，却见父亲忙忙的撑船下舵，拨转船头，离岸扬帆。宜春惊叫："爹爹！丈夫在岸上，如何便开船？"却被母亲兜脸一啐，道："谁是你丈夫！那痨病鬼，你还要想他！"宜春惊嚷道："爹，妈！这怎么说？"刘妪道："你爹见他病害得不好，恐沾染他人，特地算计，断送这痨病骷髅。"宜春气塞咽喉，泪如泉涌，急跑出舱，连忙扯解挂帆绳索，欲下帆转船。被母亲抵死抱住，拖到后艄。宜春跌脚捶胸，叫天叫地，哭道："还我宋郎来！"争

который выезжал не иначе, как в богатой колеснице, и у которого дом был полон золота и драгоценностей.

С древних времен говорят: от жилья меняется дух человека, от пищи меняется тело.

Теперь, когда Сун Цзинь разбогател, он стал выглядеть совсем по-иному: пополнел, расцвел; прежнего, истощенного болезнью, подавленного горем и нищетой Сун Цзиня как не бывало. В самом деле,

Как осенью луна
сияет ярким блеском,
Так в пору счастья человек
здоров и бодр духом.

Но это только первая часть рассказа. Поведу свой сказ дальше. С того момента, как Лю Юцай оставил зятя на берегу, оттолкнулся от берега и со спокойной душой отплыл, джонка, подгоняемая попутным ветром, прошла уже сотню ли. Старики радостно о чем-то между собой шушукались. Ичунь, ничего, разумеется, не подозревавшая, считала, что муж уже вернулся, и приготовила для него лекарство. Она позвала Сун Цзиня, но никто не откликнулся. Решив, что муж заснул на носу джонки, она пошла туда разбудить его.

— Ищешь этого чахоточного черта? Она еще заботится о нем! — тут же набросилась на нее мать, вырвала из рук дочери горшочек с лекарством и швырнула его за борт.

— Но где же он все-таки? — спросила Ичунь, а в ответ услышала:

— Твой отец понимал, что Сун Цзинь не поправится, боялся, как бы он не заразил других, поэтому послал его на берег рубить дрова, а сам отчалил.

Рыдания сдавили Ичунь горло, хлынули слезы. Она стала то-

嚷之间，顺风顺水，船已行数十里。刘老走来劝道："我儿，听我一言：妇道家嫁人不着，一世之苦。那害痨的死在早晚，左右要拆散的，不是你因缘了，到不如早些开交干净，免致担误你青春。待做爹的另拣个好郎君，完你终身，休想他罢！"宜春道："爹做的是什么事！都是不仁不义，伤天理的勾当！宋郎这头亲事，原是二亲主张；既做了夫妻，同生同死，岂可翻悔？就是他病势必死，亦当待其善终，何忍弃之于无人之地？宋郎今日为奴而死，奴决不独生。爹若可怜见孩儿，快转船上水，寻取宋郎回来，免被傍人讥谤。"刘公道："那害痨的不见了船，定然转往别处村坊乞食去了，寻之何益？况且下水顺风，相去已百里之遥，一动不如一静，劝你息了心罢！"宜春见父亲不允，放声大哭，走出船舱，就要跳水。喜得刘妈手快，一把拖住。宜春以死自誓，哀哭不已。两个老人家不道女儿执性如此，无可奈何，准准的看守了一夜。次早只得依顺他，开船上水。风水俱逆，弄了一日，不勾一半之路。这一夜

пать ногами, бить себя в грудь и кричать: «Верните мне мужа!»

— Послушай, дитя мое! — сказал старик Лю, подойдя к дочери и успокаивая ее. — Когда женщине не повезет в замужестве, ей потом всю жизнь приходится маяться. Твой чахоточный со дня на день умрет. Так или иначе, вам пришлось бы расстаться. Он не твой суженый, и уж лучше пораньше избавиться от него, чем портить себе молодость. Я найду тебе другого, хорошего мужа, с которым ты будешь счастлива всю жизнь. Перестань-ка думать о своем Сун Цзине.

— Что вы наделали? — воскликнула Ичунь. — Ведь это бесчестно, бесчеловечно, ужасно! Ведь вы сами выдали меня за Сун Цзиня, а раз мы стали мужем и женой, то должны вместе жить и вместе умирать! Даже если он обречен, пусть бы умер спокойно. Как можно было бросить его на диком, безлюдном берегу? Это из-за меня он погибает, и, если он умрет, я покончу с собой. Если вы хоть сколько-нибудь жалеете меня, то немедленно поверните джонку и найдите Сун Цзиня, чтобы хоть перед другими не было стыдно.

— Твой чахоточный, когда увидел, что джонки нет, наверняка отправился куда-нибудь в деревню просить милостыню, — ответил старик. — Какой толк теперь искать его? Ведь мы плывем по течению да с попутным ветром, так что сделали сотню ли. Что сделано, то сделано, выкинь его из головы и успокойся.

Видя, что отец не желает повернуть джонку, Ичунь зарыдала, кинулась к борту джонки и бросилась бы в воду, если бы старуха Лю не успела вовремя ее схватить. Ичунь клялась покончить с собой и не переставала горько плакать. Старики никак не ожидали, что дочь окажется такой упрямой и настойчивой. Делать нечего, пришлось всю ночь караулить дочь, а наутро повернуть джонку.

Плыть теперь пришлось и против течения, и против ветра, так что за день они не проделали и половины пути. И в эту ночь

啼啼哭哭，又不得安稳。第三日申牌时分，方到得先前阁船之处。宜春亲自上岸寻找丈夫，只见沙滩上乱柴二捆，砟刀一把，认得是船上的刀。眼见得这捆柴，是宋郎驮来的，物在人亡，愈加疼痛，不肯心死，定要往前寻觅。父亲只索跟随同去。走了多时，但见树黑山深，杳无人迹。刘公劝他回船，又啼哭了一夜。第四日黑早，再教父亲一同上岸寻觅，都是旷野之地，更无影响。只得哭下船来，想道："如此荒郊，教丈夫何处乞食？况久病之人，行走不动，他把柴刀抛弃沙崖，一定是赴水自尽了。"哭了一场，望着江心又跳，早被刘公拦住。宜春道："爹妈养得奴的身，养不得奴的心。孩儿左右是要死的，不如放奴早死，以见宋郎之面。"两个老人家见女儿十分痛苦，甚不过意。叫道："我儿，是你爹妈不是了，一时失于计较，干出这事。差之在前，懊悔也没用了。你可怜我年老之人，止生得你一人，你若死时，我两口儿性命也都难保。愿我儿恕了爹妈之罪，宽心度日，待做爹的写一招子，于沿江市镇

старикам не было покоя – Ичунь все плакала и плакала. Только к вечеру третьего дня они причалили к месту их прежней стоянки. Ичунь сама отправилась на поиски. На берегу она увидела две связки хвороста и топор, который сразу же узнала. Было ясно, что эти связки принес Сун Цзинь, но его самого нигде не было видно. Ичунь стало нестерпимо тяжело. Однако она не теряла надежды и решила во что бы то ни стало продолжать поиски. Старику волей-неволей пришлось пойти с ней. Долго шли они. Кругом был только темный лес, сплошные горы, и ни следа человека.

Старик уговорил дочь возвратиться на джонку, и она опять проплакала всю ночь. На четвертый день, задолго до рассвета, Ичунь настояла на том, чтобы отец опять отправился с ней на поиски. И опять вокруг были только пустынные глухие места. Оставалось лишь вернуться на джонку, и весь обратный путь Ичунь горько плакала.

«Разве в этих дебрях можно просить подаяния? – думала про себя Ичунь. – Больной, слабый – что ему оставалось делать? Топор бросил на берегу, значит, наверняка кинулся в воду и покончил с собой».

При этой мысли она опять разрыдалась и хотела утопиться, но отец успел ее удержать.

– Вы можете стеречь меня, но сердце мое неизменно, – заявила Ичунь старикам. – Я все равно решила умереть. Чем раньше я это сделаю, тем скорее встречусь с мужем.

Старикам было тяжело смотреть на страдания дочери, им стало не по себе.

– Доченька, – обратилась к Ичунь госпожа Сюй, – мы с отцом виноваты, поступили неправильно, необдуманно. Но кайся не кайся, дело сделано. Пожалей нас, стариков. Кроме тебя у нас никого нет, и нам не пережить твою смерть. Прости нас, постарайся не принимать это близко к сердцу. Твой отец даст объяв-

各处黏贴。倘若宋郎不死，见我招帖，定可相逢。若过了三个月无信，凭你做好事追荐丈夫。做爹的替你用钱，并不吝惜。"宜春方才收泪谢道："若得如此，孩儿死也瞑目。"刘公即时写个寻婿的招帖，黏于沿江市镇墙壁触目之处。过了三个月，绝无音耗。宜春道："我丈夫果然死了。"即忙制备头梳麻衣，穿着一身重孝，设了灵位祭奠，请九个和尚，做了三昼夜功德。自将簪珥布施，为亡夫祈福。刘翁刘妪爱女之心，无所不至，并不敢一些违拗，闹了数日方休。兀自朝哭五更，夜哭黄昏。邻船闻之，无不感叹。有一班相熟的客人，闻知此事，无不可惜宋小官，可怜刘小娘者。宜春整整的哭了半年六个月方才住声。刘翁对阿妈道："女儿这几日不哭，心下渐渐冷了，好劝他嫁人；终不然，我两个老人家守着个孤孀女儿，缓急何靠？"刘妪道："阿老见得是。只怕女儿不肯，须是缓

ления о розыске во всех прибрежных городах и местечках. Если Сун Цзинь жив, он наверняка увидит объявление и вернется к нам. А если через три месяца от него никаких вестей не будет, тогда ты отдашь мужу должные почести, совершишь все положенные траурные обряды. Отец за деньгами не постоит.

Ичунь перестала рыдать и поблагодарила родителей:

– Если вы так решили, тогда я смогу умереть с закрытыми глазами.

Старик Лю тотчас же написал объявления о розыске и расклеил их на самых видных местах в прибрежных городах и селениях.

Прошло три месяца, но о Сун Цзине не приходило никаких вестей.

– Нет сомнения в том, что муж умер, – решила Ичунь. Она заколола вдовью прическу, надела платье из простой конопли, приняла глубокий траур, а на домашнем алтаре поставила мужу поминальную табличку, перед которой молилась и приносила жертвы. Девять буддийских монахов три дня и три ночи молились о благополучии души Сун Цзиня. Ичунь пожертвовала на это свои головные украшения и драгоценные серьги.

Старики Лю, нежно любившие свою дочь, готовы были ради нее вынести все что угодно. Они ни в чем не перечили ей, и поминальный обряд длился несколько дней подряд. Но и после этого Ичунь плакала дни и ночи. Не было ни одного лодочника-земляка, который бы не сочувствовал Ичунь. Купцы, знакомые с семьей Лю, узнав о случившемся, жалели Сун Цзиня и выражали свое сочувствие дочери лодочника. Прогоревав полгода, Ичунь наконец успокоилась.

– Дочка последние дни не плачет, – сказал однажды старик Лю своей жене, – видно, понемногу приходит в себя. Хорошо бы уговорить ее выйти замуж. А то, случись что, на кого мы, старики, с дочерью-вдовой сможем опереться?

缓的偎他。"又过了月余，其时十二月二十四日，刘翁回船到昆山过年，在亲戚家吃醉了酒，乘其酒兴，来劝女儿道："新春将近，除了孝罢！"宜春道："丈夫是终身之孝，怎样除得？"刘翁睁着眼道："什么终身之孝！做爹的许你戴时便戴，不许你戴时，就不容你戴。"刘妪见老儿口重，便来收科道："再等女儿戴过了残岁，除夜做碗羹饭，起了灵，除孝罢！"宜春见爹妈话不投机，便啼哭起来道："你两口儿合计害了我丈夫，又不容我戴孝，无非要我改嫁他人。我岂肯失节以负宋郎？宁可戴孝而死，决不除孝而生。"刘翁又待发作，被婆子骂了几句，劈颈的推向船舱睡了。宜春依先又哭了一夜。到月尽三十日，除夜，宜春祭奠了丈夫，哭了一会。婆子劝住了。三口儿同吃夜饭。爹妈见女儿辈酒不闻，心中不乐。

— Ты совершенно прав, — ответила матушка Сюй, — боюсь только, что Ичунь не согласится. Надо подойти к ней осторожно, уговаривать постепенно.

Прошел еще месяц. Двадцать четвертого числа двенадцатого месяца старик Лю направил свою джонку в Куньшань, чтобы на родине встретить Новый год. У родственников старик Лю напился, осмелел и, возвратившись на джонку, стал уговаривать дочь:

— Скоро Новый год, сними-ка свой траур.

— Траур по мужу длится всю жизнь, — возразила Ичунь. — Как же я могу его снять?

— Это еще что за вечный траур? — вытаращил глаза старик. — Позволю я тебе носить траур – будешь носить, не позволю – снимешь!

— Пускай дочь поносит траур до конца года, — примирительно сказала матушка Сюй. — Под Новый год мы совершим жертвоприношение и вынесем из дома табличку, тогда пусть и снимет траур.

Видя, что ни мать, ни отец не хотят считаться с ней, Ичунь сказала со слезами:

— Вы сговорились и погубили моего мужа, а теперь не разрешаете мне соблюдать траур. Все это только потому, что вы непременно хотите выдать меня вторично замуж. Но я ни за что не нарушу свой долг и не изменю покойному мужу! Лучше умру в трауре, чем сниму его и останусь жить.

Старик хотел было напуститься на дочь, но тут на него самого с бранью обрушилась жена, затолкала его в каюту, где он и заснул.

Опять, как в былые дни, Ичунь проплакала до утра.

Подошла новогодняя ночь: Ичунь свершала поклонение перед табличкой мужа и плакала. Старухе удалось успокоить ее, и вся семья собралась за новогодним столом.

便道："我儿！你孝是不肯除了，略吃点荤腥，何妨得？少年人不要弄弱了元气。"宜春道："未死之人，苟延残喘，连这碗素饭也是多吃的，还吃甚荤菜？"刘妪道："既不用荤，吃杯素酒儿，也好解闷。"宜春道："'一滴何曾到九泉'？想着死者，我何忍下咽。"说罢，又哀哀的哭将起来，连素饭也不吃就去睡了。刘翁夫妇料道女儿志不可夺，从此再不强他。后人有诗赞宜春之节。诗曰：

闺中节烈古今传，
船女何曾阅简编？
誓死不移金石志，
《柏舟》端不愧前贤。

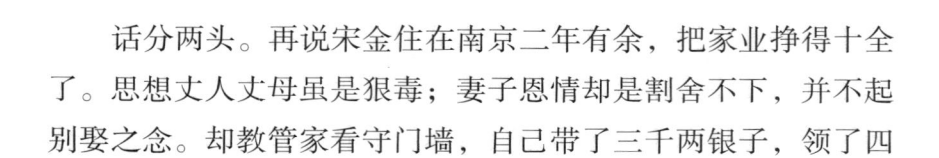

话分两头。再说宋金住在南京二年有余，把家业挣得十全了。思想丈人丈母虽是狠毒；妻子恩情却是割舍不下，并不起别娶之念。却教管家看守门墙，自己带了三千两银子，领了四

Когда старики увидели, что Ичунь даже не прикасается к вину и мясной пище, они, недовольные, обратились к ней:

— Если не хочешь снимать траур, это вовсе не мешает тебе отведать немного мясного. Незачем молодой женщине терять силы и здоровье.

— Я еще жива, но жизнь во мне только теплится, и она не нужна мне. Чашки постной пищи и то не следовало бы мне есть, а мясного уж и подавно, — возразила Ичунь.

— Ну, если не хочешь мяса, выпей хоть рюмку вина, чтобы развеять тоску, — предложила матушка Сюй.

— Разве хоть капля вина попадала когда-нибудь в царство подземное? Думая о покойном муже, могу ли я пить? — с плачем сказала Ичунь и, встав из-за стола и не дотронувшись даже до постной еды, ушла спать.

Старики, видя, что с дочерью они ничего не могут сделать, что воли ее им не сломить, оставили ее в покое.

Люди последующих поколений сложили стихи, восхваляющие добродетель Ичунь. В стихах говорилось:

> *О женах добродетельных и верных*
> *из века в век писали в книгах.*
> *Простого лодочника дочь могла ль*
> *хоть что-нибудь прочесть об этом?*
> *Дав клятву умереть, осталась мужу верной:*
> *вот воля крепкая, как камень!*
> *И добродетелью прославившимся вдовам*
> *уступит в чем она, скажите?*

Вернемся теперь к Сун Цзиню. Прожив больше двух лет в Нанкине и приведя в порядок свое богатое хозяйство, он стал размышлять о том, что если теща и тесть поступили с ним жестоко, то жена его любила и ничего плохого ему не сделала.

个家人，两个美童，顾了一只航船，径至昆山来访刘翁刘妪。邻舍人家说道："三日前往仪真去了。"宋金将银两贩了布匹，转至仪真，下个有名的主家，上货了毕。次日，去河口寻着了刘家船只，遥见浑家在船艄，麻衣素妆，知其守节未嫁，伤感不已。回到下处，向主人王公说道："河下有一舟妇，戴孝而甚美，我已访得是昆山刘顺泉之船，此妇即其女也。吾丧偶已将三年，欲求此女为继室。"遂于袖中取出白金十两，奉与王公道："此薄意权为酒资，烦老翁执伐。成事之日，更当厚谢。若问财礼，虽千金吾亦不吝。"王公接银欢喜，径往船上邀刘翁到一酒馆，盛设相待，尊刘翁于上坐。刘翁大惊道："老汉操舟之人，何劳如此厚待？必有缘故。"王公道："且

Поручив доверенным лицам следить за домом, Сун Цзинь захватил с собой три тысячи ланов серебра, нанял лодку и в сопровождении четырех слуг и двух красавцев-отроков отправился в Куньшань отыскивать старика Лю. От соседей он узнал, что лодочник три дня тому назад отправился в Ичжэнь.

Сун Цзинь истратил часть денег на покупку материи и поехал в Ичжэнь. Здесь он оставил материю у известного торговца-посредника и на следующий же день отправился в порт разыскивать Лю.

Джонку старика он заметил еще издалека. На корме стояла женщина, одетая в простое пеньковое платье. Сун Цзинь понял, что его жена носит по нему траур и не вышла вторично замуж. Это его тронуло до глубины души.

Вернувшись, Сун Цзинь обратился к хозяину дома, где он остановился, Вану:

— Здесь на реке стоит на якоре джонка, на которой я видел женщину в трауре, прекрасную собой. Я разузнал, что владелец джонки — некий Лю Юцай из Куньшани, а женщина эта — его дочь. Я уже третий год ношу траур по своей жене и теперь хотел бы просить эту женщину занять ее место.

Говоря так, Сун Цзинь вытащил из рукава десять ланов серебра и передал их Вану:

— Возьмите эту небольшую сумму на чарку вина и не откажите быть моим сватом. Если вам удастся устроить это дело, я вас щедро отблагодарю. А если старик будет спрашивать о свадебных подарках, скажите, что я не поскуплюсь и на тысячу ланов.

Ван с радостью взял деньги, отправился на джонку к Лю Юцаю и пригласил старика в винную лавку, где посадил его на почетное место и был с ним в высшей степени обходителен и любезен.

— Я простой лодочник, что же заставляет вас оказывать мне столько внимания? — недоуменно спросил старик.

吃三杯，方敢启齿。"刘翁心中愈疑道："若不说明，必不敢坐。"王公道："小店有个陕西钱员外，万贯家财，丧偶将三载，慕令爱小娘子美貌，欲求为继室。愿出聘礼千金，特央小子作伐，望勿见拒。"刘翁道："舟女得配富室，岂非至愿。但吾儿守节甚坚，言及再婚，便欲寻死。此事不敢奉命，盛意亦不敢领。"便欲起身。王公一手扯住道："此设亦出钱员外之意，托小子做个主人，既已费了，不可虚之，事虽不谐，无害也。"刘翁只得坐了。饮酒中间，王公又说起："员外相求，出于至诚。望老翁回舟，从容商议。"刘翁被女儿几遍投水唬坏了，只是摇头，略不统口。酒散各别。王公回家，将刘翁之语，述与员外。宋金方知浑家守志之坚。乃对王公说道："姻事不成也罢了，我要雇他的船，载货往上江出脱，难道也

— Выпейте сначала три чарки, потом я вам все расскажу, — ответил тот.

— Если вы не объясните мне, в чем дело, я не осмелюсь дольше сидеть здесь с вами, — сказал Лю, еще более удивленный таким ответом.

— В моем доме остановился богач по фамилии Цянь, родом из Шэньси. У него десятки тысяч золотом. Он уже почти три года вдовеет и вот, прельщенный красотой вашей дочери, хотел бы взять ее в жены. Богач предлагает свадебные подарки на тысячу монет и просит меня быть его сватом. Я надеюсь, что с вашей стороны не последует отказа.

— Еще бы! Дочери простого лодочника стать женой богача! — ответил старик. — Но дочь моя строго соблюдает траур по мужу и, как только речь заходит о втором браке, грозит покончить с собой. Так что из этого ничего не выйдет, и доброе желание вашего гостя я не сумею удовлетворить.

Старик Лю поднялся и собрался уже уходить, но Ван схватил его за руку:

— Это угощение устроено по воле господина Цяня, который просил меня попотчевать вас. Раз деньги уже потрачены, зачем им зря пропадать? А в том, что мы с вами не сговорились, ничего дурного нет.

Лю Юцаю пришлось остаться. За вином Ван снова заговорил о предложении Цяня и под конец выразил надежду на то, что Лю, вернувшись на джонку, поговорит обо всем со своими.

Лю Юцай, который помнил, как дочь не раз пыталась броситься в реку, в ответ только отрицательно качал головой. Допив вино, они вышли из лавки и распрощались.

Дома Ван рассказал Сун Цзиню о беседе со стариком Лю.

— Ну, не получилось с женитьбой и ладно, — ответил Сун Цзинь. Теперь он убедился в непоколебимой воле своей жены. — Но я бы хотел нанять джонку Лю и на ней отправиться вверх

不允？"王公道："天下船载天下客，不消说，自然从命。"王公即时与刘翁说了雇船之事，刘翁果然依允。宋金乃分付家童，先把铺陈行李发下船去，货且留岸上，明日发也未迟。宋金锦衣貂帽，两个美童，各穿绿绒直身，手执熏炉如意跟随。刘翁夫妇认做陕西钱员外，不复相识。到底夫妇之间，与他人不同。宜春在艄尾窥视，虽不敢便信是丈夫，暗暗的惊怪道："有七八分厮像。"只见那钱员外才上得船，便向船艄说道："我腹中饥了，要饭吃，若是冷的，把些热茶淘来罢。"宜春已自心疑。那钱员外又吆喝童仆道："个儿郎吃我家饭，穿我家衣，闲时搓些绳，打些索，也有用处，不可空坐！"这几句分明是宋小官初上船时刘翁分付的话。宜春听得，愈加疑心。少顷，刘翁亲自捧茶奉钱员外，员外道："你船艄上有一破毡笠，借我用之。"刘翁愚蠢，全不省事，径与女儿讨那破毡笠。宜春取毡笠付与父亲，口中微吟四句：

по реке Янцзы сбыть свои товары. Неужели старик и в этом мне откажет?

– Джонки для того и существуют, чтобы перевозить купцов. Нечего и думать: он безусловно согласится, – заверил Сун Цзиня его доверенный и в тот же день передал лодочнику новую просьбу Сун Цзиня. Старик, конечно, тотчас же согласился.

Сун Цзинь приказал слугам прежде всего погрузить в лодку его вещи, а товар до завтра оставить на берегу. В новом платье и новой шапке Сун Цзинь направился к джонке; двое отроков, разодетых в зеленый шелк, с жезлом и курильницей для благовоний в руках сопровождали богача.

Старики, принявшие гостя за богатого купца, не узнали в нем Сун Цзиня. Другое дело жена. Ичунь издали наблюдала за гостем. Хотя она не смела сразу признать в нем мужа, но про себя недоумевала: до чего же этот человек похож на Сун Цзиня.

Как только Сун Цзинь очутился в джонке, он сразу же посмотрел в сторону жены и произнес:

– Я страшно проголодался, но если у вас каша холодная, то дайте мне ее с горячим чаем.

Это очень удивило Ичунь.

Затем мнимый купец из Шэньси стал кричать на своих слуг:

– Я вас кормлю и одеваю: чем так сидеть без дела, куда полезнее сучить веревки и плести канаты!

Это были те самые слова, которые старик Лю сказал Сун Цзиню на следующее утро после его появления у них на джонке.

Ичунь еще больше удивилась. Вскоре старик Лю сам принес чай и стал угощать богатого купца.

– У тебя на корме есть старая войлочная шляпа, – сказал купец лодочнику, – одолжи ее мне.

Старик, не догадываясь, в чем дело, пошел к дочери за шляпой. Отдавая ее отцу, Ичунь проскандировала:

毡笠虽然破，
经奴手自缝；
因思戴笠者，
无复旧时容。

钱员外听艄后吟诗，嘿嘿会意。接笠在手，亦吟四句：

仙凡已换骨，
故乡人不识。
虽则锦衣还，
难忘旧毡笠。

是夜，宜春对翁妪道："舱中钱员外，疑即宋郎也。不然，何以知吾船有破毡笠？且面庞相肖，语言可疑，可细叩之。"刘翁大笑道："痴女子！那宋家痨病鬼，此时骨肉俱消矣。就使当年未死，亦不过乞食他乡，安能致此富盛乎？"刘妪道："你当初怪爹娘劝你除孝改嫁，动不动跳水求死，今见客人富贵，便要认他是丈夫。倘你认他不认，岂不可羞。"宜春满面羞惭，不敢开口。刘翁便招阿妈到背处道："阿妈，你

Стара уж войлочная шляпа,
*   но мной заштопана она;*
Тот, кто носил ее, бывало,
*   сам на себя стал не похож!*

Гость услышал эти слова и понял их смысл. Взяв шляпу, Сун Цзинь произнес в ответ:

Бессмертные всегда меняют облик,
*   не узнают их больше земляки.*
Хоть платье я сменил, в парчу оделся,
*   однако старой шляпы не забыл.*

Ночью Ичунь сказала матери:

— Сдается мне, что купец Цянь, который сейчас у нас на джонке, не кто иной, как Сун Цзинь. Иначе как мог бы он знать, что у нас есть старая войлочная шляпа? Кроме того, и лицом он очень на него похож. Да и говорит он с явными намеками. Расспросите-ка его хорошенько!

— Глупая девочка, — усмехнулся старик Лю. — От твоего чахоточного мужа теперь и костей не соберешь. Но если даже он еще жив, то, конечно, побирается где-нибудь. Ему ли достигнуть такого богатства и знатности?

— Прежде ты возмущалась, когда мы с отцом уговаривали тебя снять траур и вторично выйти замуж, — упрекала свою дочь старуха, — ни за что не хотела с нами согласиться, все искала смерти и пыталась броситься в воду. А теперь, как увидала знатного богача, сразу же захотела признать в нем мужа. Но какой будет позор, если ты скажешь, что он твой муж, а он заявит, что и знать тебя не знает?!

Ичунь покраснела и не могла вымолвить ни слова в ответ.

休如此说，姻缘之事，莫非天数。前日王店主请我到酒馆中饮酒，说陕西钱员外，愿出千金聘礼，求我女儿为继室。我因女儿执性，不曾统口。今日难得女儿自家心活，何不将机就机，把他许配钱员外，落得你我下半世受用。"刘妪道："阿老见得是。那钱员外来雇我家船只，或者其中有意。阿老明日可往探之。"刘翁道："我自有道理。"次早，钱员外起身，梳洗已毕，手持破毡笠于船头上翻覆把玩。刘翁启口而问道："员外，看这破毡笠则甚？"员外道："我爱那缝补处，这行针线，必出自妙手。"刘翁道："此乃小女所缝，有何妙处？前日王店主传员外之命，曾有一言，未知真否？"钱员外故意问道："所传何言？"刘翁道："他说员外丧了孺人，已将三载，未曾继娶，欲得小女为婚。"员外道："老翁愿也不愿？"刘翁道："老汉求之不得，但恨小女守节甚坚，誓不再嫁，所以不敢轻诺。"员外道："令婿为何而死？"刘翁道：

Между тем старик отозвал жену в сторону и сказал ей:

– Зря ты так говорила с дочерью. Разве судьба каждого человека не предопределена заранее? Вчера тут некий господин Ван пригласил меня в винную лавку и рассказал, что этот купец хочет жениться на нашей дочери и предлагает свадебные подарки на тысячу ланов. Я знал непреклонность дочери и не дал согласия. Но раз Ичунь сама об этом заговорила, почему бы не воспользоваться случаем и не разрешить ей выйти замуж за господина Цяня? Да и мы с тобой под старость были бы обеспечены.

– Ты прав, – согласилась старуха, – может быть, и неспроста господин Цянь нанял именно нашу джонку. Расспроси-ка его завтра обо всем.

– Ладно, знаю, – ответил Лю Юцай.

На следующий день, закончив свой туалет, Сун Цзинь взял старую войлочную шляпу и долго вертел ее в руках.

– Почему господин так внимательно рассматривает старую шляпу? – удивился Лю Юцай.

– Мне очень нравится, как она зашита и заштопана, – ответил купец. – По тому, как все это сделано, можно без ошибки сказать, что здесь была приложена искусная рука.

– Эту шляпу зашивала моя дочь, – ответил старик. – Что вы нашли тут хорошего! Вчера господин Ван рассказал мне о намерениях господина. Но, скажите, это действительно так?

– Что же он сказал вам? – спросил Сун Цзинь, притворяясь, что не знает, о чем идет речь.

– Он сказал мне, что около трех лет тому назад вы потеряли жену, до сих пор еще не женились и что теперь вы хотели бы взять себе в жены мою дочь.

– А вы были бы не против? – спросил Сун Цзинь.

– Чего же еще желать?! Но дочь моя соблюдает строжайший траур по мужу и поклялась больше не выходить замуж. Поэтому я и не посмел дать свое согласие.

"小婿不幸得了个痨瘵之疾,那年因上岸打柴未还,老汉不知,错开了船,以后曾出招帖,寻访了三个月,并无动静,多是投江而死了。"员外道:"令婿不死。他遇了个异人,病都好了,反获大财致富。老翁若要会令婿时,可请令爱出来。"此时宜春侧耳而听,一闻此言,便哭将起来。骂道:"薄幸儿郎!我为你戴了三年重孝,受了千辛万苦,今日还不说实话,待怎么?"宋金也堕泪道:"我妻!快来相见!"夫妻二人抱头大哭。刘翁道:"阿妈,眼见得不是什么钱员外了!我与你须索去谢罪。"刘翁刘妪走进舱来,施礼不迭。宋金道:"丈人丈母,不须恭敬;只是小婿他日有病痛时,莫再脱赚!"两个老人家羞惭满面。宜春便除了孝服,将灵位抛向水中。宋金便唤跟随的童仆来与主母磕头。翁妪杀鸡置酒,管待女婿,又

— При каких обстоятельствах умер ваш зять? — поинтересовался купец.

— К великому сожалению, зять мой заболел чахоткой, — ответил тот. — Несколько лет назад он сошел на берег собрать дрова и не вернулся. Я об этом ничего не знал и отчалил. Потом я написал объявление о розыске, три месяца расспрашивал о нем повсюду, но от него никаких вестей не было. Вероятно, он бросился в реку и утонул.

— Ваш зять не умер, — ответил купец. — Он встретил святого старца, и тот исцелил его. Больше того, он разбогател, и, если вы хотите повидаться с ним, позовите вашу дочь.

Ичунь, которая слышала весь этот разговор, при последних словах купца зарыдала и, выбежав из каюты, обрушилась на него:

— О бессердечный! Три года я носила по тебе траур, страдала, мучилась, а ты до сих пор не пожелал открыться!

— Подойди ко мне, жена моя, — сказал Сун Цзинь и тоже залился слезами.

Обнимая друг друга, муж и жена горько плакали.

— Теперь ясно, что это не какой-то господин Цянь, — сообщил старик Лю своей жене. — Придется нам с тобой просить у него прощения.

Старики вышли на палубу и начали отбивать низкие поклоны перед зятем.

— Оставьте, не надо! — остановил их Сун Цзинь. — Но если я когда-нибудь заболею, отнеситесь ко мне иначе.

Старики побагровели от стыда.

Ичунь сняла траур и выбросила в реку поминальную табличку, а Сун Цзинь позвал своих слуг и приказал им поклониться хозяйке.

Старики Лю резали кур и готовили вино, чтобы угостить дочь и зятя. Это был пир в честь издалека прибывшего гостя, в

当接风，又是庆贺筵席。安席已毕，刘翁叙起女儿自来不吃荤酒之意，宋金惨然下泪。亲自与浑家把盏，劝他开荤。随对翁妪道："据你们设心脱赚，欲绝吾命，恩断义绝，不该相认了。今日勉强吃你这杯酒，都看你女儿之面。"宜春道："不因这番脱赚，你何由发迹？况爹妈日前也有好处，今后但记恩，莫记怨。"宋金道："谨依贤妻尊命。我已立家于南京，田园富足，你老人家可弃了驾舟之业，随我到彼，同享安乐，岂不美哉。"翁妪再三称谢。是夜无话。次日，王店主闻知此事，登船拜贺，又吃了一日酒。宋金留家童三人于王店主家发布取帐。自己开船先往南京大宅子，住了三日，同浑家到昆山故乡扫墓，追荐亡亲。宗族亲党各有厚赠。此时范知县已罢官

честь радостной встречи.

За столом матушка Сюй рассказала Сун Цзиню о том, что ее дочь вот уже больше трех лет не прикасалась к мясной пище и вину. Растроганный, Сун Цзинь прослезился. Он сам поднес жене чарку вина и уговорил отведать мяса. Затем он обратился к старикам:

– Вы задумали от меня отделаться и хотели меня погубить, теперь у меня по отношению к вам не должно быть больше ни любви, ни чувства долга. Я не должен бы и знаться с вами. И если я сегодня пью ваше вино, то только ради вашей дочери.

– Если бы не этот случай, – вмешалась Ичунь, – как смог бы ты стать известным богачом? Кроме того, в свое время мои родители сделали для тебя много хорошего. Отныне забудем все плохое и будем помнить только хорошее.

– С почтением выполню желание моей мудрой жены, – сказал Сун Цзинь. – Я уже обосновался в Нанкине, – продолжал он, – там у меня в большом изобилии и земли и сады. Вы оба, – обратился он к старикам, – могли бы бросить свой промысел и жить спокойно и счастливо вместе с нами в Нанкине. Это было бы так хорошо!

Старики долго благодарили зятя.

На следующий день Ван, узнав о событиях на джонке, пришел с поздравлениями.

И опять целый день длилось празднество. Сун Цзинь поручил трем своим слугам остаться в Ичжэни и заняться продажей материи, а сам поехал с семьей в Нанкин.

Пробыв несколько дней в городе, он с женой отправился в Куньшань навестить могилы предков. Совершив обряд жертвоприношения умершим предкам, они не забыли при этом щедро одарить своих родичей.

Фань, бывший начальник уезда Цзяншаньсянь, в свое время так жестоко поступивший с Сун Цзинем, получил отставку и

在家。闻知宋小官发迹还乡，恐怕街坊撞见没趣，躲向乡里，有月余不敢入城。宋金完了故乡之事，重回南京，阖家欢喜，安享富贵，不在话下。

再说宜春见宋金每早必进佛堂中拜佛诵经，问其缘故。宋金将老僧所传《金刚经》却病延年之事，说了一遍。宜春亦起信心，要丈夫教会了，夫妻同诵，到老不衰。后享寿各九十余，无疾而终。子孙为南京世富之家，亦有发科第者。后人评云：

　　刘老儿为善不终，
　　宋小官因祸得福。
　　《金刚经》消除灾难，
　　破毡笠团圆骨肉。

жил теперь у себя на родине в Куньшани. Когда до него дошли слухи о том, что его бывший секретарь стал известным богачом и находится сейчас в Куньшани, он так перетрусил, что скрывался где-то в уезде, и пока Сун Цзинь был в городе, не решался там показываться.

Покончив с делами на родине, Сун Цзинь вернулся в Нанкин. Семья его жила в полном довольстве, наслаждаясь богатством и счастьем, но говорить об этом мы не будем. Скажем только о том, что Ичунь, видя, как ее муж каждое утро в молельне читает нараспев буддийский канон, спросила, зачем он это делает. Тогда Сун Цзинь рассказал, как он выздоровел после встречи со старым монахом, подарившим ему «Цзиньганцзин».

Ичунь прониклась верой, попросила мужа научить ее читать этот канон, и с тех пор супруги до самой старости читали его вместе.

Они прожили больше девяноста лет, не зная, что такое болезни. Их сыновья и внуки были самыми знаменитыми из нанкинских богачей, и многие из них достигли ученых степеней и чиновных постов.

Люди позднейших поколений сложили об этой истории такие стихи:

>   *Лю, лодочник, хоть милость оказал,*
>   *но как потом жестоко поступил!*
>   *Сун Цзинь через лишения прошел,*
>   *но счастия добился под конец –*
>   *Помог ему буддийский «Цзиньганцзин»*
>   *избавиться от горестей и бед,*
>   *А вся в заплатах войлочная шляпа*
>   *соединила мужа и жену.*

Цзинь гу цигуань
Глава 9

КИТАЙСКАЯ КЛАССИКА

第 九 卷

卢太学诗酒傲王侯

卫河东岸浮丘高，
竹舍云居隐凤毛。
遂有文章惊董贾，
岂无名誉驾刘曹。
秋天散步青山郭，
春日催诗白兔毫。
醉倚湛卢时一啸，
长风万里破洪涛。

　　这首诗，系本朝嘉靖年间，一个才子所作。那才子是谁？姓卢名楠字少楩，一字子赤，大名府浚县人也。生得丰姿潇洒，气宇轩昂，飘飘有出尘之表。八岁即能属文，十岁便娴诗律，下笔数千言，倚马可待。人都道他是李青莲再世，曹子

ГЛАВА 9

ЛУ НАНЬ, ЛЮБИТЕЛЬ ПОЭЗИИ И ВИНА, НЕ ПОСЧИТАЛСЯ С УЕЗДНЫМ НАЧАЛЬНИКОМ

На берегу восточном Вэй,
    там, где хребет Фуцю высокий,
Где к небу тянется бамбук,
    живет ученый вдохновенный.
Блестящий стиль его поэм
    и Цзя и Дуна изумил бы,
А имя славится его,
    как Лю и Цао славны были.
Осенним днем гуляет он
    средь синих гор в уединенье,
Весною пишет он стихи –
    порхает кисть из шерсти зайца.
Иль, пьяный, опершись на меч,
    вдруг мыслям озорным смеется.
Он, словно ветер штормовой,
    силен душою непокорной.

Стихи эти принадлежат талантливому поэту нашей династии, жившему в годы Цзя-цзин. Фамилия его – Лу, имя – Нань, второе имя – Шаопянь или еще – Цзычи. Родина его – уезд Сюньсянь, что в округе Дамин.

Это был красивый, изящный и редкого благородства человек. К восьми годам он научился писать сочинения, а в десять – уже слагал стихи и оды: стоило ему взяться за кисть, как слова тотчас одно за другим тысячами ложились на бумагу, миг – и стихи были готовы. Люди называли поэта то «воскресшим Ли Бо», то

建后身。一生好酒任侠，放达不羁，有轻财傲物之志。真个名闻天下，才冠当今。与他往来的，俱是名公巨卿。又且世代簪缨，家赀巨富，日常供奉，拟于王侯。所居在城外浮丘山下，第宅壮丽，高耸云汉。后房粉黛，一个个声色兼妙；又选小奚秀美者数人，教成吹弹歌曲，日以自娱。至于僮仆厮养，不计其数。宅后又构一园，大可两三顷，凿池引水，叠石为山，制度极其精巧，名曰啸圃。大凡花性喜暖，所以名花俱出南方，那北地天气严寒，花到其地，大半冻死，因此至者甚少。设或到得一花一草，必为金珰大畹所有，他人亦不易得。这浚县又是个拗处，比京都更难，故宦家园亭虽有，俱不足观。偏卢楠立心要胜似他人，不惜重价，差人四处构取名花异卉，怪石奇峰，落成这园，遂为一邑之胜。真个景致非常！但见：

楼台高峻，
庭院清幽；

«новым Цао Цзыцзянем». Лу Нань не заботился о мнении света, не знал ни в чем преград. Широкая натура, он всю жизнь любил вино и был в полном смысле слова благородный человек. Поистине, слава о нем разнеслась по всей Поднебесной, а талантом он превзошел всех своих современников.

С ним знались знаменитые аристократы, влиятельные вельможи, большие ученые и известные богачи. Потомок многих поколений сановников, Лу Нань обладал несметными богатствами жил и покняжески. Дом его стоял за городом, у подножия горы Фуцю, и был красив и роскошен. Во внутренних покоях расположились его наложницы – одна лучше другой. Самые красивые и изящные отроки каждый день услаждали слух поэта пением и игрой на струнных инструментах и флейтах. А слуг и домашней челяди было у него не счесть. Вокруг дома был разбит сад в два-три цина. Пруды и каналы, прорытые повсюду, искусственные горы из каменных глыб придавали еще большую прелесть саду, прозванному Садом вольных песен.

Цветы любят тепло. На севере почти не увидишь красивых растений, разве что в садах богачей и знати найдешь какой-нибудь кустик. В столице и то трудно найти южные цветы, что уж говорить о таком захолустье, как Сюньсянь. Если в садовых беседках местных богачей и попадался цветок-другой, то вряд ли на него стоило смотреть.

Лу Нань же непременно хотел и в этом превзойти других; он разослал во все стороны своих людей, которые, не считаясь с ценой, раздобывали прекрасные цветы, редкие растения и камни причудливой формы для искусственных гор в его саду. Сад получился на редкость красивый и прославился на всю округу. Действительно, редкое это было зрелище:

Терема и башни вздымаются к небу,
Дворы у домов тихи и безлюдны.

山叠岷峨怪石,
花栽阆苑奇葩。
水阁遥通竹坞,
风轩斜透松寮。
回塘曲槛,
层层碧浪漾琉璃;
叠嶂层峦,
点点苍苔铺翡翠。
牡丹亭畔,
孔雀双栖;
芍药栏边,
仙禽对舞。
萦纡松径,
绿阴深处小桥横;
屈曲花岐,
红艳丛中乔木耸。
烟迷翠黛,
意淡如无;
雨洗青螺,
色浓似染。
木兰舟荡漾芙蓉水际;
秋千架摇拽垂杨影里。
朱槛画栏相掩映,
湘帘绣幌两交辉。

卢楠日夕吟花课鸟,笑傲其间,虽南面至乐,亦不是过!凡朋友去相访,必留连尽醉方止。倘遇着个声气相投,知音的

Сложены горы из камней причудливой формы,
В саду раскрылись бутоны редчайших цветов.
Сплошною стеною бамбук вкруг речных павильонов,
К террасам открытым сосновые тянутся ветки.
Озер и прудов необычны изгибы,
Хрустально сияние волн, набегающих мягко;
Одна над другою вздымаются скалы,
По ним изумрудными пятнами стелется мох.
Пионы растут вкруг беседок –
Павлины здесь парами ходят;
Цветы у оград распустились –
Священные птицы танцуют одна пред другою.
Дорожки средь сосен мелькают,
В зелени сочной карлики-мостики скрыты;
Узоры тропинок в цветах,
Над алым ковром их – прямые деревья.
Дымок потерялся в зелени темной –
Тонкий такой, что почти не видать;
Дождь окропил синие склоны,
Словно краскою свежей покрыл.
Из ценного дерева легкая лодка меж лотосов тихо плывет,
Доски качелей взлетают высоко в тени тополиных ветвей.
Соперничают в красоте резьба перил, ограды,
Хрустальный полог и шатер парчовый друг друга озаряют.

Лу Нань целые дни проводил в саду, любуясь цветами и птицами, слагая и скандируя о них стихи, – сам император не проводил времени так беспечно и сладостно. Друзей поэт не отпускал, пока они не отдавались опьяняющей силе вина. Если

知己，便兼旬累月，款留在家，不肯轻放出门。若有人患难来投奔的，一一俱有赍发，决不令其空过。因此四方慕名来者，络绎不绝。真个是：

座上客常满，
尊中酒不空。

卢楠只因才高学广，以为掇青紫如拾针芥；那知文福不齐，任你锦绣般文章，偏生不中试官之意，一连走上几次，不能勾飞黄腾达。他道世无识者，遂绝意功名，不图进取；惟与骚人剑客，羽士高僧，谈禅理，论剑术，呼卢浮白，放浪山水，自称浮丘山人。曾有五言古诗云：

逸翮奋霄汉，
高步蹑天关。
褰衣在椒涂，
长风吹海澜。

поэт встречал человека, который разделял его вкусы, душевные стремления и понимал его, то неделями удерживал нового друга у себя. Бывало, случится с кем-нибудь несчастье, сразу бегут к нему, и никто не уходил с пустыми руками. Поэтому к Лу Наню со всех сторон стекались люди: каждый хотел навестить его и выразить ему свое уважение. О его доме, действительно, можно было сказать:

> *Полно гостей почетных, за столом,*
> *И кубки не стоят пустыми.*

Лу Нань не сомневался, что с такими знаниями и талантами, как у него, получить чин, а также синий или бордовый шнур у печати ему будет не трудней, чем былинку поднять. Но на экзаменах ему не везло: как ни блестящи были его сочинения, они все не приходились по вкусу экзаменаторам. Несколько раз подряд Лу Нань провалился, так и не получив ни чина, ни степени. «Нет сведущих людей», — решил он тогда и перестал думать о звании и почестях. Все свое время он стал проводить с поэтами или фехтовальщиками, даосскими или буддийскими монахами, беседовал о нирване, о фехтовании, играл в кости, пил вино или бродил по горам и рекам, любуясь природой.

Себя он назвал «отшельником с горы Фуцю» и написал как-то следующие стихи:

> *Взмахнув крылами,*
> * взлетаю в небесную высь;*
> *Высоко взойдя,*
> * попираю границу небес.*
> *Алые пятна*
> * сквозят в одеянии гор,*
> *Ветер протяжный*

琼树系游镰，
瑶华代朝餐。
恣情戏灵景，
静啸喈鸣鸾。
浮世信淆浊，
焉能濡羽翰！

　　话分两头，却说浚县知县，姓汪名岑，少年连第，贪婪无比，性复猜刻，又酷好杯中之物。若擎着酒杯，便直饮到天明。自到浚县，不曾遇着对手。平昔也晓得卢楠是个才子，当今推重，交游甚广。又闻得邑中园亭，推他家为最，酒量又推尊第一。因这三件，有心要结识他，做个相知。差人去请来相会。你道有这般好笑的事么？别个秀才要去结交知县，还要揑风缉缝，央人引进，拜在门下，认为老师。四时八节，馈送礼物，希图以小博大。若知县自来相请，就如朝廷征聘一般，何

бушует в просторах морских.
Привязана лошадь
за редкого дерева ствол,
Завтрак с утра
нефритом цветов заменен.
Наслаждаюсь душою,
любуясь природою дивной,
Щебетанию иволги
вторю я свистом тихонько.
В суетном мире,
поверьте, все скверна и грязь —
Возможно ли в этом
крылья свои замарать?!

Но не об одном Лу Нане пойдет здесь речь. В то время начальником уезда Сюньсянь был некий Ван Цэнь, получивший звание и степень еще совсем молодым. То был человек гордый и заносчивый, непомерно алчный и жестокий. Он пристрастился к вину, и уж если добирался до него, то пил, бывало, всю ночь напролет. С тех пор как он прибыл на службу в уезд, еще не довелось ему встретиться с достойным соперником по выпивке.

Ван Дэнь еще до приезда в эти места слышал о Лу Нане, о его талантах, обширных связях, об уважении, которое все оказывали поэту. Знал он также, что во всей округе не было такого роскошного сада, как у Лу Наня, и что никто не мог перепить поэта. Все это подстрекало начальника уезда во что бы то ни стало сойтись покороче с Лу Нанем. Поэту было послано приглашение.

Но Лу Нань был человек необычный. Иной сюцай, чтобы подружиться с начальником уезда, в замочную скважину пролезет: умолит влиятельных людей представить его, будет отбивать начальнику земные поклоны, просить его в наставники и

等荣耀！还把名帖粘在壁上，夸炫亲友。这虽是不肖者所为，有气节的未必如此。但知县相请，也没有不肯去的。偏有卢楠比他人不同，知县一连请了五六次，只当做耳边风，全然不睬，只推自来不入公门。你道因甚如此？那卢楠才高天下，眼底无人，天生就一副侠肠傲骨，视功名如敝屣，等富贵犹浮云。就是王侯卿相，不曾来拜访，要请去相见，他也断然不肯先施，怎肯轻易去见个县官？真个是天子不得臣，诸侯不得友，绝品的高人。这卢楠已是个清奇古怪的主儿，撞着知县又是个耐烦琐碎的冤家。请人请到四五次不来，也索罢了，偏生只管去缠帐。见卢楠决不肯来，却到情愿自去就教。又恐卢楠他出，先差人将帖子订期。差人领了言语，一直径到卢家，把

«почтенные учители», то и дело станет посылать ему подарки и подношения, надеясь мелкими знаками внимания заслужить его высокое расположение. Ну а если начальник уезда сам пожелал повидать его... для такого сюця это не меньшая честь, чем приглашение ко двору императора; он уж непременно приклеил бы у себя в комнате визитную карточку начальника уезда и хвастался бы ею перед родственниками и друзьями. Так поступали бы, конечно, далеко не все: люди достойные никогда не будут вести себя подобным образом; но пренебречь приглашением начальника уезда – этого еще не бывало! А Лу Нань, хотя начальник раз пять-шесть посылал приглашения, обратил на них не больше внимания, чем на дуновение ветерка. Каждый раз он ссылался на то, что не привык ходить в ямэнь, никогда не посещал казенных учреждений. Вы спросите: почему? Лу Нань – одаренный человек, по характеру он был благороден и горд; славу и почести ценил не дороже стоптанных башмаков, а богатство и знатность сравнивал с мимолетным облачком. И если какие-нибудь знатные вельможи хотели познакомиться с поэтом, но не приглашали его лично, Лу Нань никогда первым не наносил визита. С какой же стати было ему вдруг являться по приглашению какого-то начальника уезда?! Лу Нань действительно был из тех, кого, как говорится, сам император служить не заставит себе, и не в силах князья заручиться их дружбой. Но на сей раз Лу Нань столкнулся с мелочным и навязчивым упрямцем. Начальник уезда уже который раз приглашал к себе поэта, а Лу Нань так и не удостоил его своим визитом; другой бы прекратил дальнейшие попытки к сближению, но этот непременно хотел добиться своего.

Увидев, что Лу Нань не желает прийти к нему, начальник уезда сам решил нанести ему визит. Но прежде он послал слугу с запиской, чтобы условиться о дне встречи. Слуга тотчас же направился к поэту.

帖子递与门公说道："本县老爷，有紧要话，差我来传达你相公，相烦引进。"门公不敢怠慢，即引到园上，来见家主。差人随进园门，举目看时，只见水光绕绿，山色送青，竹木扶疏，交相掩映，林中禽鸟，声如鼓吹。那差人从不曾见这般景致，今日到此，恍如登了洞天仙府，好生欢喜，想道："怪道老爷要来游玩，原来有恁地好景！我也是有些缘分，方得至此观玩这番，也不枉为人一世。"遂四下行走，恣意饱看。湾湾曲曲，穿过几条花径，走过数处亭台，来到一个所在，周围尽是梅花，一望如雪，霏霏馥馥，清香沁人肌骨。中间显出一座八角亭子，朱甍碧瓦，画栋雕梁，亭中悬一个匾额，大书"玉照亭"三字。下边坐着三四个宾客，赏花饮酒，傍边五六个标致青衣，调丝品竹，按板而歌。有高太史《梅花诗》为证：

琼姿只合在瑶台，
谁向江南处处栽。

— У меня срочное поручение от начальника уезда к твоему хозяину, — обратился слуга к привратнику, протягивая ему записку.

Привратник, не смея медлить, впустил слугу в сад и повел к хозяину.

Посыльный огляделся по сторонам: сверкали воды озер, обрамленные зеленью кустов; за ними синели горы; бамбуки и раскидистые ветви деревьев переплетались друг с другом, то скрывая, то обнажая свою прелесть, а пение птиц услаждало слух. Еще никогда не видавший такой красоты, слуга чувствовал себя словно в раю.

«Не удивительно, что мой господин хочет здесь поразвлечься, — подумал он про себя. — Какое прекрасное место! А мне просто повезло, что я попал сюда! Разок взглянуть на такую красоту, и можно смело сказать, что не зря прожил свой век».

Они шли извилистыми тропинками среди цветов, мимо множества беседок-террас и наконец дошли до той части сада, которая была сплошь засажена деревьями мэй. Деревья цвели, и белые лепестки чистым снегом покрывали все вокруг, наполняя воздух нежным ароматом. Среди цветов возвышалась восьмиугольная беседка с красными занавесами из бамбука, лазурной черепицей, разрисованными перекладинами и резными перилами. На доске было крупно написано: Беседка яшмового сияния. Несколько человек, любуясь цветами, пили вино. Красавицы-служанки в богатых одеждах играли на музыкальных инструментах и пели, отбивая такт в пайбань. Как тут не вспомнить стихи ученого Гао «Цветок мэй»:

Тем деревьям бессмертья расти
   лишь в садах. Си Ван-му подобает.
Кто же здесь-то в долине, в Цзяннань,
   насадил их везде и повсюду?

雪满山中高士卧，
月明林下美人来。
寒依疏影萧萧竹，
春掩残香漠漠苔。
自去渔郎无好韵，
东风愁寂几回开！

　　门公同差人站在门外，候歌完了，先将帖子禀知，然后差人向前说道："老爷令小人多多拜上相公，说既相公不屑到县，老爷当来拜访；但恐相公他出，又不相值，先差小人来期个日子，好来请教。二来闻府上园亭甚好，顺便就要游玩。"大凡事当凑就不起，那卢楠见知县频请不去，恬不为怪，却又情愿来就教，未免转过念头，想："他虽然贪鄙，终是个父母官儿，肯屈己敬贤，亦是可取；若又峻拒不许，外人只道我心胸褊狭，不能容物了。"又想道："他是个俗吏，这文章定

Там, где заснежены горы,
    отдыхает ученый-отшельник,
И, купаясь в сиянии лунном,
    в роще тихой красавица бродит.
Тень редка в бамбуках, чуть прикрытых
    шелестящей от ветра листвою,
И весна даже мшистые кочки
    ароматом цветов напоила.
Нет Хэ Яня, и нет больше песен,
    чтоб воспеть эту прелесть цветенья;
И как жаль, что от ветров восточных
    начинают цветы осыпаться.

Привратник и слуга остановились у входа в беседку. Когда песнь была закончена, Лу Наню подали записку начальника уезда, а затем слуга Ван Цэня доложил:

— Мой господин велел много кланяться и передать, что, поскольку вы не изволили приехать, он сам намерен посетить вас. Он только беспокоится, что может не застать вас дома и тогда опять лишится возможности повидать вас. Поэтому господин просит, чтобы вы назначили ему день свидания. Кроме того, мой господин слышал о вашем прекрасном саде и хотел бы воспользоваться случаем погулять и полюбоваться им.

Что тут было поделать: выходило, что начальник уезда не только не обиделся на поэта за то, что тот так и не посетил его, несмотря на бесконечные приглашения, но, больше того, сам решил прийти с визитом. Лу Нань невольно задумался: «Хоть начальник и слывет жадным и ничтожным, но все же он на должности „отца и матери народа", и если он сумел сломить свое чванство — это уже достойная черта. Откажи я ему и на этот раз, скажут, что я человек мелочный, что нет во мне благородной терпимости. С другой стороны, он из чиновников — невежда, и,

然不晓得的；那诗律旨趣深奥，料必也没相干；若论典籍，他又是个后生小子，徼幸在睡梦中偷得这进士到手，已是心满意足，谅来还未曾识面。至于理学禅宗，一发梦想所不到了。除此之外，与他谈论，有甚意味，还是莫招揽罢。"却又念其来意惓惓，如拒绝了，似觉不情。正沉吟间，小童斟上酒来。他触境情生，就想到酒上，道："倘会饮酒，亦可免俗。"问来人道："你本官可会饮酒么？"答道："酒是老爷的性命，怎么不会饮？"卢楠又问："能饮得多少？"答道："但见拿着酒杯，整夜吃去，不到酩酊不止，也不知有几多酒量。"卢楠心中喜道："原来这俗物，却会饮酒，单取这节罢。"随教童子取个帖儿，付与来人道："你本官既要来游玩，趁此梅花盛时，就是明日罢。我这里整备酒盒相候。"差人得了言语，原同门公一齐出来，回到县里，将帖子回覆了知县。知县大喜，

уж конечно, в литературе ничего не смыслит; вряд ли понимает он, например, глубину и прелесть поэзии. Можно было бы поговорить с ним о классических книгах, но он с ними, вероятно, незнаком – добился нечестным путем звания и степени, о которой мог мечтать лишь во сне, и доволен собою. Если заговорить с ним о философии, о буддизме, то тут уж он совершенно ничего не поймет. А если обо всем этом нельзя с ним говорить, то на что он вообще мне нужен? Лучше уж его не принимать совсем». Долго думал Лу Нань, но так и не мог решить, как ему поступить: и отказать было неудобно – ведь начальник так искренне стремился познакомиться с ним, – и принимать не хотелось.

Размышления Лу Наня прервал слуга-подросток, который поднес ему вино. Поэта сразу осенило: «Если он умеет пить, то, пожалуй, не так уж заметно будет его невежество».

– Умеет ли твой господин пить? – спросил Лу Нань у посыльного.

– В вине – вся жизнь моего хозяина; как же ему не уметь пить!

– Сколько же он может выпить?

– Если возьмется, то пьет всю ночь и не остановится, пока не будет пьян. Трудно даже сказать, сколько он может выпить!

Лу Нань оживился: «Раз этот болван умеет пить, воспользуемся хоть этим». Поэт велел мальчику-слуге принести визитную карточку и протянул ее посланцу начальника уезда.

– Если твой хозяин хочет прийти отвлечься от дел – теперь самое подходящее время: мэй сейчас уже в полном цвете. Проси его завтра же прийти – я приготовлю вино и буду ждать его.

Получив ответ, посланец простился и ушел, сопровождаемый привратником.

Начальник уезда очень обрадовался приглашению Лу Наня и собрался на следующий день отправиться к поэту любоваться цветением мэй. Но случилось так, что поздно вечером ему вдруг

正要明日到卢楠家去看梅花；不想晚上人来报新按院到任，连夜起身往府，不能如意。差人将个帖儿辞了。知县到府，接着按院，伺行香过了，回到县时，往还数日，这梅花已是：

纷纷玉瓣堆香砌，
片片琼英绕画栏。

汪知县因不曾赴梅花之约，心下怏怏，指望卢楠另来相邀。谁知卢楠出自勉强，见他辞了，即撇过一边，那肯又来相请。看看已到仲春时候，汪知县又想到卢楠园上去游春，差人先去致意。那差人来到卢家园中，只见园林织锦，堤草铺茵，莺啼燕语，蝶乱蜂忙，景色十分艳丽。须臾，转到桃蹊上，那花浑如万片丹霞，千重红锦，好不烂熳。有诗为证：

桃花开遍上林红，
耀服繁华色艳浓。

доложили о нежданном приезде нового областного инспектора по судебным делам, и Ван Цэню пришлось среди ночи отправиться в путь, чтобы должным образом встретить инспектора и засвидетельствовать ему свое почтение. К поэту был послан слуга с сообщением о том, что начальник не сможет прийти.

Вернулся домой Ван Цэнь только через несколько дней. К этому времени дерево мэй совсем отцвело:

> *Лепестки в беспорядке с цветов опадали,*
> *ароматным ковром устилая ступени,*
> *И одни за другими, подобные яшме,*
> *вкруг узорных перил в легком вихре порхали.*

Начальник уезда был огорчен, что не сумел побывать у Лу Наня, но надеялся, что теперь поэт сам пригласит его к себе. Однако Лу Нань, решившийся послать приглашение только после долгих колебаний, получив отказ, махнул на это рукой и вовсе не думал снова приглашать начальника.

Незаметно подошла середина весны. Начальнику уезда вновь захотелось отправиться к Лу Наню полюбоваться весенним цветением его сада, и он послал человека уведомить об этом поэта. Когда слуга оказался в саду Лу Наня, он был поражен: зелень деревьев напоминала затканную парчу, трава стелилась ковром, слышалось пение иволг, щебетание ласточек, повсюду порхали бабочки, суетились пчелы. И вот он очутился на тропинке, проложенной меж персиковых деревьев. Они были усыпаны цветами, точно тысячами кусочков багряной зари. Картина была действительно изумительная.

> *Шанлинь здесь словно заалел –*
> *то персиков цветы раскрылись;*
> *Сгустились краски, прелесть их*

含笑动人心意切，

几多消息五更风。

卢楠正与宾客在花下击鼓催花，豪歌狂饮，差人执帖子上前说知。卢楠乘着酒兴对来人道："你快回去与本官说，若有高兴，即刻就来，不必另约。"众宾客道："使不得！我们正在得趣之时，他若来了，就有许多文怎能尽兴？还是改日罢。"卢楠道："说得有理，便是明日。"遂取个帖子，打发来人，回复知县。你道天下有这样不巧的事！次日汪知县刚刚要去游春，谁想夫人有五个月身孕，忽然小产起来，晕倒在地，血污浸着身子。吓得知县已是六神无主，还有甚心肠去吃酒，只得又差人辞了卢楠。这夫人病体直至三月下旬，方才稍可。那时卢楠园中牡丹开放，冠绝一县。真是好花，有《牡丹诗》为证：

洛阳千古斗春芳，

повсюду, сколько взора хватит.
Навеяв чувство мне любви,
　　раскрылися цветы в улыбке,
Уж сколько раз цветенье их
　　мне о рассвете говорило!

Лу Нань среди цветов сидел с гостями. Они били в барабан, громко пели и пили вино. Слуга начальника уезда подал Лу Наню визитную карточку и объяснил цель своего прихода.

Поэт был под хмельком и в добродушном настроении.

– Возвращайся и скажи хозяину, что, если он хочет, пусть сейчас и приходит; незачем договариваться о другом дне.

– Нет, не годится! – запротестовали в один голос гости. – У нас сейчас самый разгар веселья. А он придет, и начнутся вежливости и церемонии: разве сможем мы при нем вволю предаться веселью? Лучше выбрать другой день.

– Вы правы, пусть тогда приходит завтра, – согласился поэт и отослал слугу с запиской, в которой приглашал начальника уезда прийти к нему на следующий день.

Но подумать только, как иногда на этом свете все неудачно складывается! Только было собрался начальник уезда отправиться к поэту, как у его жены, которая была на пятом месяце беременности, произошел выкидыш: она упала без чувств и вся залилась кровью. Ван Цэнь от испуга потерял голову. До вина ли ему было? Пришлось снова послать к поэту слугу с извинением. Жена начальника уезда болела долго и стала поправляться только к концу весны. К этому времени в саду поэта расцвели пионы. Они были так прекрасны, что во всем уезде не найти было им равных. Вот стихи о красоте пионов:

Цветы Лояна с древности глубокой
　　на аромат весны оспаривают право.

富贵争夸浓艳妆。
一自《清平》传唱后，
至今人尚说花王。

  汪知县为夫人这病，乱了半个多月，情绪不佳，终日只把酒来消闷，连政事也懒得去理。次后闻得卢家牡丹茂盛，想要去赏玩，因两次失约，不好又来相期，差人送三两书仪，就致看花之意。卢楠日子便期了，却不肯受这书仪。璧返数次，推辞不脱，只得受了。那日天气晴爽，汪知县打帐早衙完了就去，不道刚出私衙，左右来报："吏科给事中某爷告养亲归家，在此经过。"正是要道之人，敢不去奉承么？急忙出郭迎接，馈送下程，设宴款待。只道一两日就行，还可以看得牡丹，那知某给事，又是好胜的人，教知县陪了游览本县胜景之处，盘桓七八日方行。等到去后，又差人约卢楠时，那牡丹已

И листья, и цветы их так богаты,
что вечно хвалятся своим нарядом пышным.
С тех самых пор, как красота пиона
в «Мелодиях» Ли Бо была воспета,
По нынешнее время все считают
владыкою цветов пион прекрасный.

Хлопоты и возня, связанные с болезнью жены, длились больше двух недель. Начальник уезда пребывал в невеселом расположении духа, забросил служебные дела и, стараясь отвлечься, целые дни пьянствовал. Услышав о том, что в саду Лу Наня распустились пионы, он захотел полюбоваться ими, но, дважды нарушив свое обещание, считал неудобным снова просить приглашения. Он послал поэту в подарок три лана на книги и заодно передал о своем желании полюбоваться цветами.

Лу Нань назначил Ван Цэню день, от подарка сразу отказался, но в конце концов вынужден был принять его после настоятельных просьб и бесконечной беготни слуги от Ван Цэня к Лу Наню и обратно.

Был прекрасный день. Ван Цэнь рассчитывал отправиться к поэту сразу же после окончания приема. Но не успел он покинуть ямэнь, как ему доложили, что один из цензоров Палаты гражданских чинов едет домой навестить родителей и будет проезжать здесь. Какой же чиновник решится не пойти на поклон к такому важному лицу? Ван Цэнь с подарками поспешил навстречу цензору, а затем устроил пиршество в его честь. Начальник уезда думал, что высокий гость задержится у него не больше чем день-другой и он еще успеет посмотреть на пионы Лу Наня. Однако цензор оказался большим любителем природы, попросил начальника уезда показать ему наиболее красивые места и пробыл лишних семь-восемь дней. Когда нежданный гость уехал и начальник уезда снова послал слугу к Лу Наню, чтобы

萎谢无遗。卢楠也向他处游玩山水，离家两日矣。不觉春尽夏临，弹指间又早六月中旬，汪知县打听卢楠已是归家，在园中避暑，又令人去传达，要赏莲花。那差人径至卢家，把帖儿教门公传进。须臾间，门公出来说道："相公有话，唤你当面去分付。"差人随着门公，直到一个荷花池畔，看那池团团约有十亩多大，堤上绿槐碧柳，浓阴蔽日；池内红妆翠盖，艳色映人。有诗为证：

凌波仙子斗新妆，
七窍虚心吐异香。
何似花神多薄幸，
故将颜色恼人肠。

原来那池也有个名色，唤做滟碧池。池心中有座亭子，名曰锦云亭。此亭四面皆水，不设桥梁，以采莲舟为渡，乃卢楠纳凉之处。门公与差人下了采莲舟，荡动画桨，顷刻到了亭

договориться о встрече, пионы уже отцвели, а самого Лу Наня не оказалось дома: два дня тому назад он уехал полюбоваться природой других мест.

Незаметно прошла весна, наступило лето и подкатилась середина шестого месяца. Узнав, что Лу Нань уже вернулся и проводит дни знойного лета в своем тенистом саду, начальник уезда послал к нему человека с письмом, в котором просил разрешения прийти полюбоваться лотосами. Слуга отдал привратнику Лу Наня письмо от своего хозяина, а сам остался у ворот, дожидаясь ответа. Не прошло и нескольких минут, как привратник вернулся.

— Мой хозяин хочет тебе что-то сказать и велел привести тебя к нему, — объявил он слуге и повел его за собой; вскоре они подошли к пруду, сплошь покрытому цветами лотосов. Сам пруд тянулся больше чем на десять му. Густая листва зеленых акаций и голубоватых ив заслоняла собой солнце; багрянец цветов и зелень листьев окрашивали пруд, который носил название Бирюзового. Приведу стихи о прелести лотосов:

Гордясь своей красою неземной,
    соперничая в роскоши наряда
И запах легкий, нежный источая,
    качаетесь так плавно над водой.
Зачем, как боги, вы бесстрастны все,
    бесчувственны и безразличны сердцем?
Людей, вы только сводите с ума
    своей красой, своим одним лишь видом.

Посередине пруда была беседка, которая называлась Беседка узорчатых облаков. Мостика не было, и туда подплывали на легкой лодке. Здесь Лу Нань спасался от жары.

Привратник и слуга уселись в лодочку, взмахнули разукра-

边，系舟登岸。差人举目看那亭子：周围朱栏画槛，翠幔纱窗，荷香馥馥，清风徐徐，水中金鱼戏藻，梁间紫燕寻巢，鸥鹭争飞叶底，鸳鸯对浴岸傍。去那亭中看时，只见藤床湘簟，石榻竹几，瓶中供千叶碧莲，炉内焚百和名香。卢楠科头跣足，斜据石榻。面前放一帙古书，手中执着酒杯。傍边冰盘中，列着金桃雪藕，沉李浮瓜，又有几味案酒。一个小厮捧壶，一个小厮打扇。他便看几行书，饮一杯酒，自取其乐。差人未敢上前，在侧边暗想道："同是父母生长，他如何有这般受用！就是我本官中过进士，还有许多劳碌，怎及得他的自在！"卢楠抬头看见，即问道："你就是县里差来的么？"差人应道："小人正是。"卢楠道："你那本官到也好笑，屡次订期定日，却又不来；如今又说要看荷花；恁样不爽利，亏他

шенными веслами и через несколько минут были около беседки. Привязав лодку, они сошли на берег. Слуга начальника уезда не мог оторвать взгляда от беседки: балюстрада и решетка ее были сплошь в инкрустациях и резьбе, окна занавешены флером и шелком изумрудного цвета. Воздух был напоен ароматом лотосов, дул легкий ветерок. В воде среди водорослей плескались золотые рыбки; ласточки порхали между балками, где они свили гнезда; чайки кружили над водой; утки парами плавали у берега. В самой беседке были только тростниковая лежанка, циновка из редкого узорчатого бамбука, каменная скамья и бамбуковый стол. В вазах стояли огромные букеты лазоревых лотосов. В курильнице курились лучшие благовония. Лу Нань с непокрытой головой и босыми ногами развалился на лежанке. Держа в руках кубок с вином, он читал древнюю книгу. Рядом стоял таз, где во льду охлаждались персики, белоснежные корни лотоса, груши, арбузы и дыни. Здесь же стояли разные закуски к вину. Подле Лу Наня находились двое слуг: один держал в руках сосуд с вином, другой обмахивал поэта веером. Лу Нань с наслаждением читал книгу, попивая вино. Посланный Ван IДэнем слуга, не осмеливаясь подойти к поэту, стоял в стороне и тихонько вздыхал. «Ведь Лу Нань — простой смертный, как и все люди, — рассуждал он про себя, — чем же объяснить тогда, что он окружен такими благами? Взять хотя бы нашего начальника уезда — имеет степень цзиньши, столько трудится, но разве когда-нибудь будет так беспечно жить?!»

— Ты и есть посланец начальника уезда? — прервал размышления слуги Лу Нань, оторвавшись от книги и заметив пришельца.

— Да, — ответил слуга.

— Странный человек твой начальник, — рассуждал вслух Лу Нань. — Несколько раз просил назначить день для визита, не являлся, теперь снова просит разрешения прийти. Что же это он, говорит одно, а делает другое? Как же тогда он ведет дела в уез-

怎地做了官！我也没有许多闲工夫与他缠帐，任凭他有兴便来，不奈烦又约日子。"差人道："老爷多拜上相公，说久仰相公高才，如渴思浆，巴不得来请教，连次皆为不得已事羁住，故此失约。还求相公期个日子，小人好去回话。"卢楠见来人说话伶俐，却也听信了他，乃道："既如此，竟在后日。"差人得了言语，讨个回帖，同门公依旧下船，到柳阴堤下上岸，自去回复了知县。那汪知县至后日，早衙发落了些公事，约莫午牌时候，起身去拜卢楠。谁想正值三伏之时，连日酷热非常，汪知县已受了些暑气，这时却又在正午，那轮红日犹如一团烈火，热得他眼中火冒，口内烟生。刚到半路，觉道天旋地转，从轿上直撞下来，险些儿闷死在地。从人急忙救起，抬回县中，送入私衙，渐渐苏醒。分付差人辞了卢楠，一面请太医调治。足足里病了一个多月，方才出堂理事，不在话下。

且说卢楠一日在书房中，查点往来礼物，检着汪知县这

де? Нет у меня лишнего времени возиться с ним! Хочет прийти, пусть приходит когда вздумается, незачем заранее договариваться.

– Мой господин велел мне низко поклониться вам, – обратился слуга к Лу Наню, – и просил передать, что давно уже наслышан о ваших исключительных талантах и все время мечтал о встрече с вами. Неотложные дела несколько раз подряд мешали ему осуществить это желание и заставляли нарушить свое слово. Поэтому он снова просит вас назначить день. Сделайте это, пожалуйста, чтобы я мог возвратиться к начальнику с каким-то ответом.

Сообразительность и убедительные объяснения слуги понравились Лу Наню.

– Ну, раз так, пусть приходит послезавтра, – согласился поэт.

Слуга взял у Лу Наня пригласительную карточку и в сопровождении привратника тем же путем отправился обратно; подъехав к плотине, затененной ивами, слуга сошел на берег и поспешил в ямэнь доложить начальнику уезда о приглашении Лу Наня.

В назначенный день начальник уезда, разобрав несколько дел, около полудня отправился в гости. Нужно заметить, что это было в разгар лета. Солнце так пекло, что Ван Цэнь уже с утра мучился от жары. Теперь же, в самый полдень, солнце было как раскаленный шар. У Ван Цэня потемнело в глазах и забилось сердце. На полпути он вдруг почувствовал, что все завертелось перед ним, и он свалился с паланкина. Напуганные слуги подбежали к Ван Цэню, уложили его и понесли домой. Придя в себя, начальник уезда тут же послал одного из своих слуг с извинениями к Лу Наню, а другого – за врачом. Проболел он больше месяца, и за это время в ямэне накопилось порядочно дел.

Между тем как-то раз, сидя у себя в кабинете и перебирая полученные подарки, Лу Нань обнаружил деньги, присланные

封书仪，想道："我与他水米无交，如何白白里受他的东西？须把来消豁了，方才干净。"到八月中，差人来请汪知县中秋夜赏月。那知县却也正有此意。见来相请，好生欢喜，取回帖打发来人，说："多拜上相公，至期准赴。"那知县乃一县之主，难道刚刚只有卢楠请他赏月不成？少不得初十边，就有乡绅同僚中相请，况又是个好饮之徒，可有不去的理么？定然一家家捱次都到，至十四这日，辞了外边酒席，于衙中整备家宴，与夫人在庭中玩赏。那晚月色分外皎洁，比寻常更是不同。有诗为证：

玉宇淡悠悠，
金波彻夜流。
最怜圆缺处，
曾照古今愁。
风露孤轮影，
山河一气秋。
何人吹铁笛？
乘醉倚南楼。

начальником уезда.

«У меня с ним нет никаких отношений, – подумал про себя Лу Нань. – Неудобно так получать подарки. Надо как-то с этим разделаться».

И вот в середине восьмого месяца Лу Нань пригласил начальника к себе любоваться луной в праздник осеннего полнолуния. Приглашение поэта как раз совпало с желанием самого Ван Цэня. Очень довольный, он написал ответную карточку и вручил ее посланцу со следующими словами:

– Передай низкий поклон твоему хозяину и скажи ему, что в назначенный день я непременно приеду к нему.

Но Ван Цэня, как начальника уезда, конечно, не один Лу Нань звал к себе на праздник. Чуть ли не с десятого числа его стали приглашать местные богачи и чиновники. Разумеется, такой пьяница, как Ван Цэнь, отказаться от приглашений не мог и лишь к четырнадцатому числу сумел побывать почти у всех, кто его звал.

Вечером же четырнадцатого Ван Цэнь, отказавшись от всех приглашений, остался дома, устроил праздничный ужин, вместе с женой пил вино и любовался луной. Луна в эту ночь была необыкновенно красива: еще никогда она не была такой ясной и светлой. Здесь уместно привести стихи:

Все небо ясно. Лунное сиянье
  волною серебристою пронзает ночь.
Но жаль, что не всегда луна бывает полной,
  и сколько грустных дум она несет.
И цепи гор, и реки – всюду осень,
  луна совсем одна плывет в ночной тиши;
И где-то одиноко льются звуки флейты,
  и я в хмелю, внимая им, лежу.

夫妻对酌，直饮到酩酊，方才入寝。那知县一来是新起病的人，元神未复；二来连日沉酣糟粕，趁着酒兴，未免走了酒字下这道儿；三来这晚露坐夜深，着了些风寒：三合凑又病起来。眼见得卢楠赏月之约，又虚过了。调摄数日，方能痊可。那知县在衙中无聊，量道卢楠园中桂花必盛，意欲借此排遣，适值有个江南客来打抽丰，送两大罇惠山泉酒，汪知县就把一罇，差人转送与卢楠。卢楠见说是美酒，正中其怀，无限欢喜，乃道："他的政事文章，我也一概勿论，只这酒中，想亦是知味的了。"即写帖请汪知县后日来赏桂花。有诗为证：

凉影一帘分夜月，
天宫万斛动秋风。
淮南何用歌《招隐》？
自可淹留桂树丛。

自古道："一饮一啄，莫非前定。"像汪知县是个父母

Муж и жена целый вечер пили и пошли отдыхать только тогда, когда совсем захмелели. Надо сказать, что начальник уезда только оправился после болезни и еще не совсем окреп; к тому же он несколько дней подряд буквально утопал в вине, ну а где вино, там и женщины. И вот в этот вечер, просидев на открытом воздухе до глубокой ночи, он простудился, снова заболел и, таким образом, опять нарушил свое обещание посетить Лу Наня. Только через несколько дней начальник поправился. Как-то раз, будучи свободен от служебных дел, он подумал, что теперь цветы коричного дерева в саду у Лу Наня, наверное, уже совсем раскрылись и что хорошо было бы немного поразвлечься. Под рукой у начальника уезда оказались два кувшина хуэйшаньского вина, присланные ему в подарок одним торговцем с правобережья Янцзы. Один из этих кувшинов он и послал Лу Наню. Тот очень обрадовался – подарок ему пришелся по душе. «Какое мне, собственного говоря, дело до его умения управлять уездом и до его литературных способностей?! Судя по подарку, он безусловно знает толк в вине», – подумал Лу Нань и тут же послал со слугой записку, в которой просил начальника прийти к нему через день любоваться цветами коричного дерева. Приведу стихи, в которых как раз об этих деревьях говорится:

> *Предгорье Юньцзюньшань*
> *сиянием луны озарено,*
> *И аромат цветения чудесный*
> *осенний ветер развевает.*
> *К чему в Хуайнани распевать*
> *ту песнь, что «Призываю тень» зовется?*
> *В лесу дерев коричных вдосталь*
> *прохладной тенью насладишься.*

С древности говорится: от судьбы не уйдешь. Разве не удиви-

官，肯屈己去见个士人，岂不是件异事。谁知两下机缘未到，临期定然生出事故，不能相会。这番请赏桂花，汪知县满意要尽竟日之欢，罄夙昔仰想之诚。不料是日还在眠床上，外面就传板进来报："山西理刑赵爷行取入京，已至河下。"恰正是汪知县乡试房师，怎敢怠慢？即忙起身梳洗，出衙上轿，往河下迎接，设宴款待。你想两个得意师生，没有就相别之理，少不得盘桓数日，方才转身。这桂花已是：

飘残金粟随风舞，
零乱天香地满铺。

却说卢楠素性刚直豪爽，是个傲上矜下之人，见汪知县屡次卑词尽敬，以其好贤，遂有俯交之念。时值九月末旬，园中菊花开遍，那菊花种数甚多，内中惟有三种为贵。那三种？

鹤翎　剪绒　西施

每一种各有几般颜色，花大而媚，所以贵重。有《菊花诗》为证：

тельно, что начальник уезда, отец и мать народа, не считаясь со своим высоким положением, сам собирался посетить простого ученого? Но, видно, не суждено было им подружиться. Именно в тот день, когда начальник собирался отправиться к поэту, ему вдруг доложили, что судья Чжао едет с повышением в столицу и сейчас находится уже неподалеку. Когда Ван Цэнь сдавал экзамен на сюцая, Чжао был его экзаменатором. Мог ли Ван Цэнь не оказать ему внимания? Он тотчас вскочил с кровати, умылся, причесался и поспешил в паланкине навстречу господину Чжао, распорядившись, чтобы все было приготовлено для торжественной встречи. Представьте себе свидание любимого учителя с любимым учеником. Могли они тут же расстаться? Чжао пробыл у Ван Цэня несколько дней, а тем временем цветы коричного дерева опали.

Опали цветы, и тычинки под ветром
кружат, мерцая крупинками злата,
И опускается тихо на землю
грусть увяданья, пьяня ароматом.

Надо сказать, что Лу Нань был человек твердый и решительный. Он не гнушался низшими и не заискивал перед знатными. Однако, видя, что начальник уезда не раз изъявлял ему свое почтение и, судя по всему, ценил ученых, Лу Нань решил, что не стоит пренебрегать таким человеком.

Стояли последние дни девятого месяца, в саду Лу Наня распустились хризантемы. Три сорта были особенно хороши: «перья аиста», «подстриженный бархат» и «сиши». Все они были крупные и необычайно красивые, каждый сорт давал цветы самых различных оттенков, поэтому они очень ценились. Есть стихи о хризантемах:

不共春风斗百芳,
自甘篱落傲秋霜。
园林一片萧疏景,
几朵依稀散晚香。

卢楠因想汪知县几遍要看园景,却俱中止,今趁此菊花盛时,何不请来一玩?也不枉他一番敬慕之情。即写帖儿,差人去请次日赏菊。家人拿着帖子,来到县里,正值知县在堂理事,一径走到堂上跪下,把帖子呈上,禀道:"家相公多拜上老爷,园中菊花盛开,特请老爷明日赏玩。"汪知县正想要去看菊,因屡次失约,难好启齿;今见特地来请,正是挖耳当招,深中其意。看了帖子,乃道:"拜上相公,明日早来领教。"那家人得了言语,即便归家回覆家主道:"汪大爷拜上相公,明日绝早就来。"那知县说明日早来,不过是随口的

*Они не борются в весеннем ветре
    за редкий нежный аромат –*
*В тумане осени, в наряде белом,
    стоят, гордясь своей красой.*
*Сад окружен сплошной стеной деревьев,
    но листья все опали с них.*
*А хризантемы все цветут,
    тончайший запах источая.*

«Начальник уезда несколько раз собирался посетить мой сад, но никак не мог до меня добраться, – подумал поэт. – Почему бы сейчас не воспользоваться цветением хризантем и не пригласить его полюбоваться ими? Надо же отблагодарить за внимание!» Рассудив так, поэт послал к начальнику слугу с приглашением на другой день посмотреть на хризантемы. Когда слуга пришел в уездное управление, Ван Цэнь разбирал дела. Слуга вошел в зал, стал на колени и, передав начальнику приглашение, сказал:

– Мой хозяин низко кланяется вам и велит передать, что он особо просит вас прийти завтра посмотреть на хризантемы, которые сейчас в полном цвету.

Ван Цэнь был не прочь полюбоваться хризантемами, но не решался дать об этом знать Лу Наню, так как несколько раз подряд нарушал обещание. Теперь, получив особое приглашение, он обрадовался так, что готов был, как говорится, уши проковырять, чтобы глубже вошло в них это приглашение.

– Поклонись своему господину и передай, что с почтением явлюсь к нему завтра утром.

Дома слуга доложил поэту:

– Господин Ван Цэнь вам низко кланяется и просит передать, что придет завтра с самого утра.

Начальник уезда сказал «утром» попросту, не имея в виду раннее утро в буквальном смысле слова. А слуга еще переврал,

话，那家人改做绝早就来，这也是一时错讹之言。不想因这句错话上，得罪于知县，后来把天大家私，弄得罄尽，险些儿连性命都送了。正是：

舌为利害本，
口是祸福门。

当下卢楠心下想道："这知县也好笑，那见赴人筵席，有个绝早就来之理。"又想道："或者慕我家园亭，要尽竟日之游。"分付厨夫："大爷明日绝早就来，酒席须要早些完备。"那厨夫听见知县早来，恐怕临时误事，隔夜就手忙脚乱收拾。卢楠到次早分付门上人："今日若有客来，一概相辞，不必通报。"又将个名帖，差人去邀请知县。不到朝食时，酒席都已完备，排设在园上燕喜堂中。上下两席，并无别客相陪。那酒席铺设得花锦相似。正是：

富家一席酒，
穷汉半年粮。

且说知县那日早衙投文已过，竟不退堂，就要去赴酌，因见天色太早，恐酒席未完，吊一起公事来问。那公事却是新

что начальник придет, мол, с самого утра. Кто бы мог предположить, что из-за этого недоразумения начальник уезда смертельно обидится, а Лу Нань будет разорен и окажется на краю гибели! Вот уж поистине,

Вреда иль пользы – твой язык причина,
Слова – источник счастья иль беды.

Сообщение слуги смутило Лу Наня: «Забавный человек этот начальник уезда. Да кто же ранним утром является на пир? Или, может быть, он хочет прийти пораньше, чтобы вволю насладиться прелестью моего сада и провести здесь весь день?»

– Завтра ранним утром к нам пожалует начальник уезда, надо пораньше приготовить вино и закуски, – распорядился Лу Нань.

В ожидании такой особы повара хлопотали всю ночь, стараясь, чтобы к прибытию начальника все было готово.

Утром Лу Нань заявил привратнику:

– Если сегодня кто-нибудь будет приходить ко мне, отказывай сразу, мне можешь не докладывать.

Затем Лу Нань написал специальную пригласительную карточку начальнику уезда и послал с ней слугу. Еще до утреннего завтрака все было готово к приему почетного гостя. В саду, в Павильоне радостного пира, был накрыт стол всего на две персоны с винами и угощениями. Все было сделано с особой пышностью и красотой. Поистине,

Единственного пира богача
Хватило б на полгода бедняку.

Теперь о начальнике уезда. В тот день, когда он получил приглашение от Лу Наня, он после дневного приема так и не уезжал домой и остался ночевать в ямэне. Наутро он собрался было

拿到一班强盗，专在卫河里打劫来往客商，因都在娼家宿歇，露出马脚，被捕人拿住解到本县，当下一讯都招。内中一个叫做石雪哥，又扳出本县一个开肉铺的王屠，也是同伙，即差人去拿到。知县问道："王屠，石雪哥招称你是同伙，赃物俱窝顿你家，从实供招，免受刑罚。"王屠禀道："老爷，小人是个守法良民，就在老爷马足下开个肉铺生理，平昔间就街市上不十分行走，那有这事。莫说与他是个同伙，就是他面貌，从不曾识认。老爷不信，拘邻里来问，平日所行所为，就明白了。"知县又叫石雪哥道："你莫要诬陷平人，若审出是扳害的，本时就打死你这奴才。"石雪哥道："小的并非扳害，真实是同伙。"王屠叫道："我认也认不得你，如何是同伙？"石雪哥道："王屠，我与你一向同做伙计，怎么诈不认得？就

сразу отправиться к гоэту, но решил, что еще слишком рано, что вряд ли там успели приготовиться к приему, а потому проследовал в присутствие, чтобы пока разобрать поступившее дело. А дело было такое. Недавно поймали бандитскую шайку, которая орудовала в районе Вэйхэ, грабя проезжих торговцев. Бандитов выследили, когда все они ночевали в публичном доме, схватили и доставили в уездное управление Ваня Цэня. Как только их стали допрашивать, все сразу и признались. Среди арестованных был некто по имени Ши Сюэгэ, который показал на хозяина местной мясной лавки Ван Ту, заявив, что тот действовал с ним заодно. Тут же за ним послали и привели его в ямэнь.

– Послушай, Ван Ту, – заявил ему начальник уезда, – Ши Сюэгэ утверждает, что ты действовал с ним заодно, прятал у себя в доме награбленное. Признавайся по-хорошему, пока не стал тебя пытать!

– Уважаемый начальник, – ответствовал ему Ван Ту, – я же простой законопослушный человек, держу туг совсем рядом с вами, мясную лавку и на это живу; ни по рынкам, ни по улицам никогда я не разгуливаю, как же может быть такое! Я не то что не его компаньон, но и в лицо-то его первый раз вижу. Если уважаемый начальник не верит, пусть вызовет моих соседей, они расскажут, чем я занимаюсь, куда хожу, и начальнику все станет ясно.

Тогда Ван Цэнь прикрикнул на Ши Сюэгэ:

– Нечего наговаривать на простого человека! Если узнаю, что возводишь на него напраслину, тут же забью тебя до смерти, негодяй этакий!

– Никого я зря не обвиняю, он действительно мой сообщник, – ответил на это Ши Сюэгэ.

Ван Ту вышел из себя:

– Я знать тебя не знаю. Как я могу быть с тобой заодно!

– Ван Ту, – обратился тогда к нему Ши Сюэгэ, – в свое время

是今日，本心原要出脱你的，只为受刑不过，一时间说了出来，你不要怪我！"王屠叫屈连天道："这是那里说起？"知县喝交一声夹起来，可怜王屠夹得死而复苏，不肯招承。这强盗咬定是个同伙，虽夹死终不改口。是巳牌时分，夹到日已倒西，两下各执一词，难以定招。此时知县一心要去赴宴，已不耐烦，遂依着强盗口词，葫芦提将王屠问成死罪，其家私尽作赃物入官。画供已毕，一齐发下死囚牢里，即起身上轿，到卢楠家去吃酒不题。

你道这强盗为甚死咬定王屠是个同伙？那石雪哥当初原是个做小经纪的人，因染了时疫症，把本钱用完，连几件破家伙，也卖来吃在肚里。及至病好，却没本钱去做生意，只存得一只锅儿，要把去卖几十文钱，来营运度日。旁边却又有些破的，生出一个计较，将锅煤拌着泥儿涂好，做个草标儿，提上

мы вместе с тобой участвовали в одном деле, что же ты меня не признаешь? Я совсем не собирался тебя выдавать: не стерпеть было побоев, вот и пришлось выложить, так что не будь на меня в обиде!

– Что ты несешь! – заорал Ван Ту, призывая небеса.

Тут начальник уезда приказал: «Зажать его!»

Несчастного Ван Ту так зажали в тиски, что он не раз терял сознание, но ни за что ни в чем не признавался.

В свою очередь и Ши Сюэгэ, как его ни зажимали в тиски, как ни мучали, до смерти стоял на своем: «Сообщник он» – и только.

А время между тем подходило к одиннадцати; пока людей пытали, солнце стало склоняться к западу; и так как каждый стоял на своем, трудно было решить, кто прав. Начальник, который во что бы то ни стало хотел отправиться к Лу Наню, потерял всякое терпение и на основании одних лишь показаний Ши Сюэгэ, не доискиваясь до сути дела, взял да и приговорил Ван Ту к смертной казни, а все его имущество посчитал награбленным и забрал в казну. Само собой разумеется, что, как только протокол дела был подписан и преступники посажены в камеру смертников, Ван Цэнь закрыл присутствие, сел в паланкин и направился пировать к Лу Наню.

Вы спросите, почему же этот бандит насмерть стоял на том, что Ван Ту его сообщник? Дело в том, что Ши Сюэгэ прежде был мелким торговцем; как-то во время эпидемии он заболел, все имевшиеся у него деньги израсходовал и даже пришедшее в негодность все свое добро и то распродал, чтобы хоть как-то прокормиться. Когда он поправился, денег, чтобы снова заняться торговлей, не было; да и вообще единственное, что у него оставалось в доме, это глиняный котел. Он решил и его продать, получить за него пару десятков медяков, чтобы хоть как-то протянуть дальше. Но сбоку в одном месте котел прохудился; тогда

街去卖。转了半日,都嫌是破的,无人肯买。落后走到王屠对门开米铺的田大郎门首,叫住要买。那田大郎是个近觑眼,却看不出损处,一口就还八十文钱。石雪哥也就肯了。田大郎将钱递与石雪哥,接过手刚在那里数明,不想王屠在对门看见,叫道:"大郎,你且仔细看看,莫要买了破的。"这是嘲他眼力不济,乃一时戏谑之言。谁知田大郎真个重新仔细一看,看出那个破损处来,对王屠道:"早是你说,不然几乎被他哄了。果然是破的。"连忙讨了铜钱,退还锅子。石雪哥初时买成了,心中正在欢喜,次后讨了钱去,心中痛恨王屠,恨不得与他性命相博。只为自己货儿果然破损,没个因头,难好开口,忍着一肚子恶气,提着锅子转身。临行时,还把王屠怒目而视,巴不能等他问一声,就要与他厮闹。那王屠出自无心,那个去看他。石雪哥见不来招揽,只得自去。不想心中气闷,

Сюэгэ нашел выход: взял золу, смешал ее с глиной и залепил дырку. Затем, сделав соломенный знак, набросил его на котел и пошел продавать. Долго бродил он по улицам, но все, кто смотрел котел, подозревали, что он с изъяном, и никто его не покупал. В конце концов, когда Сюэгэ оказался около лавки, где торговали рисом, хозяин лавки Тянь Далан подозвал его и сказал, что купит его котел. Тянь Далан этот был близоруким, ничего подозрительного в том, что покупал, не заметил и сразу предложил продавцу восемьдесят медяков. Сюэгэ не стал торговаться. Лавка Тянь Далана была как раз напротив мясной лавки Ван Ту. Тот видел, что Тянь Далан взял котел и, пока Сюэгэ пересчитывал деньги, крикнул соседу:

– Посмотри повнимательней, чтобы не получилось, что покупаешь дырявый!

Предупредил он соседа, конечно, просто так, ничего дурного не имея в виду, зная, что тот близорукий. И надо же, чтобы так случилось: Тянь Далан еще раз повертел в руках котел, со всех сторон его осмотрел и обнаружил залепленное место.

– Хорошо, что предупредил, не то он бы меня надул, – сказал Тянь Далан соседу. – Ведь котел-то действительно дырявый.

Тут же он вернул котел и забрал свои деньги обратно. Сюэгэ, который был счастлив, что наконец ему удалось сбыть свой товар, теперь, когда у него отняли деньги, в душе возненавидел Ван Ту и готов был не на жизнь, а на смерть с ним подраться. Но как было затеять ссору? Котел-то его и в самом деле был дырявый, тут и рта не раскроешь. Перед тем как уйти, он долго стоял у лавки, с ненавистью глядя на Ван Ту, в надежде, что тот поинтересуется, что он не уходит, тогда можно было бы с ним сцепиться. Но Ван Ту и не собирался с ним заговаривать, какое ему было до него дело. Сюэгэ, понимая, что ему никак не задеть продавца, ушел.

Шел он злой, как черт, не смотрел себе под ноги, обо что-то

不曾照管得，脚下绊上一交，把锅子打做千百来块，将王屠就恨入骨髓。思想没了生计，欲要寻条死路，诈那王屠，却又舍不得性命。没甚计较，就学做夜行人，到也顺溜，手到擒来。做了年馀，嫌这生意微细，合入大队里，在卫河中巡绰，得来大碗酒、大块肉，好不快活！那时反又感激王屠起来，他道是："当日若没有王屠说这句话，卖成这只锅子，有了本钱，这时只做小生意度日，那有恁般快活！"及至恶贯满盈，被拿到官，情真罪当，料无生理，却又想起昔年的事来："那日若不是他说破，卖这几十文钱做生意度日，不见致有今日。"所以扳害王屠，一口咬定，死也不放。故此他便认得王屠，王屠却不相认。后来直到秋后典刑，齐绑在法场上，王屠问道："今日总是死了，你且说与我有甚冤仇，害我致此？说个明白，死也甘心。"石雪哥方把前情说出。王屠连喊冤枉，要辨明这事。你想：此际有那个来采你？只好含冤而死。正是：

споткнулся – котел упал и разбился на мелкие кусочки; тут уж ненависть к Ван Ту охватила все его существо. Он подумал, что раз все равно жить ему не на что, надо искать способ умереть, но так, чтобы обвинили в этом Ван Ту. Однако пожертвовать жизнью было жаль. Не найдя никакого выхода, Сюэгэ стал заниматься мелким воровством: подвернется удобный случай – что-нибудь стащит. Так прожил он больше года, понял, что все это ерунда, и присоединился к какой-то банде, которая занималась грабежом в районе Вэйхэ. Теперь он и вино пил большими кубками, и мяса перепадало ему вдоволь – как тут не порадуешься! В те дни он даже с благодарностью вспоминал Ван Ту: «Если бы не тот случай с Ван Ту, когда он окликнул покупателя, у меня всего-то и было бы денег на торговлю разной мелочью. Разве жил бы я в этаком довольстве!» Но теперь, когда ему так не повезло, когда арестовали и привели в ямэнь, когда пришлось во всем сознаться и уже ни на что надежды не оставалось, он опять вспомнил о там давнишнем случае: «Не скажи он тогда, что котел дырявый, продал бы его за несколько десятков медяков, жил на то, что выручал от торговли, и ничего подобного бы не случилось». Потому-то он и показал на Ван Ту, обвинил его в соучастии и решил до смерти не отказываться от своих слов. Он-то прекрасно помнил Ван Ту, а тот его и знать не знал.

Осенью, когда наступил срок казни и всех преступников вывели на площадь, Ван Ту обратился к Сюэгэ:

– Мы сегодня все равно умрем, так скажи, за что же ты меня так ненавидишь, почему причинил мне такое зло. Объяснишь – я хоть умру со спокойной душой.

Сюэгэ честно выложил ему все, что тогда с ним случилось.

Ван Ту, не переставая, кричал о допущенной несправедливости, требовал, чтобы разобрались в его деле. Но подумай, читатель, в такой-то момент кто станет обращать на тебя внимание? Всего и оставалось, что умереть, глотая обиду. Вот уж право,

只因一句闲言语，
断送堂堂六尺躯。

　　闲话休题，且说卢楠早上候起，已至巳牌，不见知县来到，又差人去打听，回报说在那里审问公事。卢楠心上就有三四分不乐，道："既约了绝早就来，如何这时候还问公事？"停了一回，还不见到，又差人去打听，来报说："这件公事还未问完哩。"卢楠不乐有六七分了，想道："是我请他的不是，只得耐这次罢。"俗语道得好，等人性急。略过一回，又差人去打听，这人行无一箭之远，又差一人前来，顷刻就差上五六个人去打听。少停一齐转来回覆说："正在堂上夹人，想这事急切未得完哩。"卢楠听见这话，凑成十分不乐，心中大怒道："原来这俗物，一无可取，都只管来缠帐，几乎错认了。如今幸尔还好。"即令家人撤开下面这桌酒席，走上前居中向外而坐，叫道："快把大杯洒热酒来，洗涤俗气。"家人都禀道："恐大爷一时来到。"卢楠睁起眼喝道："哇！

*Из-за одной случайной фразы
Погиб солидный человек.*

Но мы отвлеклись от нашего рассказа.

Когда время подошло к одиннадцати, Лу Нань, ожидавший начальника уезда с самого утра, послал слугу разузнать, в чем дело. Вернувшись, слуга доложил, что начальник разбирает какое-то дело в ямэне. Лу Наню это не понравилось. «Если обещал прийти с самого утра, что же до сих пор сидеть и разбирать дело?» – подумал он про себя и снова стал ждать. Подождал еще немного, но так как вестей от начальника не было, он снова послал в ямэнь слугу. На этот раз слуга доложил ему:

– Дело, которое начальник разбирает, еще не закончено.

Поэт был уже раздражен. «Сам виноват, – думал он. – Незачем было приглашать, теперь вот такая морока». Недаром говорится, кто ждет, тому не терпится. Через некоторое время Лу Нань опять послал слугу выяснить, в чем дело. Тот помчался как стрела, вслед за ним еще был послан слуга, а затем и еще пара слуг. Вскоре все они разом вернулись. Один из них доложил:

– Господин начальник там лютует; похоже, что дело это неотложное, и пока он его не закончил.

Тут уж Лу Нань окончательно вышел из себя. «Собственно, ничего он собой не представляет и ни на что не годится, ему только и ввязываться в разные дела. Чуть было в нем не ошибся. Ладно, это к лучшему, что все так случилось», – в злобе подумал про себя поэт и тут же приказал убрать со стола второй прибор, а сам уселся на почетное место, предназначенное для гостя.

– Живо подать мне большой кубок горячего вина, надо очиститься от этой пошлятины!

– Как бы почтенный господин сейчас не пожаловал! – хором

还说甚大爷？我这酒可是与俗物吃的么？"家人见家主发怒，谁敢再言，只得把大杯斟上，厨下将肴馔供出。小奚在堂中宫商迭奏，丝竹并呈。卢楠饮了数杯，又讨出大碗，一连吃上十数多碗，吃得性起，把巾服都脱去了，跣足蓬头，踞坐于椅上，将肴馔撤去，止留果品案酒，又吃上十来大碗，连果品也赏了小奚，惟饮寡酒。又吃上几碗。卢楠酒量虽高，原吃不得急酒，因一时恼怒，连饮了几十碗，不觉大醉，就靠在桌上齁齁睡去。家人谁敢去惊动，整整齐齐，都站在两旁伺候。里边卢楠便醉了，外面管园的却不晓得。远远望见知县头踏来，急忙进来通报。到了堂中，看见家主已醉，吃一惊道："大爷已是到了，相公如何先饮得这个模样？"众家人听得知县来到，都面面相觑，没做理会，齐道："那桌酒便还在，但相公不能勾醒，却怎好？"管园的道："且叫醒转来，扶醉陪他一

стали говорить прислуживавшие поэту люди.

– Тьфу! О каком еще почтенном господине вы говорите? Мое вино я должен с этим невежей распивать, что ли?!

Разгневанному хозяину никто не посмел возражать. Тут же был подан большой кубок вина, из кухни принесены закуски. В павильоне появились служанки, мотивы гун и шан сменяли друг друга, звучала приятная музыка. Выпив несколько кубков, Лу Нань потребовал большую чашу, осушил их более десяти подряд, и на душе у него стало легче. Тогда он скинул парадную одежду, снял головной убор, разулся и поудобнее расселся, поджав под себя ноги. Закуски он велел убрать, оставил только фрукты и вино и снова выпил более десяти чаш. Теперь он и фрукты отдал служанкам. Только сидел и без конца пил. Лу Нань, разумеется, пить умел и мог выпить немало, но так много обычно не пил. Сегодня же он был до такой степени раздражен, что никак не мог остановиться: осушил одну за другой несколько десятков больших чаш и так опьянел, что, опершись на стол, тут же заснул и захрапел. Слуги безмолвно стояли по бокам, не осмеливаясь потревожить хозяина. В саду, в павильоне, спал пьяный поэт, а сторживший у ворот привратник об этом и ведать не ведал. Когда он издали заметил приближающийся поезд начальника уезда, то поспешил доложить об этом хозяину. Вбежав в павильон, он увидел, что тот мертвецки пьян.

– Начальник уезда уже подъехал! – в испуге воскликнул привратник. – Как же это вы, господин, не дождавшись, так напились!

Слуги растерянно смотрели друг на друга, не зная, что предпринять.

– Вино и угощение целы, но ведь хозяина не привести в чувство. Что делать? – волновались они.

– Надо его растормошить, – посоветовал привратник, – поднимем его, поддержим и поведем; пусть хоть пьяный выйдет

陪也罢。终不然特地请来，冷淡他去不成。"众家人只得上前叫唤，喉咙都喊破了，如何得醒？渐渐听得人声喧杂，料道是知县进来，慌了手脚，四散躲过。单单撇下卢楠一人。只因这番，有分教：佳宾贤主，变为百世冤家；好景名花，化作一场春梦。正是：

盛衰有命天为主，
祸福无门人自生。

且说汪知县离了县中，来到卢家园门首，不见卢楠迎接，也没有一个家人俟候，从人乱叫："门上有人么？快去通报，大爷到了。"并无一人答应。知县料是管门的已进去报了，遂吩咐："不必呼唤。"竟自进去。只见门上一个匾额，白地翠书"啸圃"两个大字。进了园门，一带都是柏屏，转过湾来，又显出一座门楼，上书"隔凡"二字。过了此门，便是一条松径。绕出松林，打一看时，但见山岭参差，楼台缥缈，草木萧疏，花竹围环。知县见布置精巧，景色清幽，心下暗喜道：

навстречу. Нельзя же не оказать внимания гостю, которого сам пригласил.

Слуги стали громко звать Лу Наня, но только зря драли глотки: разбудить хозяина так и не удалось.

Вскоре в саду послышались голоса; это приближался начальник уезда со своей свитой. Растерявшись, перепуганные слуги разбежались и попрятались. В павильоне остался один Лу Нань.

И вот только из-за этого случая почетный гость и благородный хозяин стали врагами на всю жизнь, а прекрасный сад с редчайшими цветами исчез, как весенний мимолетный сон. Поистине,

Увядать ли цветам иль цвести –
воля небес предрешает,
Но беду на себя или счастье –
навлекает сам человек.

Вернемся теперь к начальнику уезда Ван Цэню, который сразу же из ямэня направился к Лу Наню. Процессия остановилась у ворот сада, но оказалось, что поэт не только сам не вышел его встретить, но даже не выслал навстречу никого из слуг.

– Есть ли кто у ворот? – закричали наперебой сопровождавшие начальника люди. – Живо доложите, что пожаловал начальник уезда!

Никто не отвечал. Решив, что привратник пошел доложить хозяину, начальник распорядился:

– Ладно, не орите! Сами войдем.

На внутренних малых воротах бросилась в глаза белая доска с бирюзовой надписью: Сад вольных песен. Ван Цэнь вошел в сад, густо засаженный деревьями. Пошел по извилистой тропинке и увидел арку с надписью: Отрешение от мира. Пройдя арку, он свернул на тропинку в чаще сосен, в конце ее высились

"高人胸次，自是不同。"但不闻得一些人声，又不见卢楠相迎，未免疑惑。也还道是园中径路错杂，或者从别道往外迎我，故此相左。一行人在园中，任意东穿西走，反去寻觅主人。次后来到一个所在，却是三间大堂。一望菊花数百，霜英灿烂，枫叶万树，拥若丹霞，橙橘相亚，累累如金。池边芙蓉千百株，颜色或深或浅，绿水红葩，高下相映，鸳鸯凫鸭之类，戏狎其下。汪知县想道："他请我看菊，必在这个堂中了。"径至堂前下轿。走入看时，那里见甚酒席，惟有一人蓬头跣足，居中向外而坐，靠在桌上打鼾。此外更无一个人影。从人赶向前乱喊："老爷到了，还不起来！"汪知县举目看他身上服色不像以下之人，又见旁边放着葛巾野服，吩咐且莫叫唤，看是何等样人？那常来下帖的差人，向前仔细一看，认得

причудливые искусственные горы, вдали в тумане виднелись башни и пагоды, повсюду росли цветы; густые бамбуки и деревья окружали сад. Восхищенный прелестью и тишиной, Ван Цэнь подумал: «Да, чувствуется человек высокой души!» Но нигде не было слышно голосов, нигде не было видно Лу Наня, и начальник уезда не знал, как ему поступить.

«Быть может, он пошел встречать меня по другой дорожке и мы разминулись», – подумал Ван Цэнь и приказал людям направиться наугад в глубь сада. Петляли они по тропинкам то сюда, то туда в поисках хозяина и вдруг оказались у большого павильона. Сотни словно инеем покрытых хризантем, тысячи веточек тамариска, поблескивая в вечернем тумане, переплетались между собой; апельсины, отливая золотом, свисали с деревьев. Тысячи розовых и темно-красных лотосов покрывали пруд у берега. Различные краски – то яркие, то бледные и светлые, где светло-зеленые, где пунцово-красные – переливались и отражались в воде, а в этом море красок плескались утки различных пород.

«Раз он пригласил меня любоваться хризантемами, наверное, ждет меня в этом павильоне», – подумал про себя Ван Цэнь и сошел с паланкина.

Заглянув в павильон, начальник не заметил никаких приготовлений к пиру; на почетном месте, положив голову на стол, сидел только один человек и громко храпел. Человек этот был бос, голова непокрыта. Вокруг – ни души. Слуги Ван Цэня бросились к спящему с криком:

– Начальник уезда здесь. Встать! Что развалился!

Присмотревшись, Ван Цэнь заметил, что по одежде незнакомец не походил на простолюдина, рядом с ним лежали шапка и домашнее платье ученого.

– Тихо! – приказал начальник уезда. – Посмотрите, кто это.

Слуга, носивший сюда записки Ван Цэня, вгляделся в спяще-

是卢楠，禀道："这就是卢相公，醉倒在此。"汪知县闻言，登时紫涨了面皮，心下大怒道："这厮恁般无理！故意哄我上门羞辱。"欲得教从人将花木打个希烂，又想不是官体，忍着一肚子恶气，急忙上轿，分付回县。轿夫抬起，打从旧路，直至园门首，依原不见一人。那些皂快，没一个不摇首咋舌道："他不过是个监生，如何将官府恁般藐视？这也是件异事。"知县在轿上听见，自觉没趣，怒恼愈加，想道："他总然才高，也是我的治下，曾请过数遍，不肯来见，情愿就见，又馈送银酒，我亦可为折节敬贤之至矣。他却如此无理，将我侮慢。且莫说我是父母官，即使平交，也不该如此！"到了县里，怒气不息，即便退入私衙不题。且说卢楠这些家人小厮，见知县去后，方才出头，到堂中看家主时，睡得正浓，直至更馀方醒。众人说道："适才相公睡后，大爷就来，见相公睡着，便起身而去。"卢楠道："可有甚话说？"众人道："小

го и сразу признал Лу Наня.

— Да это сам господин Лу Нань: напился и сидит здесь, — объяснил слуга.

Начальник побагровел.

— До такой степени неприлично себя повести! Для того и позвал меня, чтобы оскорбить и осрамить! — в страшном гневе воскликнул Ван Цэнь.

Он хотел было приказать тут же вытоптать цветы и обломать кусты, но решил, что это недостойно человека его положения, и, разъяренный, поспешил к паланкину.

— Домой! — приказал он.

Носильщики подняли паланкин и понесли; когда процессия выходила из ворот, там по-прежнему никого не было. Слуги Ван Цэня только качали головой и перешептывались:

— Удивительное дело! Чтобы кандидат на получение чина посмел так пренебречь начальником уезда!

Слова эти дошли до слуха Ван Цэня и только усилили его ярость.

«Хоть он и высокий талант, — рассуждал начальник уезда, — но все же он мой подчиненный. Сколько я просил его прийти ко мне, а он отказывался. Тогда я пожелал навестить его первым, я посылал ему деньги, вино. Смело могу сказать, что был к нему весьма снисходителен и проявил должное уважение к его таланту. И после всего этого он мог поступить так непочтительно, так меня опозорить. Не то что с начальником уезда, даже с простым смертным нельзя так поступать». Нечего и говорить, что начальник не успокоился и дома.

Между тем, как только начальник уезда покинул сад, попрятавшиеся слуги Лу Наня со всех сторон сбежались к павильону. Лу Нань продолжал крепко спать и проснулся лишь вечером.

— Едва вы заснули, приехал начальник уезда, — доложил один из его слуг, — и, видя, что вы спите, тут же уехал.

人们恐难好答应，俱走过一边，不曾看见。"卢楠道："正该如此！"又懊悔道："是我一时性急，不曾分付闭了园门，却被这俗物，直至此间，践污了地上。"教管园的，明早快挑水将他进来的路径扫涤干净。又着人寻访常来下帖的差人，将向日所送书仪，并那辉泉酒，发还与他。那差人不敢隐匿，遂即到县里去缴还，不在话下。

却说汪知县退到衙中，夫人接着，见他怒气冲天，问道："你去赴宴，如何这般气恼？"汪知县将其事道知。夫人道："这都是自取，怪不得别人！你是个父母官，横行直撞，少不得有人奉承；如何屡屡卑污苟贱，反去请教子民。他总是有才，与你何益？今日讨恁般怠慢，可知好么！"汪知县又被夫人抢白了几句，一发怒上加怒，坐在交椅上，气愤愤的半晌无语。夫人道："何消气得，自古道：破家县令。"只这四个字，把汪知县从睡梦中唤醒，放下了怜才敬士之心，顿提起生事害人之念。当下口中不语，心下踌躇，寻思计策安排卢生：

– Говорил что-нибудь? – спросил поэт.

– Мы так испугались, что все разбежались, в общем, мы его и не видели.

– Отлично! – воскликнул Лу Нань и, подумав, добавил: – Это я вчера в запальчивости забыл распорядиться, чтобы закрыли ворота сада, поэтому эта деревенщина и вошел сюда и осквернил эту землю!

Затем поэт приказал садовнику, чтобы он завтра же с утра наносил воды и хорошенько очистил дорожки, по которым проходил начальник. Он также послал человека в ямэнь, чтобы вернуть Ван Цэню деньги и вино, которые тот присылал в подарок.

Как говорилось, Ван Цэнь вернулся домой в страшном гневе.

– Что это ты? Со званого пира, а такой сердитый? – спросила жена.

Ван Цэнь рассказал все, как было.

– Сам напросился, винить некого, – заметила она, узнав, в чем дело. – Ведь ты здесь на должности «отца и матери», и что бы ты ни делал, как бы ни поступал, все равно люди обязаны кланяться тебе и почитать тебя. С какой стати нужно было тебе всякий раз унижаться, заискивать да еще самому ходить на поклон к подчиненному. Да пусть он сто раз талант, тебе-то что? Напросился на оскорбление, вот и получил!

Упреки жены лишь подлили масла в огонь. Ван Цэнь долго молча сидел в большом кресле, злобно хмуря брови.

– Чего злиться? – сказала жена. – С древних времен говорится: начальник уезда захочет – разорит.

Этих слов было вполне достаточно, чтобы вывести Ван Цэня из оцепенения: в один миг прежние мысли о сочувствии к таланту, об уважении к ученому сменились решением затеять дело и уничтожить человека. Правда, в тот день Ван Цэнь ни с кем не поделился своими мыслями, но в душе у него все кипело: он только и думал, как бы подстроить что-нибудь Лу Наню, как

"必置之死地，方泄吾恨。"当夜无话。汪知县早衙已过，次日唤一个心腹令史，进衙商议。那令史姓谭名遵，颇有才干，惯与知县通赃过付，是一个积年滑吏。当下知县先把卢楠得罪之事叙过，次说要访他过恶参之，以报其恨。谭遵道："老爷要与卢楠作对，不是轻举妄动的。须寻得一件没躲闪的大事，坐在他身上，方可完得性命。那参访一节，恐未必了事，在老爷反有干碍。"汪知县道："却是为何？"谭遵道："卢楠与小人原是同里，晓得他多有大官府往来，且又家私豪富。平昔虽则恃才狂放，却没甚违法之事。总然拿了，少不得有天大分上到上司处挽回，决不致死的田地。那时怀恨挟仇，老爷岂不反受其累？"汪知县道："此言虽是，但他恁地放肆，定有几件恶端。你去细细访来，我自有处。"谭遵答应出来，只见外边缴进原送卢楠的书仪泉酒。知县见了，转觉没趣。无处出

бы сжить его со света. «Теперь только его смерть удовлетворит меня», – решил в злобе начальник уезда.

Так прошла ночь. На следующий день, сразу после утреннего приема в ямэне, он решил посоветоваться обо всем со своим ближайшим помощником, секретарем канцелярии Тань Цзунем – большим пройдохой, хитрым и опытным приказным крючком. Он всегда был в курсе дел своего начальника и частенько брал для него взятки. Рассказав Тань Цзуню о вчерашнем визите, начальник уезда признался, что намерен отомстить своему обидчику, поэтому думает разузнать о каких-нибудь его проступках, чтобы арестовать его.

– Если вы решили разделаться с Лу Нанем, – отвечал Тань Цзунь, – то сделать это будет весьма трудно. Так что, прошу вас, оставьте эти мысли.

– Почему же? Я ведь хозяин целого уезда, – удивился Ван Цэнь.

– Лу Нань – мой земляк. Я знаю, что он очень богат и что среди его друзей и знакомых немало людей высокопоставленных. Он мнит себя талантом и нередко позволяет себе много вольностей, но его проказы не нарушают законов. Допустим, что мы его арестуем. Но у такого человека, как он, всегда, конечно, найдется сильная рука. Дело дойдет до высших властей – его оправдают и, уж во всяком случае, не вынесут ему смертного приговора. Тогда, озлобленный, жаждущий мести, он сможет доставить вам много неприятностей.

– Ты, конечно, прав. Но не думаю, чтобы за таким распущенным человеком, как Лу Нань, не было каких-нибудь значительных проступков. Пойди-ка разузнай хорошенько. А я уж тогда найду выход.

Тань Цзунь не стал возражать. Не успел он выйти, как начальнику уезда принесли подарки, возвращенные Лу Нанем. Задетый за живое и не зная, на ком выместить злобу, начальник

气,迁怒到差人身上,说道不该收他的回来,打了二十毛板,就将银酒都赏了差人。正是:

劝君莫作伤心事,
世上应多切齿人。

话分两头。却说浮丘山脚下有个农家,叫做钮成,老婆金氏。夫妻两口,家道贫寒,却又少些行止;因此无人肯把田与他耕种。历年只在卢楠家做长工过日。二年前,生了个儿子,那些一般做工的,同卢家几个家人斗分子与他贺喜。论起钮成恁般穷汉,只该辞了才是。十分情不可却,称家有无,胡乱请众人吃三杯,可也罢了。不想他却去弄空头,装好汉,写身子与卢楠家人卢才,抵借二两银子,整个大大筵席款待众人。邻里尽送汤饼,热烘烘倒像个财主家行事。夕卜边正吃得快活,那知孩子隔日被猫惊了,这时了帐,十分败兴,不能勾尽欢而散。

那卢才肯借银子与钮成,原怀个不良之念。你道为何?

обрушился на слугу, который без разрешения принял обратно его дары, распорядился, чтобы ему дали двадцать палок, а вино и деньги раздали слугам. Вот уж поистине,

Коль всех людей отговорить
 друг другу делать зло лихое,
На целом свете бы никто
 тогда не скрежетал зубами.

Но это только первая часть рассказа, теперь поведаю о другом. У подножия горы Фуцю жил один крестьянин по имени Ню Чэн, жена его была урожденная Цзинь. Жили они бедно; добрым нравом и хорошим поведением Ню Чэн не отличался, поэтому никто его и не нанимал обрабатывать свои поля. Ню Чэн уже ряд лет существовал на то, что работал батраком в хозяйстве Лу Наня. Два года тому назад у него родился сын, и по этому случаю батраки, которые вместе с ним работали, и несколько слуг из дома Лу Наня собрали деньги ему на подарок. Ню Чэн был настолько беден, что ему следовало бы от приема гостей отказаться. Но раз к нему отнеслись так сердечно и отказать в приеме было неудобно, мог бы, не считаясь ни с чем, пригласить людей, поставить им пару рюмок вина, и все тут. Так нет, взбрело ему в голову разыгрывать широкую натуру: взял под расписку у одного из слуг Лу Наня, некоего Лу Цая, два лана серебром, наприглашал гостей и устроил настоящий пир. Мало того, еще и соседям послал угощение, и все обставил так пышно – ни дать ни взять как в доме богача. Люди, конечно, были очень довольны. Но случилось так, что как раз через день после рождения мальчика напугала кошка, поэтому людям не удалось вволю погулять, и все торжество было испорчено.

Надо сказать, что, одалживая Ню Чэну деньги, Лу Цай держал в голове недоброе. Вы спросите – почему? Дело в том, что

因见钮成老婆有三四分颜色，指望以此为繇，要勾搭这婆娘。谁知缘分浅薄，这婆娘情愿白白里与别人做些交易，偏不肯上卢才的桩儿。反去学向老公说卢才怎样来调戏。钮成认做老婆是个贞节妇人，把卢才恨入骨髓，立意要赖他这项银子。卢才趸了年馀，见这婆娘妆乔做样，料道不能勾上钩，也把念头休了，一味索银，两下面红了好几场，只是没有。有人教卢才个法儿道："他年年在你家做长工，何不耐到发工银时，一并扣清，可不干净？"卢才依了此言，再不与他催讨。等到十二月中，打听了发银日子，紧紧伺候。那卢楠田产广多，除了家人，顾工的也有整百。每年至十二月中预发来岁工银。到了是日，众长工一齐进去领银。卢楠恐家人们作弊，短少了众人的，亲自唱名亲发，又赏一顿酒饭。吃个醉饱，叩谢而出。刚至宅门口，卢才一把扯住钮成，问他要银。那钮成一则还钱肉痛，二则怪他调戏老婆，乘着几杯酒兴，反撒赖起来。将银塞

жена Ню Чэна была в общем недурна собой, и Лу Цай полагал, что это поможет ему как-то сойтись с ней. Но из этого ничего не вышло: жена Ню Чэна, которая была не прочь с другими заводить шашни, с ним не хотела иметь никакого дела. Более того, она рассказала мужу о том, как Лу Цай пристает к ней. Ню Чэн, считавший свою жену женщиной примерного поведения, возненавидел Лу Цая и решил не возвращать ему долга. Более года Лу Цай вертелся вокруг жены Ню Чэна, но та напускала на себя важный вид, и ему никак не удавалось поддеть ее на крючок. Тогда он бросил думать о ней и стал требовать у Ню Чэна свои деньги. Дважды доходило до драки. Но денег Лу Цай так и не получил. Кто-то однажды посоветовал Лу Цаю:

— Послушай, он же много лет работает батраком на твоего хозяина. Дождись, когда там будут выдавать батракам серебро за работу, и тут же забери у него свои деньги. Что еще думать!

Лу Цай последовал этому совету и больше не приставал к Ню Чэну. Подошла середина двенадцатого месяца, и Лу Цай стал следить за тем, кто когда получает деньги. У Лу Наня земли и имущества было много, и потому, помимо домашней челяди, он держал не одну сотню наемных работников. Каждый год в середине двенадцатого месяца этим людям выдавали заработанное ими за год. Когда наступали такие дни, все приходили получать деньги. Боясь, как бы его собственные слуги не обманули и не обсчитали батраков, Лу Нань сам вызывал людей по именам, сам выдавал им деньги и еще приказывал каждого батрака угостить вином и закуской. Те, выпив и закусив, благодарили хозяина низким поклоном и уходили. Когда Ню Чэн вышел от Лу Наня и подходил к воротам, его сразу же схватил Лу Цай и, не отпуская, стал требовать возвращения долга. Ню Чэну вообще отдавать деньги было как будто от него отрезают кусок мяса, в особенности отдавать Лу Цаю, на которого он был зол за то, что тот приставал к его жене; а тут, после вина, он вовсе расхра-

在兜肚里，骂道："狗奴才！只欠得这丢银子，便生心来欺负老爷！今日与你性命相博！"当胸撞一个满怀。卢才不曾提防，跟跟跄跄倒退了十数步，几乎跌上一交。恼动性子，赶上来便打。那句"狗奴才"却又犯了众怒，家人们齐道："这厮恁般放泼！总使你的理直，到底是我家长工，也该让我们一分；怎地欠了银子，反要行凶？打这狗亡八！"齐拥上前乱打。常言道，双拳不敌四手。钮成独自一个，如何抵当得许多人，着实受了一顿拳脚。卢才看见银子藏在兜肚中，扯断带子，夺过去了。众长工再三苦劝，方才住手。推着钮成回家。不道卢楠在书房中隐隐听得门首喧嚷，唤管门的查问。他的家法最严，管门的恐怕连累，从实禀说。卢楠即叫卢才进去，说道："我有示在先，家人不许擅放私债，盘算小民。如有此等，定行追还原券，重责逐出。你怎么故违我法；却又截抢工银，行凶打他？这等放肆可恶！"登时追出兜肚银子并那纸文

брился и стал нагло отпираться.

– Раб собачий! Еще требует, чтобы я вернул ему деньги! Да как у тебя хватает совести обижать меня! Сейчас я с тобой рассчитаюсь! – заорал он и со всей силой толкнул Лу Цая в грудь, да так, что тот отлетел шагов на десять. Не ожидавший удара, Лу Цай едва удержался на ногах, а когда опомнился, набросился на Ню Чэна. Завязалась драка. Слова́ «раб собачий» привели в негодование слуг Лу Наня, и они наперебой стали ругать Ню Чэна:

– Ишь как разошелся! Да хотя бы ты и был прав, ты же батрак в нашем доме, обязан хоть немного да уступать нам, слугам. А тут – должен деньги и смеешь себя так вести. Надо побить эту скотину!

Слуги разом навалились на Ню Чэна и стали его избивать. А как говорится, двумя кулаками четырех рук не одолеешь: где было одному Ню Чэну справиться с такой оравой! Досталась ему немалая порция тумаков и пинков. Между тем, подсмотрев, что Ню Чэн положил деньги в набрюшник, Лу Цай сорвал с него пояс, вытащил из набрюшника деньги и ушел.

Случилось так, что до Лу Наня, который в это время сидел в своем тихом кабинете, донеслись какие-то крики и возня у ворот. Он позвал привратника и поинтересовался, что там такое происходит. Порядки в доме были строгие, и привратник, боясь как бы ему самому не пришлось отвечать, взял и выложил хозяину всю правду. Тогда Лу Нань приказал найти и привести к нему Лу Цая.

– Я ведь заранее предупреждал: без разрешения никто не имеет права давать деньги в долг и наживаться за счет бедных людей, – заявил он Лу Цаю. – Если подобное случается, я отбираю у виновного долговую расписку, а его самого жестоко наказываю и выгоняю. Как же ты посмел поступать против моих правил, мало того, еще отнять у человека деньги и избивать его?

契。打了二十，逐出不用。分付管门的："钮成来时，着他来见我，领了银券去。"管门的连声答应，出来，不题。

且说钮成刚吃饱得酒食，受了这顿拳头脚尖，银子原被夺去，转思转恼，愈想愈气。到半夜里，火一般发热起来，觉道心头胀闷难过。次日便爬不起。到第二日早上，对老婆道："我觉得身子不好，莫不要死？你快去叫我哥哥来商议。"自古道：无巧不成话。元来钮成有个嫡亲哥子钮文，正卖与令史谭遵家为奴。金氏平昔也曾到谭家几次，路径已熟，故此教他去叫。当下金氏听见老公说出要死的话，心下着忙，带转门儿，冒着风寒，一径往县中去寻钮文。

那谭遵四处察访卢楠的事过，并无一件；知县又再三催促，到是个两难之事。这一日正坐在公廨中，只见一个妇人慌慌张张的走入来，举目看时，不是别人，却是家人钮文

Повести себя до такой степени возмутительно!

С этими словами он вынул из набрюшника Лу Цая деньги и долговую расписку. Лу Цаю дали тридцать палок, сказали, что больше он здесь не нужен, и прогнали. Привратнику Лу Нань наказал:

– Когда Ню Чэн появится, пусть придет ко мне, верну ему его долговую расписку.

А теперь вернемся к Ню Чэну. Ведь только он выпил вина и закусил, как на него тут же набросились и жестоко избили, притом еще и все деньги отняли. Что было делать? Он и так думал, и этак, и чем больше думал, тем больше выходил из себя. Среди ночи он стал гореть, как в огне, на сердце было невыносимо тяжело. На следующий день он уже был не в силах подняться с постели, а еще через день с утра подозвал жену и сказал ей:

– Чувствую, со мной худо дело. Уж не умру ли?! Быстро беги за старшим братом, надо поговорить с ним.

С древних времен известно: без случайности не бывает и рассказа. Так вот, сводный брат Ню Чэна, а звали его Ню Вэнь, в свое время продал себя в услужение Тань Цзуню, секретарю начальника уезда. Цзинь, жена Ню Чэна, не раз, бывало, приходила к нему домой, так что дорога туда была ей знакома, и она тут же пошла выполнять поручение мужа. Слова его о том, что он может умереть, так ее разволновали, что, выйдя за ворота, она, как ветер, помчалась в уезд разыскивать Ню Вэня.

Надо сказать, что Тань Цзунь, выполняя поручение начальника, повсюду разузнавал и расспрашивал о Лу Нане в надежде хоть к чему-то придраться. Старания его ни к чему не приводили, а тут еще начальник не раз торопил его с этим делом, так что секретарь не знал, что ему и предпринять. В тот самый день, когда Ню Чэн послал за братом, Тань Цзунь сидел у себя в ямэне. Вдруг он заметил, что во двор стремительно вбегает какая-то женщина. Тань Цзунь пригляделся: оказалось, это не кто иной,

的弟妇。金氏向前道了万福,问道:"请问令史:我家伯伯可在么?"谭遵道:"到县门前买小菜就来,你有甚事恁般惊惶?"金氏道:"好教令史知得:我丈夫前日与卢监生家人卢才费口,夜间就病起来,如今十分沉重,特来寻伯伯去商量。"谭遵闻言,不胜喜欢。忙问道:"且说为甚与他费口?"金氏即将与卢才借银起,直至相打之事,细细说了一遍。谭遵道:"原来恁地。你丈夫没事便罢;有些山高水低,急来报知,包在我身上,与你出气。还要他一注大财乡,彀你下半世快活。"金氏道:"若得令史张主,可知好么。"正说间,钮文已回。金氏将这事说知,一齐同去。临出门时,谭遵又嘱付道:"如有变故,速速来报。"钮文应允。离了县中,不消一个时辰,早到家中。推门进去,不见一些声息。到床上看时,把二人吓做一跳。——元来直僵僵挺在上面,不知死过

как жена младшего брата его слуги Ню Вэня. Подбежав к Тань Цзуню и пожелав ему тысячу благ, Цзинь обратилась к нему:

— Разрешите спросить, уважаемый секретарь, где сейчас наш Ню Вэнь?

— Он у главных ворот, покупает там овощи, сейчас явится. А на что он тебе вдруг срочно понадобился?

— Дело в том, уважаемый секретарь, что позавчера мой муж повздорил со слугой из дома господина Лу Наня, неким Лу Цаем. Той же ночью он заболел, а сейчас ему стало так плохо, что он послал меня за братом, чтобы с ним посоветоваться.

Услышав такое, Тань Цзунь, с трудом сдерживая радость, тут же спросил у женщины:

— Расскажи, из-за чего же они поссорились?

Цзинь тогда подробно рассказала о том, как в свое время Чэн одолжил у Лу Цая деньги и что из-за этого потом произошло, вплоть до истории, когда они подрались.

— Ах вот оно что! — сказал Тань Цзунь. — Ну, коли все обойдется, так ладно. Но если только с твоим мужем случится что-нибудь, сейчас же мне сообщи. А в том, что обида твоя будет отомщена, положись на меня, мы еще заставим его раскошелиться, да так, что тебе до конца дней хватит прожить в достатке.

— Если господин секретарь согласится мне помочь, что я могу желать лучшего! — радостно воскликнула женщина.

Тем временем подошел Ню Вэнь. Цзинь рассказала ему все, и они вместе направились домой. Когда они выходили из ворот ямэня, Тань Цзунь прокричал им вдогонку:

— Если что-нибудь случится, сообщите сразу же!

Не прошло и часа, как Цзинь и Ню Вэнь были дома. В комнате царила полная тишина; они подошли к кровати больного и застыли в ужасе — Ню Чэн, вытянувшись, лежал неподвижно. Он был давным-давно уже мертв. Цзинь разрыдалась во весь голос.

几时了。金氏便号淘大哭起来。正是：

夫妻本是同林鸟，
大限来时各自飞。

那些东邻西舍听得哭声，都来观看。齐道："虎一般的后生，活活打死了。可怜！可怜！"钮文对金氏说道："你且莫哭，同去报与我主人，再作区处。"金氏依言，锁了大门，嘱付邻里看觑则个。跟着钮文就走。那邻里中商议道："他家一定去告状了。地方人命重情，我们也须呈明，脱了干系。"随后也往那里去呈报。其时远近村坊尽知钮成已死，早有人报与卢楠。那卢楠原是疏略之人，两日钮成不去领这银券，连其事却也忘了；及至闻了此信，即差人去寻获卢才送官。那知卢才听见钮成死了，料道不肯干休，已先桃之夭夭，不在话下。

且说钮文、金氏，一口气跑到县里，报知谭遵。谭遵大喜，悄悄的先到县中，禀了知县。出来与二人说明就里，教了说话，流水写起状词，单告卢楠强占金氏不遂，将钮成擒归打死，教二人击鼓叫冤。钮文依了家主，领着金氏，不管三七念

Действительно,

*Жена и муж — совсем как птицы,
живут в одном лесу;
Но вот великий срок приходит —
тогда им врозь лететь.*

На плач сбежались соседи.

— Подумать только, — причитали они, — здоров был и силен, как тигр, и так внезапно умер. Бедный! Бедный!

— Хватит плакать! — сказал Ню Вэнь вдове. — Пойдем вместе сообщить о его смерти моему хозяину, а потом уже позаботимся об остальном.

Цзинь заперла ворота, попросила соседей присмотреть за домом и последовала за Ню Вэнем.

— Наверное, пошли жаловаться в ямэнь, — решили соседи. — Раз у нас случилось такое несчастье, надо бы и нам пойти в ямэнь и заявить, чтобы снять с себя ответственность.

Рассудив так, они тотчас отправились в ямэнь.

Тем временем известие о смерти Ню Чэна обошло всю округу, и об этом сразу же доложили Лу Наню. Надо сказать, что Лу Нань был человеком, который к делам относился небрежно; поэтому раз прошли пару дней, а Ню Чэн за своей долговой распиской не явился, он и вовсе забыл об этом деле. Теперь же, узнав о том, что Ню Чэн умер, поэт приказал слугам найти Лу Цая и отвести его в ямэнь. Но Лу Цай, прослышав о смерти Ню Чэна и боясь, как бы ему не оказаться впутанным в дело, давно уже скрылся.

Между тем Ню Вэнь и Цзинь, запыхавшись, прибежали в ямэнь и доложили о случившемся Тань Цзуню. Тот обрадовался и прежде всего побежал с докладом к начальнику уезда. Затем он вернулся к вдове и брату умершего, научил их, что они долж-

一，执了一块木柴，把鼓乱敲，口内一片声叫喊："救命！"衙门差役，自有谭遵分付，并无拦阻。汪知县听得击鼓，即时升堂，唤钮文、金氏至案前。才看状词，恰好地邻也到了。知县专心在卢楠身上，也不看地邻呈子是怎样情繇，假意问了几句，不等发房，即时出签，差人捉卢楠立刻赴县。公差又受了谭遵的叮嘱，说："大爷恼得卢楠要紧，你们此去，只除妇女孩子，其馀但是男子汉，尽数拿来。"众皂快素知知县与卢监生有仇，况且是个大家，若还人少，进不得他家大门，遂聚起三兄四弟，共有四五十人，分明是一群猛虎。此时隆冬日短，天已傍晚，彤云密布，朔风凛冽，好不寒冷！谭遵要奉承知县，陪出酒浆，与众人先发个兴头。一家点起一根火把，飞奔

ны говорить, и тотчас настрочил за них донос.

Лу Нань обвинялся в нанесении смертных побоев Ню Чэну за то, что жена Ню Чэна будто бы отказалась сожительствовать с ним. Затем он приказал Ню Вэню и Цзинь бить в барабан и жаловаться. Ню Вэнь, подчиняясь его распоряжению, повел за собой невестку и, не считаясь с тем, что все это неправда, схватил первую попавшуюся палку, стал колотить по барабану и что было мочи орать: «Помогите! Спасите!»

Слуги из ямэня, предупрежденные Тань Цзунем, не стали им мешать. Услышав барабанный бой, начальник уезда поспешил выйти в присутствие и распорядился, чтобы к нему привели пострадавших. В то время когда он просматривал жалобу, явились со своими показаниями соседи Ню Чэна. Не обращая внимания на их заявления, начальник уезда задал им лишь несколько вопросов для видимости. Не отпуская людей, не вынося никаких решений, он тут же кинул палочку, приказал взять Лу Наня и доставить его в ямэнь.

Людей, отправлявшихся к Лу Наню, Тань Цзунь напутствовал следующими словами:

— Начальник уезда очень зол на Лу Наня. Так что, когда придете к нему, хватайте всех, кто попадется, кроме женщин и детей, и волоките в ямэнь.

Служители ямэня знали о вражде между начальником уезда и Лу Нанем. К тому же они понимали, что к такому видному и знатному человеку, как Лу Нань, в одиночку или вдвоем не войдешь. Поэтому они собрали всех, кто был в ямэне. Набралось человек пятьдесят, и все они, как разъяренные тигры, помчались к дому Лу Наня.

Стояла середина зимы. Дни были короткие, время приближалось к вечеру. Красные облака находили друг на друга, северный ветер пронизывал до костей, было очень холодно. Тань Цзунь, выслуживаясь перед начальником уезда, расщедрился на вино,

至卢家门首，发一声喊，齐抢入去，逢着的便拿。家人们不知为甚，吓得东倒西歪，儿啼女哭，没奔一头处。卢楠娘子正同着丫鬟们在房中围炉向火，忽闻得外面人声鼎沸，只道是漏了火，急叫丫鬟们观看。尚未动步，房门口早有家人报道："大娘，不好了！外边无数人执着火把，打进来也。"卢楠娘子还认是强盗来打劫，惊得三十六个牙齿，矻噔噔的相打，慌忙叫丫鬟快闭上房门。言犹未毕，一片火光，早已拥入房里。那些丫头们奔走不迭，只叫："大王爷饶命！"众人道："胡说！我们是本县大爷差来拿卢楠的。什么大王爷？"卢楠娘子见说这话，就明白向日丈夫怠慢了知县，今日寻事故来摆布。便道："既是公差，难道不知法度的？我家总有事在县，量来不过户婚田土的事罢了，须不是大逆不道；如何白日里不来，黑夜间率领多人，明火执杖，打入房帏，乘机抢劫，明日到公堂

чтобы «подогреть» служителей ямэня.

И вот вся ватага во главе с факельщиками подбежала к воротам дома Лу Наня и с криками ринулась в сад. Они хватали всех, кто попадался им на глаза. Слуги Лу Наня, не понимая, что происходит, метались из стороны в сторону, падали, сбиваемые с ног ворвавшейся толпой. Дети плакали, женщины кричали, не зная, куда спрятаться.

В это время жена Лу Наня со служанками грелась у печки. Услышав страшный шум в саду, она подумала, уж не пожар ли это, и приказала служанкам пойти посмотреть, что случилось. Не успели служанки сойти с места, как к дверям подбежал слуга:

– Хозяйка, беда! В сад ворвалась целая толпа каких-то людей с факелами!

Жена Лу Наня решила, что на дом напали грабители, – от страха у нее зуб на зуб не попадал.

– Скорей заприте дверь! – приказала она служанкам.

Те бросились было к двери, но тут вдруг комната озарилась светом факелов. Служанки, не успев скрыться, подняли крик:

– Пощадите, атаманы! Пощадите!

– Что мелете ерунду! Мы по приказу начальника уезда пришли арестовать Лу Наня. Какие там атаманы!

Жена Лу Наня поняла тогда, что начальник уезда решил отомстить мужу за оскорбление и затеять дело против него.

– Раз вы не грабители, а служители ямэня, то должны знать, как вести себя! – набросилась она на ворвавшихся. – Если даже что и стряслось, то это какая-нибудь чепуха, вроде земельных дел, подворных налогов или регистрации брака. Во всяком случае, не страшное преступление. Почему же вместо того, чтобы прийти днем, вы являетесь среди ночи целой толпой с факелами и оружием? Почему, как разбойники, врываетесь в дом, во внутренние покои? Чтобы пограбить заодно, что ли? Посмотрю, что

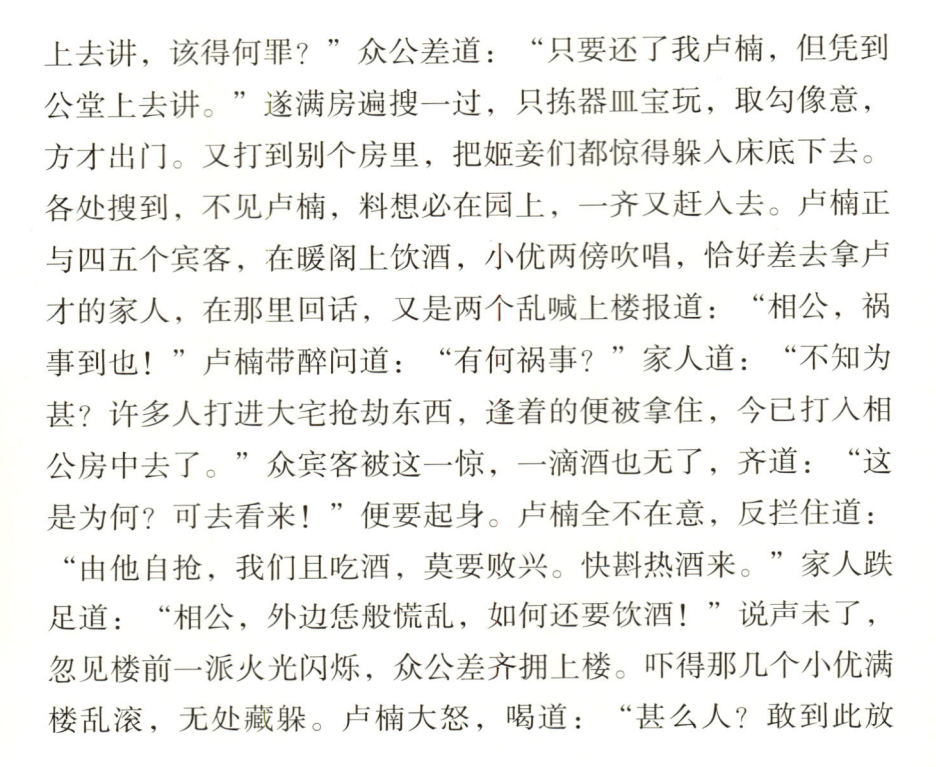

上去讲,该得何罪?"众公差道:"只要还了我卢楠,但凭到公堂上去讲。"遂满房遍搜一过,只拣器皿宝玩,取勾像意,方才出门。又打到别个房里,把姬妾们惊得躲入床底下去。各处搜到,不见卢楠,料想必在园上,一齐又赶入去。卢楠正与四五个宾客,在暖阁上饮酒,小优两傍吹唱,恰好差去拿卢才的家人,在那里回话,又是两个乱喊上楼报道:"相公,祸事到也!"卢楠带醉问道:"有何祸事?"家人道:"不知为甚?许多人打进大宅抢劫东西,逢着的便被拿住,今已打入相公房中去了。"众宾客被这一惊,一滴酒也无了,齐道:"这是为何?可去看来!"便要起身。卢楠全不在意,反拦住道:"由他自抢,我们且吃酒,莫要败兴。快斟热酒来。"家人跌足道:"相公,外边恁般慌乱,如何还要饮酒!"说声未了,忽见楼前一派火光闪烁,众公差齐拥上楼。吓得那几个小优满楼乱滚,无处藏躲。卢楠大怒,喝道:"甚么人?敢到此放

вы скажете завтра в свое оправдание в ямэне.

– Нам подавайте Лу Наня, а там можете жаловаться, – отвечали служители и бросились обыскивать комнату. Наконец, набив карманы изящными безделушками и драгоценностями, которые пришлись им по вкусу, они побежали в другое помещение. Женщины от страха попрятались под кровати. Не найдя нигде Лу Наня, посланцы из ямэня, рассчитывая, что хозяин должен быть в садовом павильоне, толпой повалили туда.

Они не ошиблись. Лу Нань с гостями был там и пил вино, по сторонам актеры развлекали гостей игрой и пением. Слуга, посланный на розыски Лу Цая, докладывал в это время хозяину, что Лу Цай исчез. Вдруг к павильону подбежали двое слуг, крича:

– Хозяин, беда!

– Что случилось? – спросил поэт не совсем трезвым голосом.

– Ничего не знаем. Целая толпа ворвалась в дом, грабят и хватают всех, кто попадается под руку. Сейчас они в ваших покоях.

Гости Лу Наня испугались, мигом прошел хмель.

– Что же это такое? – возмутились они и поднялись с мест, чтобы посмотреть, что происходит. Лу Нань, не придавая этому никакого значения, напротив, задержал гостей:

– Они пусть грабят, а мы в свое удовольствие будем пить. Нечего портить себе настроение. Давайте разольем еще горячего вина.

Слуги, топая ногами от нетерпения, возмутились:

– Хозяин, там происходит что-то невообразимое. Как же можно при этом сидеть и пить!

Вдруг замелькали огни, и толпа служителей с громкими криками ворвалась в павильон. Актеры, не зная, где спрятаться, в испуге заметались по павильону.

– Что за люди? Как смеют безобразничать здесь?! – закричал

肆！叫人快拿。"众公差道："本县大爷请你说话，只怕拿不得的！"一条索子，套在颈里道："快走！快走！"卢楠道："我有何事？这等无礼！偏不去！"众公差道："老实说：向日请便请你不动，如今拿到要拿去的。"牵着索子，推的推，扯的扯，拥下楼来。家人共拿了十四五个，众人还想连宾客都拿。内中有人认得俱是贵家公子，又是有名头秀才，遂不敢去惹他。一行人离了园中，一路闹炒炒直至县里。这几个宾客，放心不下，也随来观看。躲过的家人，也自出头，奉着主母之命，将了银两，赶来央人使用打探，不在话下。

且说汪知县在堂等候，堂前灯笼火把，照耀浑如白昼，四下绝不闻一些人声。众公差押卢楠等，直至丹墀下，举目看那知县，满面杀气，分明坐下个阎罗天子；两行隶卒排列，也与牛头夜叉无二。家人们见了这个威势，一个个胆战心惊。众公差跑上堂禀道："卢楠一起拿到了。"将一干人带上月台，

разъяренный поэт. – Взять их немедленно!

– Начальник уезда приглашает вас поговорить, – услышал Лу Нань, – так что, пожалуй, нас-то вам не взять.

И петля веревки легла на шею Лу Наня.

– А ну, поворачивайся живее! – заорали служители.

– Что от меня надо? – возмутился поэт. – Такое бесчинство устроить! Никуда я не пойду!

– Откровенно говоря, – заявил один из служителей, – раньше тебя, бывало, в ямэнь просишь не допросишься, ну а уж теперь-то мы приведем.

С этими словами они, таща на аркане и пиная Лу Наня, выволокли его из павильона. С Лу Нанем схватили человек пятнадцать его слуг. Посланцы из ямэня собирались арестовать даже гостей Лу Наня, но, признав в них известных ученых и молодых людей из знатных семей, не решились их тронуть.

С шумом и гамом служители толпою вывалились из сада и понеслись прямо в ямэнь. Обеспокоенные гости пошли следом, чтобы разузнать, что произошло. Попрятавшиеся слуги стали вылезать из своих укрытий. Жена Лу Наня приказала кое-кому из них взять деньги и отправиться в ямэнь, чтобы навести справки.

Тем временем начальник уезда в ямэне ожидал своих людей. Ярко горели фонари и факелы, было светло как днем и совершенно тихо. Лу Наня и его слуг втащили прямо в зал. Когда поэт поднял голову и взглянул на начальника уезда, он увидел в лице Ван Цэня столько ненависти и злобы, что ему показалось, будто перед ним сидит сам дьявол, а служители ямэня, выстроившиеся в два ряда по обеим сторонам от своего начальника, ничем не отличались от рогатых чудовищ, служителей преисподней. Людей Лу Наня при виде этой жуткой картины от страха проняла дрожь.

– Лу Нань вместе с остальными приведены, – доложили слу-

齐齐跪下。钮文、金氏另跪在一边。惟有卢楠挺然居中而立。汪知县见他不跪，仔细看了一看，冷笑道："是一个土豪！见了官府，犹恁般无状！在外安得不肆行无忌。我且不与你计较，暂请到监里去坐一坐。"卢楠倒走上三四步，横挺着身子说道："就到监里去坐也不妨。只要说个明白，我得何罪，昏夜差人抄没？"知县道："你强占良人妻女不遂，打死钮成，这罪也不小！"卢楠闻言，微微笑道："我只道有甚天大事情，原来为钮成之事。据你说止不过要我偿他命罢了，何须大惊小怪。但钮成原系我家佣奴，与家人卢才口角而死，却与我无干。即使是我打死，亦无死罪之律；若必欲借彼证此，横加无影之罪，以雪私怨，我卢楠不难屈承，只怕公论难泯！"汪知县大怒道："你打死平人，昭然耳目，却冒认为奴，污蔑问官，抗拒不跪。公堂之上，尚敢如此狂妄；平日豪横，不问可

жители. Свидетелей по делу ввели и разместили на ступенях возле помоста, где сидел начальник уезда. Все они стояли молча, опустившись на колени. Тут же в сторонке склонили колени Ню Вэнь и Цзинь. Один Лу Нань стоял во весь рост. Начальник уезда вперил в него возмущенный взгляд:

— Велика персона! Буян какой-то из захолустья! Как держишь себя перед начальством! В другом месте можешь, ничего не боясь, бесчинствовать, но не здесь! Я-то не собираюсь с тобой считаться. Препровожу тебя в тюрьму и посидишь там немного.

— Могу и в тюрьме посидеть, но сначала объясните, в чем это я так провинился, что люди ваши ночью врываются в мой дом и арестовывают меня.

— Ты принуждал к сожительству жену честного человека, а когда она тебе отказала, забил до смерти Ню Чэна. Преступление, поди, не малое!

— Я-то думал, действительно какое-нибудь страшное преступление! — ответил Лу Нань с презрительной улыбкой. — Оказывается, все дело в Ню Чэне. По-твоему, выходит, мне нужно отвечать своей жизнью за его смерть. Стоило из-за этого поднимать столько шума. Ню Чэн работал у меня батраком, подрался с моим слугой Лу Цаем и умер от побоев. Ко мне это не имеет никакого отношения. Да если бы я даже и убил его, за это не карают смертью. Ты хочешь доказать то, чего нет, взваливаешь на меня вину, которой за мной нет и тени, — и все это ради того, чтобы свести со мной личные счеты. Что ж, я-то это переживу; боюсь только, с разговорами, которые пойдут, тебе не справиться.

— Ты убил свободного человека! — завопил разъяренный Ван Цэнь. — Это очевидно всем, а сам лживо утверждаешь, что он был твоим слугою. Ты клевещешь на должностное лицо, не желаешь стать перед ним на колени. Если ты здесь, в зале присутствия, позволяешь себе так безобразничать, могу себе предста-

知矣！今且勿论人命真假，只抗逆父母官，该得何罪？"喝教拿下去打。众公差齐声答应，赶向前一把揪翻。卢楠叫道："士可杀而不可辱，我卢楠堂堂汉子，何惜一死！却要用刑？任凭要我认那一等罪，无不如命，不消责罚。"众公差那里繇他做主，按倒在地，打了三十。知县喝教住了，并家人齐发下狱中监禁。钮成尸首着地方买棺盛殓，发至官坛候验。钮文、金氏干证人等，召保听审。卢楠打得血肉淋漓，两个家人扶着，一路大笑走出仪门。这几个朋友上前相迎，家人们还恐怕来拿，远远而立，不敢近身。众友问道："为甚事，就到杖责？"卢楠道："并无别事，汪知县公报私仇，借家人卢才的假人命，装在我名下，要加个小小死罪。"众友惊骇道："不信有此等奇冤。"内中一友叫道："不打紧，待小弟回去，与

вить, какие беззакония творишь вообще! Убил ты или не убил – все равно! Довольно и того, что сейчас бунтуешь против «отца и матери народа»! Дать ему палок!

Служители поспешили выполнить приказ начальника: набросились на Лу Наня и повалили его. Тот не своим голосом заорал:

– Благородного человека можно убить, но нельзя бесчестить! Я, Лу Нань, человек волевой, что мне страшиться смерти! По-твоему, я должен признать себя виновным в тягчайшем преступлении; так чего проще – возьми и приговори меня к казни, и наказывать палками не придется.

Для служителей слова Лу Наня ничего не значили, они скрутили его и нанесли ему тридцать сильных ударов.

– Довольно! – распорядился начальник уезда и приказал Лу Наня и его слуг заключить в тюрьму.

Тут же он велел купить для покойного Ню Чэна гроб, уложить тело, а затем доставить гроб с телом в ямэнь для освидетельствования.

Брат и жена покойного вместе со свидетелями дали обязательство немедленно явиться по вызову на разбор дела.

Лу Нань, весь в крови, встал и, хохоча, вышел из зала, поддерживаемый двумя слугами.

Друзья поэта, давно уже ожидавшие его у выхода, подошли к нему. Слуги Лу Наня, опасаясь, как бы и их не схватили, стояли поодаль, не смея приблизиться.

– Что же стряслось, что дошло даже до наказаний палками? – спросил Лу Наня один из друзей.

– А ничего, – ответил Лу Нань. – Начальник уезда решил отомстить мне за обиду, только и всего. Для этого он взвалил преступление моего слуги Лу Цая на меня самого и намерен подвергнуть меня небольшому наказанию вроде смертной казни.

– Неужели возможна такая несправедливость?! – возмутились друзья поэта. При этом один из них сказал: – Подожди, я

家父说了，明日拉合县乡绅孝廉，与县公讲明，料县公难灭公论，自然开释。"卢楠道："不消兄等费心，但凭他怎地摆布罢了！只有一件紧事，烦到家间说一声，教把酒多送几坛到狱中来。"众友道："如今酒也该少饮。"卢楠笑道："人生贵在适意，贫富荣辱，俱身外之事，于我何有。难道因他要害我，就不饮酒了？这是一刻也少不得的！"正在那里说话，一个狱卒推着背道："快进狱去，有话另日再说。"那狱卒不是别人，叫做蔡贤，也是汪知县得用之人。卢楠睁起眼喝道："嗟！可恶！我自说话，与你何干？"蔡贤也焦躁道："呵呀！你如今是在官人犯了，这样公子气质，且请收起，用不着了。"卢楠大怒道："什么在官人犯，就不进去，便怎么！"蔡贤还要回话，有几个老成的，将他推开，做好做歹，劝卢楠进了监门，众友也各自回去。卢楠家人自归家回复主母，不在话下。

原来卢楠出衙门时，谭遵紧随在后，察访这些说话，一

вернусь и поговорю дома с отцом. Завтра он возьмет с собой почтенных и влиятельных жителей уезда, пойдет с ними в ямэнь, и там они по душам побеседуют с начальником. Нет сомнения, что он, опасаясь пересудов, освободит вас.

— Вовсе не стоит вам себя и других затруднять, — ответил Лу Нань. — Пусть делает что хочет! У меня к вам есть дело поважнее. Не откажите в любезности зайти ко мне домой и передать, что я велел прислать в тюрьму побольше вина.

— Сейчас вам следовало бы поменьше пить.

— Самое драгоценное в человеческой жизни — это делать то, чего просит душа, — ответил с улыбкой поэт. — Бедность или богатство, слава или позор — все это вещи вне нас самих, и что мне они? Неужели из-за того, что начальник уезда собирается погубить меня, я должен отказаться от вина?

В это время тюремщик стал толкать Лу Наня в спину, приговаривая:

— Давай-ка в тюрьму, в другой раз поговоришь!

Это был некий Цай Сянь, которому начальник уезда доверял и на которого очень полагался.

— Мерзавец! — набросился на него поэт, гневно сверкнув глазами. — Какое тебе дело до того, что я разговариваю!

— Какое дело! — гаркнул тюремщик, тоже вспылив. — Ты теперь простой преступник, так что оставь-ка лучше свои барские замашки!

— Как это преступник! — рассвирепел Лу Нань. — Захочу и не пойду, что ты мне сделаешь?

Цай Сянь собирался что-то ответить, но несколько благоразумных тюремщиков оттолкнули его и после долгих уговоров убедили Лу Наня войти в тюрьму. Друзья Лу Наня разошлись. Нечего и говорить, что слуги Лу Наня, вернувшись домой, подробно рассказали обо всем жене хозяина.

Между тем Тань Цзунь, покинув зал присутствия вслед за

句句听得明白，进衙报与知县。知县到次早只说有病，不出堂理事，众乡官来时，门上人连帖也不受。到午后忽地升堂，唤齐金氏一干人犯，并忤作人等，监中吊出卢楠主仆，径去检验钮成尸首。那忤作人已知县主之意，轻伤尽报做重伤，地邻也理会得知县要与卢楠作对，齐咬定卢楠打死。知县又哄卢楠将出钮成佣工文券，只认做假的，尽皆扯碎。严刑拷打，问成死罪。又加二十大板，长枷手扭，下在死囚牢里。家人们一概三十，满徒三年，召保听候发落。金氏、钮文干证人等，发回宁家。尸棺俟详转定夺。将招繇叠成文案，并卢楠抗逆不跪等情，细细开载在内，备文申报上司。虽众乡绅力为申理，知县执意不从。有诗为证：

Лу Нанем, подслушал его разговор с друзьями и слово в слово передал его начальнику уезда. На следующий день начальник сказался больным, не выходил в зал, не разбирал никаких дел, так что, когда к нему явились присланные друзьями Лу Наня местные чиновники и видные люди, привратник даже не принял у них визитных карточек. После их ухода, уже во второй половине дня, начальник уезда вошел в присутствие, приказал вызвать вдову Цзинь и свидетелей, позвать осмотрщика трупов, привести из тюрьмы Лу Наня и его слуг и со всеми отправился на освидетельствование трупа Ню Чэна. Осмотрщик трупов знал о намерениях начальника уезда, поэтому представил царапины и синяки на теле Ню Чэна как результат серьезных ранений и тяжких побоев; одновременно и местные жители поняли, что начальник решил разделаться с Лу Нанем, и в один голос твердили, что Лу Нань – убийца Ню Чэна.

Тогда начальник уезда велел Лу Наню представить его договор с батраком Ню Чэном и, объявив договор фальшивым, порвал его на мелкие куски; затем, подвергнув поэта жестоким пыткам, тут же приговорил его к смертной казни. Наконец, он приказал дать Лу Наню двадцать тяжелых ударов палками, на руки и шею надеть длинную кангу и заключить в камеру для смертников. Слуги Лу Наня, получив по тридцать палок, были осуждены на три года каторги, но под поручительство их освободили впредь до особого распоряжения. Жена и брат покойного Ню Чэна, свидетели и все привлеченные к делу были отпущены по домам. Гроб с покойником пока оставался на месте до подтверждения решения высшими инстанциями.

Затем, составив из всех показаний и свидетельств дело, начальник уезда сопроводил его донесением высшему начальству, указав на неповиновение Лу Наня и на его неуважение к должностным лицам. Никаких заверений и доводов влиятельных людей начальник уезда не желал даже и слушать. И вот что говорят

县令从来可破家，
冶长非罪亦堪嗟。
福堂今日容高士，
名圃无人理百花。

且说卢楠本是贵介之人，生下一个脓窠疮儿，就要请医家调治的，如何经得这等刑杖？到得狱中，昏迷不醒。幸喜合监的人，知他是个有钱主儿，奉承不暇，流水把膏药末药送来。家中娘子又请太医来调治，外修内补，不勾一月，平服如旧。那些亲友，络绎不绝，到监中候问。狱卒人等，已得了银子，欢天喜地，豁他们直进直出，并无拦阻。内中单有蔡贤是知县心腹，如飞禀知县主，魆地到监点闸，搜出五六人来，却都是有名望的举人秀士，不好将他难为，教人送出狱门。又把卢楠打上二十。四五个狱卒，一概重责。那狱卒们明知是蔡贤的缘故，咬牙切齿；因是县主得用之人，谁敢与他计较。那卢楠平

стихи:

*Начальник уезда мог с древних времен
  любую семью разорить,
И помним еще до сих пор мы о том,
  как зря пострадал Гунъе Чжан.
Высокий ученый вчера еще жил
  в довольстве, не зная беды,
Сегодня в саду знаменитом его
  растут без присмотра цветы.*

Лу Нань – человек из богатой семьи. Бывало, вскочит у него какой-нибудь прыщик, как уж зовут на помощь врача. Не удивительно, что после таких побоев он долго лежал без сознания. На его счастье, тюремщики знали, что он богат, поэтому ухаживали за ним и тотчас постарались достать целебную мазь. Жена Лу Наня прислала врача, так что не прошло и месяца, как поэт поправился. Друзья Лу Наня не забывали о нем и постоянно приходили в тюрьму навещать его. Тюремщики уже давно получили свое, в обиде не оставались и всех беспрепятственно пропускали к поэту. Цай Сянь был единственным тюремщиком, который, стараясь во всем угождать начальнику уезда, каждый раз бегал докладывать ему о посетителях Лу Наня.

Как-то раз, никого не предупредив, начальник уезда нагрянул в тюрьму, где действительно застал приятелей Лу Наня. Так как все это были люди ученые, влиятельные и известные, Ван Цэнь ничего не посмел им сделать и велел лишь выпроводить их из тюрьмы. Он приказал дать двадцать палок Лу Наню и строго наказать человек пять тюремщиков. Те отлично понимали, что это дело рук Цай Сяня, но им ничего не оставалось, как молчать, стиснув зубы, – связываться с Цай Сянем, своим человеком у начальника уезда, никто, конечно, не решался.

日受用的高堂大厦，锦衣玉食，眼内见的是竹木花卉，耳中闻的是笙箫细乐；到了晚间，娇姬美妾，倚翠偎红，似神仙般散诞的人。如今坐于狱中，住的却是钻头不进半塌不倒的房子；眼前见的无非死犯重囚，言语嘈杂，面目凶顽，分明一班妖魔鬼怪；耳中闻的不过是脚镣手杻铁链之声。到了晚间，提铃喝号，击柝鸣锣，唱那歌儿，何等凄惨！他虽是豪迈之人，见了这般景象，也未免睹物伤情。恨不得胁下顷刻生出两个翅膀飞出狱中。又恨不得提把板斧，劈开狱门，连众犯也都放走。一念转着受辱光景，毛发倒竖，恨道："我卢楠做了一世好汉，却送在这个恶贼手里！如今陷于此间，怎能勾出头日子。总然挣得出去，亦有何颜面见人！要这性命何用？不如寻个自尽，到得干净。"又想道："不可，不可！昔日成汤文王，有夏台麦里之囚，孙膑、马迁有刖足腐刑之辱：这几个都是圣贤，尚

Лу Нань привык жить в высоких и просторных комнатах, носить парчовые одежды, есть отменные блюда. Глаза его любовались стройными деревьями и бамбуками, цветами и травами; слух его услаждали звуки свирелей и флейт; вечером к нему приходили наложницы в пурпурных, лазоревых одеяниях, и он то обнимал одну красавицу, то ласкал другую; он жил беззаботно, как небожитель. Теперь он сидел в крохотной каморке, где не поместилась бы и половина его лежанки; он видел изо дня в день одних лишь смертников, которые своими свирепыми лицами, руганью и криками напоминали ему сборище бесов. В ушах непрерывно стоял звон цепей, шум колодок и наручников. С наступлением вечера раздавались окрики ночной тюремной стражи, сопровождаемые ударами в колотушку и в гонг и тягучим монотонным пением стражников. Грусть и тоска наполняли душу поэта. И хотя Лу Нань был вообще человеком широкой и независимой натуры, все это, конечно, убивало его. Временами он досадовал, что у него нет крыльев, чтобы улететь из тюрьмы. Порою ему так и хотелось топором разнести двери и выпустить всех узников. А при воспоминании о пережитом позоре у Лу Наня волосы на голове вставали дыбом от ярости и гнева.

«Всю свою жизнь я прожил достойным мужем и надо же было попасться в руки этому коварному преступнику! – рассуждал Лу Нань. – По его милости я здесь. Настанет ли день, когда я смогу вырваться? Но пусть даже вырвусь я отсюда, с каким лицом предстану перед людьми? Да и зачем мне нужна такая жизнь? Не лучше ли покончить с собой и все. Нет, так нельзя, нельзя! В древности Вэнь-ван находился в заключении в Юли, Чэн Тан сидел в башне Ся, Сыма Цянь и Сунь Винь подверглись позорному наказанию. А это все были мудрые, высоконравственные люди. И раз они находили нужным терпеть позор и ждать своего времени, то смею ли я думать о том, чтобы покончить с собой? В конце концов, у меня знакомых полон свет, –

忍辱待时，我卢楠岂可短见！"却又想道："我卢楠相知满天下，身列缙绅者也不少，难道急难中就坐观成败？还是他们不晓得我受此奇冤？须索写书去通知，教他们到上司处挽回。"遂写起若干书启，差家人分头投递那些相知。也有见任，也有林下，见了书札，无不骇然。也有直达汪知县，要他宽罪的，也有托上司开招的。那些上司官，一来也晓得卢楠是当今才子，有心开释，都把招详驳下县里。回书中又露个题目，教卢楠家属前去告状，转批别衙门开招出罪。卢楠得了此信，心中暗喜，即教家人往各上司诉冤，果然都批发本府理刑勘问。理刑官先已有人致意，不在话下。

却说汪知县几日间连接数十封书札，都是与卢楠求解的；正在踌躇，忽见各上司招详，又都驳转。隔了几日，理刑厅又行牌到县，吊卷提人。已明知上司有开招放他之意，心下老大

продолжал рассуждать Лу Нань, – среди них немало известных ученых, чиновников и видных людей вообще. Неужели они будут сидеть сложа руки и ждать моей гибели? Или, может быть, они не знают, что я жертва возмутительной несправедливости? Надо будет подробно написать им обо всем, чтобы они похлопотали перед высшими властями о моем освобождении».

Лу Нань тут же написал несколько писем и через своих слуг разослал их во все концы. Среди друзей, к которым обратился поэт, были состоящие на службе, были и чиновники в отставке. Получив письма, они были потрясены случившимся. Одни обратились прямо к начальнику уезда, настаивая на смягчении приговора, другие – к высшим властям с просьбой пересмотреть дело. Высшие ведомственные чиновники, зная Лу Наня как одного из талантливейших людей и желая ему помочь, вернули донесения Ван Цэня в уезд, причем дали понять, что семье Лу Наня следовало бы подать жалобу в высшую инстанцию, тогда дело можно было бы передать в другое ведомство на пересмотр. Узнав об этом, Лу Нань ожил. Он тут же велел домашним разослать во все вышестоящие ямэни жалобы на несправедливые действия Ван Цэня, и каждый ямэнь действительно вынес решение о передаче дела Лу Наня в областную судебную управу для пересмотра. Областной судья, который был уже в курсе дела, тем временем успел получить много писем и просьб – и больше всего из уезда, где начальником был Ван Цэнь. Сам Ван Цэнь за несколько дней получил десятки писем с ходатайством об освобождении поэта и просто не знал, как ему быть, а тут еще вернулись донесения по делу Лу Наня. Ко всему этому через несколько дней из областной судебной управы пришло распоряжение: Лу Наня вместе с материалами дела доставить в область. Начальник уезда понял, что вышестоящие ведомства намерены освободить Лу Наня, и не на шутку испугался.

«До чего изворотлив, негодяй! – возмущался начальник уез-

惊惧，想道："这厮果然神通广大，身子坐在狱中，怎么各处关节已是布置到了？若此番脱漏出去，如何饶得我过！一不做，二不休，若不斩草除根，恐有后患。"当晚差谭遵下狱，教狱卒蔡贤拿卢楠到隐僻之处，遍身鞭朴，打勾半死，推倒在地，缚了手足，把土囊压住鼻口，那消一个时辰，呜呼哀哉！可怜满腹文章，到此冤沉狱底。正是：

英雄常抱千年恨，
风木寒烟空断魂。

话分两头，却说浚县有个巡捕县丞，姓董名绅，贡士出身，任事强干，用法平恕，见汪知县将卢楠屈陷大辟，十分不平；只因官卑职小，不好开口。每下狱查点，便与卢楠谈论，两下遂成相知。那晚恰好也进监巡视，不见了卢楠，问众狱卒时，都不肯说。恼动性子，一片声喝打，方才低低说："大爷差谭令史来讨气绝，已拿向后边去了。"董县丞大惊道："大

да. – Как это он, сидя в тюрьме, сумел связаться с различными учреждениями и все наладить? Если его освободят, он мне не простит. Ладно, раз начал дело, надо его кончать. Худую траву нужно вырывать с корнем, а то потом бед не оберешься!»

В тот же вечер Ван Цэнь велел Тань Цзуню отправиться в тюрьму и приказать Цай Сяню прикончить поэта. Лу Наня вывели в глухое место, все тело исполосовали ударами плети, повалили наземь, связали руки и ноги, на лицо бросили мешок с землей: тут ни времени не вернуть, ни от горя не закричать!

Как жаль, что человек такого таланта канет в вечность в глубинах этой тюрьмы! Да,

*Доблестный рыцарь, нередко в душе
бесконечною болью терзаясь,
Светлою дымкой во мраке ночи,
бессильный, один погибает.*

Но расскажем вот еще что. В уезде Сюньсянь помощником уездного инспектора по уголовным делам был некий Дун Шэнь из чиновной семьи. Дела он вел энергично, действовал всегда мягко, без крайностей. Дун Шэнь никак не мог в душе смириться с тем, что начальник уезда неправедными путями впутал Лу Наня в дело и вынес ему столь суровый приговор. Но был он всего-навсего мелким чиновником, занимал незначительную должность и не посмел вмешиваться. Каждый раз, когда Дун Шэнь приходил по делам службы в тюрьму, он непременно заходил к Лу Наню побеседовать, так что вскоре между ними завязалась дружба.

Как раз в тот вечер, когда Лу Наня по приказу начальника уезда вывели из тюрьмы, Дун Шэнь пришел туда с обходом. Не найдя поэта на месте, он потребовал объяснений у тюремщиков, но те помалкивали. Только когда Дун Шэнь в негодовании при-

爷乃一县父母，那有此事？必是你们这些奴才，索诈不遂，故此谋他性命！快引我去寻来。"众狱卒不敢违逆，直引至后边一条夹道中，劈面撞着谭遵、蔡贤。喝教拿住。上前观看，只见卢楠仰在地上，手足尽皆绑缚，面上压个土囊。董县丞叫左右提起土囊，高声叫唤，也是卢楠命不该死，渐渐苏醒。与他解去绳索，扶至房中，寻些热汤吃了，方能说话。乃将谭遵指挥蔡贤打骂谋害情繇说出。董县丞安慰一番，教人伏事他睡下。然后带谭遵二人到于厅上，思想："这事虽出是县主之意，料今败露，也不敢承认。欲要拷问谭遵，又想他是县主心腹，只道我不存体面，反为不美。"单唤过蔡贤，要他招承与

грозил наказать их палками, они признались:

— Господин начальник прислал сюда секретаря Тань Цзуня, и тот приказал покончить с Лу Нанем. Его уже увели, — прошептал один из них.

— Уездный начальник — это же отец и мать народа, как мог он пойти на такое?! — в гневе закричал помощник инспектора. — Не иначе, как это вы, подонки, занимались вымогательством, хотели все вытянуть из Лу Наня, а когда увидели, что не получается, решили убить его. Скорее ведите меня к нему!

Тюремщики, не смея ослушаться, провели Дун Шэня в маленький темный проход за тюрьмой, где они сразу же наткнулись на Тань Цзуня и Цай Сяня.

— Взять их! — не своим голосом закричал помощник инспектора и, подойдя к ним, увидел на земле лежавшего навзничь Лу Наня. Он был связан по рукам и ногам, лицо придавлено тяжелым мешком с землей. Дун Шэнь приказал снять мешок и стал громко звать Лу Наня, пытаясь привести его в чувство. Судьбою, как видно, не предназначено было Лу Наню умереть: поэт постепенно стал приходить в себя; его развязали, перенесли в камеру и напоили горячим супом. Только тогда Лу Нань обрел дар речи и смог рассказать о том, как в тюрьму пришел Тань Цзунь и приказал Цай Сяню выполнить злодейский замысел.

Успокоив немного Лу Наня, помощник инспектора покинул его, а сам повел Тань Цзуня и Цай Сяня в тюремное помещение, где проводилось дознание. При этом он размышлял: «Конечно, все это сделано по распоряжению начальника уезда, но, если сейчас вывести все на чистую воду, начальник ни в чем не признается. Можно было бы пытать Тань Цзуня и заставить его признаться, однако он правая рука начальника уезда, и Ван Цэнь может обвинить меня в том, что я самовольно наказал его первого помощника. Получилось бы неладно». Тогда Дун Шэнь вызвал одного Цай Сяня. Он решил вынудить у него признание,

谭遵索诈不遂，同谋卢楠性命。那蔡贤初时只推县主所遣，不肯招承。董县丞大怒，喝教夹起来。那众狱卒因蔡贤向日报县主来闸监，打了板子，心中怀恨，寻过一副极短极紧的夹棍，才套上去，就喊叫起来，连称愿招。董县丞即便教住了。众狱卒恨着前日的毒气，只做不听见，倒务命收紧，夹得蔡贤叫爹叫娘，连祖宗十七八代尽叫出来。董县丞连声喝住，方才放了。把纸笔要他亲供。蔡贤只得依着董县丞说话供招。董县丞将来袖过，分付众狱卒："此二人不许擅自释放，待我见过大爷，然后来取。"起身出狱回衙，连夜备了文书。次早汪知县升堂，便去亲递。汪知县因不见谭遵回覆，正在疑惑；又见董县丞呈说这事，暗吃一惊。心中虽恨他冲破了网，却又奈何他

что Лу Нань отказался дать ему и Тань Цзуню денег и что за это они задумали убить его.

Но Цай Сянь только твердил, что он поступал по приказу начальника.

– Пытать его! – закричал тогда в гневе Дун Шэнь.

Напомню здесь, что совсем недавно Цай Сянь донес на стражу, что она пропускает к Лу Наню гостей. После этого начальник уезда сам осмотрел тюрьму и приказал всех тюремщиков высечь.

Теперь они не хотели упустить удобного случая, чтобы отомстить Цай Сяню, и подобрали ему пару самых коротких и крепких тисков. Как только его зажали, Цай Сянь начал неистово кричать и дважды проорал: «Я признаюсь». Добившись цели, помощник инспектора приказал прекратить пытку. Но тюремщики, злые на Цай Сяня, притворились, что не слышат, и еще сильнее поджали тиски. От нестерпимой боли Цай Сянь стал призывать отца, мать и всех предков до восемнадцатого колена. Дун Шэню пришлось несколько раз прикрикнуть на тюремщиков, прежде чем те прекратили пытку. Помощник инспектора велел дать Цай Сяню бумагу и кисть и приказал ему изложить свои показания собственноручно. Тому ничего не оставалось, как написать все под диктовку помощника инспектора.

– Не выпускайте этих двоих, – приказал Дун Шэнь тюремщикам, запрятав в рукав признание Цай Сяня. – Я повидаю начальника уезда, а потом приду за ними.

Дун Шэнь вышел из тюрьмы, вернулся в ямэнь и в ту же ночь написал донесение по этому делу.

На следующий день, когда начальник уезда вышел на утренний прием, помощник инспектора сам пошел к нему с донесением.

Начальник уезда в это утро был растерян: до сих про не вернулся Тань Цзунь; теперь, когда он увидел помощника инспек-

不得。看了文书，只管摇头："恐没这事。"董县丞道："是晚生亲眼见的，怎说没有？堂尊若不信，唤二人对证便了。那谭遵犹可恕，这蔡贤最是无理，连堂尊也还污蔑；若不究治，何以惩戒后人！"汪知县被道着心事，满面通红，生怕传扬出去，坏了名声，只得把蔡贤问徒发遣。自此怀恨董县丞，寻两件风流事过，参与上司，罢官而去。此是后话不题。

　　再说汪知县因此谋不谐，遂具揭呈，送各上司，又差人往京中传送要道之人，大抵说：卢楠恃富横行乡党，结交势要，打死平人，抗送问官，营谋关节，希图脱罪。把情节做得十分利害，无非要张扬其事，使人不敢救援。又教谭遵将金氏

тора и тот доложил ему о случившемся, он и вовсе испугался. В душе он возненавидел Дун Шэня за то, что тот сорвал все его планы, но что он мог с ним сделать. Прочтя донесение Дун Шэня, он лишь покачал головой и произнес: «Боюсь, что не было этого».

— В тот вечер я видел это собственными глазами, – сказал Дун Шэнь. – Как же уважаемый начальник может говорить, что такого не было? Если вы мне не верите, позовите обоих и допросите их тут же. Тань Цзунь еще, может быть, заслуживает снисхождения, но этот Цай Сянь – наглец. Он до того дошел, что даже пытался запачкать вас. И если наказать его со всею строгостью, это послужит уроком для таких, как он.

Начальник уезда побагровел: слова Дун Шэня задели его за живое; опасаясь огласки и бесчестья, он был вынужден арестовать Цай Сяня и отправить его на каторгу. С тех пор Ван Цэнь затаил злобу против помощника инспектора. Приписав ему несколько историй, в которых Дун Шэнь якобы показал себя как человек недостойный, Ван Цэнь доложил о нем высшим властям. Дун Шэнь был отстранен от должности и покинул уезд. Но это случилось позже, теперь же вернемся к начальнику уезда.

Раздосадованный тем, что ему так и не удалось осуществить до конца свой замысел, Ван Цэнь разослал во все вышестоящие инстанции объяснительные донесения. Кроме того, он специально послал в столицу людей, которым было приказано лично передать донесения влиятельным лицам. Суть их в основном состояла в том, что Лу Нань будто бы, полагаясь на свое богатство и влиятельные знакомства, убивает простых людей, бунтует против начальника уезда и после всего этого прибегает к ходатайствам в надежде избежать наказания. Обстоятельства дела в них были изложены в весьма сгущенных красках. Начальник старался таким путем раздуть дело, придать ему такой характер, чтобы никто не посмел выступить в защиту поэта. Кроме

出名，连夜刻起冤单，遍处粘帖，布置停当，然后备文起解到府。那推官原是没担当懦怯之辈，见汪知县揭帖并金氏冤单，果然恐怕是非，不敢开招，照旧申报上司。大凡刑狱，经过理刑问结，别官就不敢改动。卢楠指望这番脱离牢狱，谁道反坐实了一重死案。依旧发下浚县狱中监禁。还指望知县去任，再图昭雪。那知汪知县因扳翻了个有名富豪，京中多道他有风力，到得了个美名，行取入京，升为给事之职。他已居当道，卢楠总有通天摄地的神通，也没人敢翻他招案。有一巡按御史樊某，怜其冤枉，开招释罪。汪给事知道，授意与同科官，劾

того, Ван Цэнь приказал Тань Цзюню написать от имени Цзинь жалобу на Лу Наня, убийцу ее мужа, переписать эту жалобу в нескольких экземплярах и расклеить на улицах уездного города. Когда все было сделано, Ван Цэнь заготовил официальную бумагу и документы по делу Лу Наня и все это вместе с самим поэтом препроводил в областную судебную управу.

Чиновник, которому надлежало там в этом деле разобраться, вообще был человеком нерешительным и трусливым. Прочитав донесение начальника уезда да еще приложенную к нему жалобу Цзинь, он, разумеется, не посмел вынести то или иное решение сам, боясь, как бы не навлечь на себя неприятности, и, в свою очередь, представил дело на рассмотрение высшему начальству.

Как правило, если уголовное дело проходит через областную управу, другие ведомства уже не решаются вмешиваться в разбирательство. Поэтому Лу Нань надеялся, что на этот раз его выпустят на свободу. Кто мог подумать, что случится наоборот, что обвинение, по которому он был приговорен к смертной казни, так и не будет с него снято. Лу Наня снова препроводили в тюрьму, в уезд Сюньсянь. Оставалось надеяться, что начальника уезда переведут в другое место, дело снова пересмотрят и вынесут оправдание. Что касается Ван Цэня, то он даже прославился тем, что не побоялся затеять дело со знаменитым богачом и арестовал его. В столице о начальнике уезда Сюньсянь стали говорить как о человеке смелом и решительном, и вскоре он получил повышение. Ван Цэнь стал у кормила власти. Обладай Лу Нань всемогущей силой богов, все равно не нашлось бы человека, который осмелился бы теперь пересмотреть его дело. Правда, один цензор-ревизор, некий Фань, сжалившись над несправедливо осужденным поэтом, распорядился, чтобы Лу Нань был освобожден. Но едва слухи об освобождении Лу Наня дошли до Ван Цэня, тот сразу же попросил своего приятеля по службе

樊巡按一本，说他得了贿赂，卖放重囚，罢官回去。着府县原拿卢楠下狱。因此后来上司虽知其冤，谁肯舍了自己官职，出他的罪名。光阴迅速，卢楠在狱不觉又是十有馀年，经了几个县官。那时金氏、钮文，虽都病故，汪给事却升了京堂之职，威势正盛，卢楠也不做出狱指望。不道灾星将退，那年又选一个新知县到任。只因这官人来，有分教：

此日重阴方启照，
今朝甘露不成霜。

却说浚县新任知县，姓陆名光祖，乃浙江嘉兴府平湖县人氏。那官人胸藏锦绣，腹隐珠玑，有经天纬地之才，济世安民之术。出京时，汪公曾把卢楠的事相嘱，心下就有些疑惑，想道："虽是他旧任之事，今已年久，与他还有甚相干，谆谆教谕？其中必有缘故。"到任之后，访问邑中乡绅，都为称枉，

написать донос на цензора, будто бы он за взятку выпустил на свободу важного преступника. Фаня отстранили от должности, а уездному управлению было указано снова посадить Лу Наня в тюрьму. Поэтому хоть высшие власти и знали о всей этой несправедливости, но никто уже не выступал в защиту поэта. Кто стал бы ценою собственного чина и должности добиваться его оправдания?

Время мчалось быстро, прошло более десяти лет, а Лу Нань все еще сидел в тюрьме. За это время успели смениться несколько начальников уезда. Ню Вэнь и Цзинь умерли. Ван Цэнь снова получил повышение. Теперь он занимал пост высокого сановника в столице и приобрел огромное влияние. Лу Нань потерял всякую надежду на свободу. Но кто бы мог подумать, что звезда его страданий уже угасала: в уезде Сюньсянь в очередной раз был назначен новый начальник, и можно сказать, что

В тот день густую темноту
прорезал первый свет;
В то утро чистая роса
не превратилась в иней.

Новым начальником уезда Сюньсянь оказался некий Лу Гаоцзу, родом из Пинху, что находится в ведении округа Цзясин в провинции Чжэцзян. Это был умудренный опытом правитель, человек обширных познаний, блестящего, тонкого ума, огромных дарований.

Когда Лу Гаоцзу собирался покинуть столицу, где получал новое назначение, Ван Цэнь рассказал ему о Лу Нане, напомнил о его деле и просил иметь это дело в виду. У Лу Гаоцзу сразу же возникли подозрения: «Эта история случилась очень давно, почему же она до сих пор так волнует Ван Цэня? И к чему все эти наставления?»

叙其得罪之繇。陆公还恐卢楠是个富家央浼下的,未敢全信。又四下暗暗体访,所说皆同。乃道:"既为民上,岂可以私怨罗织,陷人大辟?"欲要申文到上司,与他昭雪。又想道:"若先申上司,必然行查驳勘,便不能决截了事;不如先开释了,然后申报。"遂吊出那宗卷来,细细查看,前后招繇,并无一毫空隙。反覆看了几次,想道:"此事不得卢才,如何结案?"乃出百金为信赏钱,立限与捕役要拿卢才。不一月,忽然获到,将严刑究讯,审出真情。遂援笔批云:

> 审得钮成以领工食银于卢楠家,为卢才叩债,以致争斗,则钮成为卢氏之雇工人也明矣。雇工人死,无家翁偿命之理。况放债者才,叩债

Вступив в должность, Лу Гаоцзу расспросил о деле Лу Наня местных влиятельных лиц, которые охотно объяснили новому начальнику истинную суть дела. Лу Гаоцзу не решился этому поверить. Он подумал, раз Лу Нань был известным богачом, люди эти могли сваливать вину на других. Тогда, переодетый простолюдином, он стал повсюду наводить справки и снова получил такие же сведения. «Как же мог правитель народа из-за личной вражды состряпать дело на невинного человека и приговорить его к смертной казни?!» – возмущался про себя Лу Гаоцзу и собрался было написать донесение высшим властям, требуя оправдания ни в чем не повинного человека. Но, поразмыслив, решил, что если он отправит донесение, то надлежащие учреждения прежде всего снова начнут с проверки всех доносов, жалоб, пересмотров и так далее, так что опять дело затянется.

«Лучше сначала освободить Лу Наня, а потом уже написать», – рассудил начальник уезда. Приняв такое решение, он вынул свиток с бумагами, относящимися к делу поэта, и внимательно просмотрел документы: все было так хорошо сфабриковано, что прямо-таки не к чему было придраться. Снова и снова просматривал Лу Гаоцзу эти документы и наконец пришел к выводу, что без Лу Цая дела не разрешить. Назначив награду в пятьсот ланов тому, кто поймает Лу Цая, он велел служителям в кратчайший срок найти и арестовать его. Не прошло и месяца, как Лу Цая привели в ямэнь. Понимая, что ему не отвертеться, Лу Цай сразу же признался во всем, его и пытать не пришлось.

Тогда начальник уезда написал следующее заключение:

Дознанием, установлено, что у Ню Чэна, получившего от Лу Наня деньги за работу, потребовал возвращения долга Лу Цай, в связи с чем. возникла драка. Из этого ясно, что Ню Чэн являлся батраком Лу Наня. За смерть батрака хозяин не

者才，厮打者亦才，释才坐楠，律何称焉？才遁不到官，累及家翁，死有馀辜，拟抵不枉。卢楠久陷于狱，亦一时之厄也！相应释放云云。

当日监中取出卢楠，当堂打开枷杻，释放回家。合衙门人无不惊骇，就是卢楠也出自意外，甚以为异。陆公备起申文，把卢才起衅根繇，并受枉始末，一一开叙，亲至府中，相见按院呈递。按院看了申文，道他擅行开释，必有私弊，问道："闻得卢楠家中甚富，贤令独不避嫌乎？"陆公道："知县但知奉法，不知避嫌。但知问其枉不枉，不知问其富不富。

отвечает собственной жизнью, тем более что деньги в долг давал Лу Цай, а не Лу Нань. Лу Цай же требовал их обратно, и именно Лу Цай дрался с Ню Чэном. Следовательно, задерживать Лу Наня и оставлять на свободе Лу Цая нет никаких законных оснований. Лу Цай своим побегом и уклонением от властей, а также тем, что вовлек в дело ни в чем не повинного хозяина своего и свалил на него всю вину, вполне заслуживает смерти, не говоря уже об ответственности за убийство. Лу Нань, который давно находится в заключении и является жертвой допущенной однажды несправедливости, подлежит немедленному освобождению.

В тот же день Лу Наня вызвали из тюрьмы, привели в ямэнь, сняли с него кангу и отпустили домой. Все в ямэне были поражены таким поворотом событий. Сам Лу Нань, который этого совсем не ожидал, был удивлен не меньше других.

Между тем начальник уезда написал донесение, в котором подробнейшим образом изложил суть дела: как все началось с того, что Лу Цай поссорился с батраком, и как в результате несправедливо был осужден поэт. С этим донесением Лу Гаоцзу лично направился в область на прием к главному судье.

Судья принял Лу Гаоцзу, прочел его донесение и подумал, что наверняка неспроста он на свой страх и риск решил освободить Лу Наня.

— Вы не боитесь, уважаемый, навлечь на себя подозрение? — обратился главный судья к посетителю. — Говорят, что Лу Нань очень богат.

— Начальник уезда думает только о том, чтобы был соблюден закон, его не интересует, вызовут ли его действия подозрения

若是不枉，夷齐亦无生理；若是枉，陶朱亦无死法。"按院见说得词正理直，更不再问，乃道："昔张公为廷尉，狱无冤民，贤令近之矣。敢不领教！"陆公辞谢而出，不题。

且说卢楠回至家中，合门庆幸，亲友尽来相贺。过了数日，卢楠差人打听陆公已是回县，要去作谢，他却也素位而行，换了青衣小帽。娘子道："受了陆公这般大德大恩，须备些礼物去谢他便好！"卢楠说："我看陆公所为，是个有肝胆的豪杰，不比那龌龊贪利的小辈。若送礼去，反轻亵他了！"娘子道："怎见得是反为轻亵？"卢楠道："我沉冤十馀载，

окружающих, – возразил на это Лу Гаоцзу. – Его интересует только, справедливо или несправедливо поступили с человеком, и не интересует, богат он или нет. Если человек осужден справедливо, то будь он хоть Бои или Шуци, у меня нет оснований оставить его в живых; если же человек осужден несправедливо, то будь он хоть самим Тао Чжу, я никогда не вынесу ему смертного приговора.

Главный судья понял, что имеет дело с честным и справедливым человеком, и больше не стал ни о чем расспрашивать.

– В древности, когда Чжан заведовал Уголовной палатой, в тюрьмах не было несправедливо осужденных людей. Вы, почтеннейший, очень мне его напоминаете. Так что не смею с вами не согласиться, – сказал он Лу Гаоцзу на прощание.

Поблагодарив начальника, Лу Гаоцзу простился и вышел.

Нечего и говорить, что, когда Лу Нань вернулся домой, радости и счастью в его доме не было предела. Родственники и друзья непрерывно приходили к нему с поздравлениями. Через несколько дней после освобождения Лу Нань послал слугу узнать, вернулся ли из области начальник уезда. Получив утвердительный ответ, он собрался нанести ему визит и поблагодарить его.

Жена, увидев, что Лу Нань собирается к начальнику уезда с пустыми руками и в обыденной одежде, заметила:

– Начальник уезда Лу Гаоцзу оказал тебе такую милость! Ты так обязан ему! Надо бы пойти с подарками в знак благодарности.

– Почтенный Лу Гаоцзу своим поступком доказал, что он смелый, благородной души человек и не чета грязным, алчным и ничтожным чиновникам. Мои подарки могут показаться ему оскорбительными.

– Почему же оскорбительными? – удивилась жена.

– Я терпел несправедливость больше десяти лет. За это вре-

上官皆避嫌不肯见原；陆公初莅此地，即廉知枉，毅然开释：此非有十二分才智，十二分胆识，安能如此！今若以利报之，正所谓故人知我，我不知故人也。如何使得？"即轻身而往。陆公因他是个才士，不好轻慢，请到后堂相见。卢楠见了陆公，长揖不拜。陆公暗以为奇，也还了一礼。遂教左右看坐。门子就扯把椅子，放在傍边。看官，你道有恁样奇事！那卢楠乃久滞的罪人，亏陆公救援出狱，此是再生恩人，就磕穿头，也是该的，他却长揖不拜。若论别官府见如此无礼，心上定然不乐了，那陆公毫不介意，反又命坐。可见他度量宽洪，好贤极矣！谁想卢楠见教他傍坐，倒不悦起来，说道："老父母，但有死罪的卢楠，没有傍坐的卢楠。"陆公闻言，即走下来，

мя ни один из начальников не пожелал вникнуть в суть дела, каждый боялся навлечь на себя подозрения и неприятности. А Лу Гаоцзу, как только приехал в наш уезд, сразу понял, что на меня была возведена напраслина, и тотчас освободил меня. Не будь он человеком исключительных талантов, большого ума и необычайной смелости, разве мог бы он так поступить? И если я сейчас стану одаривать его за все, что он для меня сделал, об этом можно будет сказать словами Конфуция: «Древние люди понимали меня, а я не понял древних людей». Как же могу я так поступить?!

Так он и отправился с пустыми руками. Лу Гаоцзу, зная, что Лу Нань — человек талантов необычайных, не счел удобным отнестись к нему с пренебрежением и пригласил поэта в свои внутренние покои.

Перед начальником уезда Лу Нань не стал на колени, а лишь низко поклонился ему, и, хотя поведение гостя показалось Лу Гаоцзу странным, все же он ответил ему поклоном и пригласил сесть. Слуга поставил стул для Лу Наня в стороне от кресла начальника уезда. И вот, подумайте, не странно ли: Лу Нань, которого давно все считали преступником, был освобожден из тюрьмы только благодаря Лу Гаоцзу. Лу Гаоцзу, можно сказать, вторую жизнь ему подарил; за такую милость следовало бы не только кланяться до земли, но и чело разбить в поклонах. Посмей Лу Нань поклониться, но не стать на колени перед другим правителем уезда, такое неуважение, несомненно, вызвало бы недовольство начальника. Лу Гаоцзу же не только не придал этому никакого значения, но, напротив, предложил гостю сесть: все это свидетельствовало о его широкой, великодушной натуре и любви к ученым. Можно ли было предположить, что Лу Нань останется еще недовольным, обидится и скажет:

— Почтенный отец и мать народа, Лу Нань сидел в камере смертников, но никогда еще не сидел в стороне.

重新叙礼，说道："是学生得罪了。"即逊他上坐。两下谈今论古，十分款洽，只恨相见之晚；遂为至友。有诗为证：

昔闻长揖大将军，
今见卢生抗陆君。
夕释桁阳朝上坐，
丈夫意气薄青云。

话分两头，却说汪公闻得陆公释了卢楠，心中不忿，又托心腹，连按院劾上一本。按院也将汪公为县令时，挟怨诬人始末，细细详辩一本。倒下圣旨，将汪公罢官回去，按院照旧供职，陆公安然无恙。那时谭遵已省察在家，专一挑写词状。陆公廉访得实，参了上司，拿下狱中，问边远充军。卢楠从此自

Услышав такое, начальник уезда поднялся и стал приветствовать поэта заново, как почетного гостя.

– Это моя вина, – промолвил он и предложил Лу Наню занять почетное место.

Гость и хозяин, восхищенные обществом друг друга, беседовали о делах древних времен и нынешних, жалея лишь о том, что не довелось им встретиться раньше.

Вскоре начальник уезда и поэт стали большими друзьями.

В былые времена Цзи Ань
не захотел склониться перед генералом;
А ныне, видим мы, Лу Нань
посмел начальнику уезда возражать.
Того, кто утром был в канге,
под вечер гостем уж почетным принимать –
Так может поступать лишь тот,
кто высшим благородством наделен.

Когда Ван Цэнь узнал, что начальник уезда освободил Лу Наня, он попросил своего доверенного человека написать императору доклад с протестом и с жалобой на главного судью. Главный судья составил подробное донесение о том, как Ван Цэнь, будучи начальником уезда, из-за личной обиды осудил ни в чем не повинного человека. Вскоре пришел императорский указ, по которому Ван Цэнь был уволен от дел. Главный судья остался в своей должности, а Лу Гаоцзу это дело даже не коснулось.

Тань Цзунь в это время уже не служил. Он жил у себя на родине и занимался тем, что составлял просителям разные жалобы и кляузы. Когда Лу Гаоцзу узнал, какими грязными делами занимается в его уезде Тань Цзунь, он сообщил об этом в область. Тань Цзунь был арестован, а затем выслан в отдаленные районы страны.

谓馀生，绝意仕进，益放于诗酒；家事渐渐沦落，绝不为意。再说陆公在任，分文不要，爱民如子，况又发奸摘隐，剔清利弊，奸宄慑伏，盗贼屏迹，合县遂有神明之称，声名振于都下。只因不附权要，止迁南京礼部主事。离任之日，士民攀辕卧辙，泣声盈道，送至百里之外。那卢楠直送五百馀里，两下依依不舍，欷歔而别。后来陆公累官至南京吏部尚书。卢楠家已赤贫，乃南游白下，依陆公为主，陆公待为上宾。每日供其酒资一千，纵其游玩山水。所到之处，必有题咏。都中传诵。一日游采石李学士祠，遇一赤脚道人，风致飘然，卢楠邀之同

Лу Нань говорил, что остался он в живых, собственно, вопреки всем ожиданиям, что давным-давно должен бы быть мертвым, что живет теперь как бы вторую, дарованную ему жизнь. Потому он окончательно бросил мысли о служебной карьере и целиком предался вину и поэзии. Хозяйство его мало-помалу приходило в запустение, но это его ничуть не тревожило.

Надо сказать, что Лу Гаоцзу на посту начальника уезда служил бескорыстно, ни от кого не брал ни лана, любил народ, как своих детей, зная, что полезно для народа, что плохо. Он раскрывал все преступные дела, так что воры и мошенники в страхе трепетали перед ним, и вскоре от грабежей и разбоев в уезде не осталось и следа. В уезде о Лу Гаоцзу говорили как о святом, и слава о нем донеслась до столицы.

Вскоре Лу Гаоцзу получил назначение в Нанкин, и только потому, что он не прислуживался и не унижался перед власть имущими, он получил сравнительно небольшую должность помощника управляющего Палатой обрядов.

Когда Лу Гаоцзу покидал уезд, жители буквально, как говорится, цеплялись за оглобли и бросались под колеса. Со слезами они проводили его за сто ли, а Лу Нань – за целых пятьсот.

Начальник уезда и поэт долго не могли распрощаться друг с другом, но в конце концов, сдерживая слезы, расстались.

Впоследствии Лу Гаоцзу, получив повышение по службе, стал занимать пост управляющего Палатой чинов в Нанкине. Лу Нань к тому времени совсем разорился и, странствуя, попал в Нанкин, где нашел приют у Лу Гаоцзу и был принят как дорогой гость. Каждый день поэт получал от своего друга деньги на вино и бродил по окрестностям Нанкина, любуясь природой. Всюду он оставлял стихи. Они доходили до столицы, и их читали друг другу наизусть.

Как-то раз, прогуливаясь возле храма Ли Во в Цайши, Лу Нань встретил босоногого даоса, который ступал по земле мяг-

饮。道人亦出葫芦中玉液以酬卢楠。楠饮之，甘美异常，问道："此酒出于何处？"道人答道："此酒乃贫道所自造也。贫道结庵于庐山五老峰下，居士若能同游，当恣君斟酌耳。"卢楠道："既有美醖，何惮相从！"即刻到李学士祠中，作书寄谢陆公，不携行李，随着那赤脚道人而去。陆公见书，叹道："翛然而来，翛然而去，以乾坤为逆旅，以七尺为蜉蝣，真狂士也！"遣人于庐山五老峰下访之不获。后十年，陆公致政归田，朝廷遣官存问，陆公使其次子往京谢恩，从人见之于京都。寄问陆公安否。或云：遇仙成道矣，后人有诗赞云：

　　命蹇英雄不自繇，

кой невесомой походкой бессмертного. Лу Нань предложил даосу выпить. Тогда незнакомец вытащил свою тыкву-горлянку и налил вина Лу Наню.

— Откуда у вас оно? — спросил Лу Нань, отведав изумительное вино.

— Моего собственного изготовления. Лачуга моя находится в горах Лушань у Пика пяти старцев. Если бы вы согласились отправиться со мной туда, могли бы вдоволь насладиться этим вином.

— Когда речь идет о прекрасном вине, ничто не может помешать мне пойти с вами, — ответил Лу Нань. Тут же в храме он написал письмо, в котором благодарил Лу Гаоцзу, и как был, без каких-либо вещей, отправился за босоногим странником-даосом.

Лу Гаоцзу, получив письмо, лишь вздохнул и сказал:

— Нежданно явился и так же нежданно ушел. Земля наша для него — это двор постоялый, а сам он только случайный путник. Вот необузданная, не знающая пределов в свободе натура!

Не раз посылал Лу Гаоцзу людей в горы Лушань к Пику пяти старцев разузнать о поэте, но те возвращались ни с чем.

Через десять лет, когда Лу Гаоцзу был уже в отставке и жил на родине, к нему как-то прибыл посланник от императора справиться о здоровье. Тогда Лу Гаоцзу отправил в столицу своего младшего сына поблагодарить императора за оказанную милость. Слуги, сопровождавшие его, говорили, что видели там Лу Наня, что тот справлялся о здоровье Лу Гаоцзу и просил ему кланяться.

Но ходили слухи и о том, что Лу Нань встретил бессмертного и стал небожителем.

Потомки сложили стихи, в которых восхваляли Лу Наня:

Лу Наню с широкой душой нелегко было жить:

独将诗酒傲公侯。
一丝不挂飘然去，
赢得高名万古留。

后人又有一诗警戒文人，莫学卢公以傲取祸。诗曰：

酒癖诗狂傲骨兼，
高人每得俗人嫌。
劝人休蹈卢公辙，
凡事还须学谨谦。

не мог он в стремленьях, своих быть свободен.
Поэтому так пристрастился к вину и к стихам,
к сановникам знатным был полон презренья.
Какой-нибудь нитки и той не висело на нем,
когда от людей он ушел беззаботно.
Среди современников славу себе он снискал,
бессмертным в веках будет имя поэта.

Были сложены о Лу Нане и другие стихи, в которых наставляют людей не следовать его примеру, чтобы не поплатиться за гордыню и пренебрежение к людям.

В стихах говорится:

Пристрастие к вину, к стихам
и гордость – вот черты Лу Наня.
Но тот, кто высоко взлетел,
в толпе лишь зависть вызывает.
Старайтесь путь избрать иной,
другим завет мой передайте:
Всегда на жизненной стезе
нужны и сдержанность, и скромность.

Цзинь гу цигуань
Глава 10

КИТАЙСКАЯ КЛАССИКА

第 十 卷

李汧公穷邸遇侠客

世事纷纷如弈棋，
输赢变幻巧难窥。
但存方寸公平理，
恩怨分明不用疑。

话说唐玄宗天宝年间，长安有一士人，姓房名德，生得方面大耳，伟干丰躯。年纪三十以外，家贫落魄，十分淹蹇，全亏着浑家贝氏纺织度日。时遇深秋天气，头上还裹着一顶破头巾，身上穿着一件旧葛衣，那葛衣又逐缕缕绽开，却与蓑衣相似。思想："天气渐寒，这模样怎生见人？"知道老婆余得两匹布儿，欲要讨来做件衣服。谁知老婆原是小家子出身，器量最狭，却又配着一副悍毒的狠心肠。那张嘴头子，又巧于应变，赛过刀一般快，凭你什么事，高来高就，低来低答，死的也说得活起来，活的也说得死了去，是一个翻唇弄舌的婆娘。那婆娘看见房德没甚活路，靠他吃死饭，常把老公欺负。房德因不遇时，说嘴不响，每事只得让他，渐渐有几分惧内。是

ГЛАВА 10

ЛИ МЯНЬ В КРАЙНЕЙ БЕДЕ ВСТРЕЧАЕТ БЛАГОРОДНОГО РЫЦАРЯ

Как в шахматах, все сложно в этом мире:
Кто ход игры предусмотреть сумеет?!
Но если ты душою прост и честен,
Добро от зла сумеешь отличить.

Жил в Чанъани при танском императоре Сюань-цзуне в годы Тянь-бао один образованный человек по фамилии Фан, по имени Дэ. Это был высокий, крепкого сложения мужчина лет за тридцать с широким благородным лицом. Семья была бедной, ему самому вечно не везло, и жить приходилось только на то, что выручала своей прялкой его жена, урожденная Бэй. Стояла уже глубокая осень, а Фан Дэ все еще носил на голове рваную косынку и ходил в старом летнем платье, которое совсем обветшало, висело клочьями и скорее походило на дождевик из травы. «Становится все холоднее. Как в таком виде показываться людям на глаза?» – подумал Фан Дэ и, вспомнив, что жена приберегла два куска холста, решил выпросить их у нее себе на платье.

Госпожа Бэй была женщиной ограниченной, бессердечной и злой. К тому же еще сварливой и языкастой: язык у нее был острее ножа, за словом она в карман не лезла – на все у нее был готов ответ, и своими разглагольствованиями она могла мертвого поднять на ноги, а живого вогнать в гроб. Она часто обрушивалась на Фан Дэ за то, что он ни к чему не пригоден, дармоед, мол, сидит у нее на шее. А тому все не везло, сказать в ответ было нечего, приходилось постоянно ей уступать, и постепенно

日，贝氏正在那里思想，老公恁般的狼狈，如何得个好日？却又怨父母，嫁错了对头，赚了终身，心下正是十分烦恼，恰好触在气头上，乃道："老大一个汉子，没处寻饭吃，靠着女人过日。如今连衣服都要在老娘身上出豁，说出来可不羞么？"房德被抢白了这两句，满面羞惭。事在无奈，只得老着脸，低声下气道："娘子，一向深亏你的气力，感激不尽！但目下虽是落薄，少不得有好的日子，权借这布与我，后来发积时，大大报你的情罢！"贝氏摇手道："老大年纪，尚如此嘴脸，那得你发积？除非天上吊下来，还是去那里打劫不成！你的甜话儿哄得我多年了，信不过。这两匹布，老娘自要做件衣服过寒的，休得指望。"房德布又取不得，反讨了许多没趣。欲待厮闹一场，因怕老婆嘴舌又利，喉咙又响，恐被邻家听见，反妆幌子。敢怒而不敢言，别口气撞出门去，指望寻个相识告借。

дошло до того, что он стал даже побаиваться ее.

Когда зашел Фан Дэ, жена его как раз размышляла о своей горькой доле, о том, что с таким ничтожеством, как ее муж, не дождаться ей лучших дней, и сетовала на то, что родители так неудачно выдали ее замуж и сгубили ей жизнь. От этих мыслей она пришла в дурное расположение духа, а тут еще Фан Дэ со своей просьбой.

– Этакий верзила, а заработать ничего сам не может, живет за счет женщины! – выведенная из себя, набросилась она на мужа. –Теперь, оказывается, я еще и одевать его должна! Да как у тебя, бесстыжего, язык повернулся выговорить этакое?

От подобных упреков Фан Дэ стало неимоверно стыдно. Но что было делать, пришлось стерпеть обиду.

– Госпожа, я всегда был тебе глубоко признателен за то, что ты делаешь, – смиренно отвечал он. – Теперь я беден и ничего собой не представляю, но ведь настанут и хорошие дни; если ты одолжишь мне это полотно, то потом, когда я получу должность и разбогатею, я щедро отблагодарю тебя за доброту.

– В твои-то годы да еще с такой вот рожей! Где уж тебе разбогатеть! – замахала на него руками жена. – Разве что с неба посыплются деньги или ограбишь кого! Уже столько лет дурачишь меня этими сладкими речами, что больше я тебе не верю. А на полотно не рассчитывай: из этих двух кусков я сошью себе платье на зиму.

Итак, Фан Дэ ничего не получил. Мало того, ему пришлось еще выслушать столько неприятных слов, что он готов был сам обрушиться с бранью на жену. Однако, зная, какой у нее язык и какая глотка, побоялся, как бы не услышали соседи, а потому не стал с ней спорить, сделав вид, что ничего не произошло. Как говорится, злись, да помалкивай, и Фан Дэ, с обидой в душе, ушел из дому, надеясь занять немного денег у родных или знакомых.

走了大半日，一无所遇。那天却又与他做对头，偏生的忽地发一阵风雨起来。这件旧葛衣被风吹得飕飕如落叶之声，就长了一身寒粟子，冒着风雨，奔向前面一古寺中躲避。那寺名为云华禅寺。房德跨进山门看时，已先有个长大汉子，坐在左廊槛上。殿中一个老僧诵经。房德就向右廊槛上坐下，呆呆的看着天上，那雨渐渐止了，暗道："这时不走，只怕少刻又大起来。"却待转身，忽掉转头来，看见墙上画了一只禽鸟，翎毛儿、翅膀儿、足儿、尾儿，件件皆有，单单不画鸟头。天下有恁样空脑子的人，自己饥寒尚且难顾，有甚心肠，却评品这画的鸟来！想道："常闻得人说：画鸟先画头。这画法怎与人不同？却又不画完，是甚意故？"一头想，一头看，转觉这鸟画得可爱，乃道："我虽不晓此道，谅这鸟头也没甚难处，何不把来续完。"即往殿上与和尚借了一枝笔，蘸得墨饱，走来将鸟头画出，却也不十分丑，自觉欢喜道："我若学丹青，到可成得！"刚画时，左廊那汉子就捱过来观看，把房德上下

Долго ходил он по городу, но денег так и не раздобыл. Даже погода в этот день была против него: как назло, вдруг поднялся ветер, полил дождь. Ветер трепал его лохмотья, и они шуршали, как падающая листва, и все тело от холода покрылось гусиной кожей. Впереди был старый храм, и Фан Дэ побежал к нему, чтобы укрыться там от непогоды. Храм этот назывался Буддийский храм заоблачного сияния. Оказавшись в воротах храма и оглядевшись, он заметил, что на пороге, под навесом левой галереи, сидит какой-то здоровенный мужчина. В зале храма монах нараспев читал молитвы. Фан Дэ присел возле правой галереи и уставился на небо. Дождь понемногу стихал. «Надо идти, – сказал он, – того и гляди, снова припустит». Он уже поднялся и собрался было выйти на улицу, но, обернувшись, вдруг заметил на стене изображение птицы: крылья, туловище, лапы, хвост – все было выведено, не хватало только головы. И есть же на свете такие безмозглые люди: сам ходит голодный, холодный, о себе не может позаботиться, а увидел – на стене нарисована птица, позабыл обо всем и давай разглядывать рисунок и рассуждать про себя: «Странно, я не раз слышал, что, когда рисуют птицу, начинают с головы. Отчего же здесь ее рисовали не так, как обычно? И почему не дорисовали ее до конца?» Раздумывая над этим, Фан Дэ продолжал разглядывать рисунок и ему даже стало казаться, что птица изображена весьма удачно. «Хоть я и профан в этом деле, – продолжал рассуждать Фан Дэ, – но подрисовать голову птице несложно. Почему бы мне и не закончить этот рисунок?» – решил он и тут же пошел в зал, попросил у монаха кисть и, напитав ее тушью, подрисовал птице голову. Вышло, в общем, не так уж плохо. «Учись я этому делу, из меня бы вышел художник», – довольный собой, подумал Фан Дэ.

Надо сказать, что едва Фан Дэ взялся за кисть, как мужчина, которого он заметил на левой галерее, подошел и стал

仔细一相，笑容可掬，向前道："秀才，借一步说话。"房德道："足下是谁？有甚见教？"那汉道："秀才不消细问，同在下去，自有好处。"房德正在困穷之乡，听见说有好处，不胜之喜。将笔还了和尚，把破葛衣整一整，随那汉子前去。此时风雨虽止，地上好生泥泞，却也不顾。离了云华寺，直走出升平门到乐游原傍边。这所在最是冷落。那汉子向一小角门上连叩三声。停了一回，有个人开门出来，也是个长大汉子，看见房德，亦甚欢喜，上前声喏。房德心中疑道："这两个汉子，他是何等样人？不知请我来有甚好处？"问道："这里是谁家？"二汉答道："秀才到里边便晓得。"房德跨入门里，二汉原把门撑上，引他进去。房德看时，荆榛满目，衰草满天，乃是个败落花园。弯弯曲曲，转到一个半塌不倒的亭子上，里面又走出十四五个汉子，一个个身长臂大，面貌狰狞，见了房德，尽皆满面堆下笑来，道："秀才请进。"房德暗自惊骇道："这班人来得蹊跷，且看他有甚话说？"众人迎进亭中，相见已毕，逊在板凳上坐下，问道："秀才尊姓？"房德

наблюдать за ним. И вот теперь, окинув Фан Дэ с ног до головы внимательным взглядом, незнакомец, приветливо улыбаясь, обратился к нему:

– Сюцай, разрешите поговорить с вами?

– Кто вы такой? – удивился Фан Дэ. – И что вы хотите мне сказать?

– Не расспрашивайте меня, сюцай. Следуйте за мной, и вы не прогадаете.

Фан Дэ, который именно в этот день оказался в очень тяжелом положении, обрадовался, когда услышал, что ему сулят какую-то выгоду. Он тут же вернул монаху кисть, оправил свое платье и последовал за незнакомцем. Дождь к тому времени прекратился, ветер стих; правда, на улице еще было мокро и грязно, но Фан Дэ это ничуть не тревожило. Выйдя из храма, они пошли прямо через ворота Шэнпин-мэнь и вскоре оказались в районе Лэююань. Это было пустынное и безлюдное место. Возле маленьких боковых ворот одного дома спутник Фан Дэ остановился и трижды постучал. Вскоре какой-то человек открыл ворота и вышел им навстречу. Это тоже был здоровый высокий мужчина. Увидев Фан Дэ, он просиял, подошел к нему и стал его приветствовать. «Что это за люди – тот и другой и зачем я им понадобился?» – недоумевал Фан Дэ и спросил:

– Чей это дом?

– Пожалуйста, пройдите, и вы все узнаете, – ответили ему.

Фан Дэ прошел вперед, за ним заперли ворота и повели за собой. Фан Дэ огляделся: это был запущенный сад – кругом высокий бурьян да густые заросли терновника. Петляя по извилистым тропинкам сада, они дошли до старой полуразрушенной беседки. Оттуда навстречу им вышли человек пятнадцать – все как на подбор рослые детины со свирепыми лицами и здоровенными ручищами. Увидев Фан Дэ, они радостно заулыбались: «Просим, сюцай, проходите!»

道："小生姓房。不知列位有何说话？"起初同行那汉道："实不相瞒，我众弟兄乃江湖上豪杰，专做这件没本钱的生意。只为俱是一勇之夫，前日几乎弄出事来；故此对天祷告，要觅个足智多谋的好汉，让他做个大哥，听其指挥。适来云华寺墙上画不完的禽鸟，便是众弟兄对天祷告，设下的誓愿，取羽翼俱全，单少头儿的意思。若合该兴隆，天遣个英雄好汉，补足这鸟，便迎请来为头。等候数日，未得其人。且喜天随人愿，今日遇着秀才恁般魁伟相貌，一定智勇兼备。正是真命寨主了。众兄弟今后任凭调度，保个终身安稳快活，可不好么？"对众人道："快去宰杀牲口，祭拜天地。"内中有三四

«Странные они какие-то, – размышлял Фан Дэ. – Интересно, о чем они хотят говорить со мной?»

Фан Дэ провели в беседку. Когда обычная при встрече гостя церемония приветствий была закончена, Фан Дэ усадили на скамейку и осведомились о его фамилии.

– Моя фамилия Фан. Но скажите, о чем вы хотели поговорить со мной?

– Не стану скрывать от вас правды, – начал тот, что привел сюда Фан Дэ. – И я, и мои собратья – рыцари рек и озер, и занимаемся мы делом, которое не требует капитала. Все мы тут только смелые и отважные люди, и вот недавно дело обернулось так, что мы чуть не поплатились жизнью. Мы решили обратиться с мольбою к небу, чтобы оно ниспослало нам сметливого и мудрого удальца, которого мы могли бы признать нашим старшим братом и которому во всем стали бы подчиняться. Птица без головы на стене в Буддийском храме заоблачного сияния – это наша просьба к небу и наша клятва. Этим изображением мы хотели сказать, что есть у нас и крылья и оперение, а головы не хватает. Если нам суждено процветание, то небо пошлет нам смелого молодца, который дорисует нашу птицу, и мы поклялись пригласить его и признать своим атаманом. Прождали мы не один день, но такой человек не являлся. И вот наконец небо услышало нашу просьбу и, к нашей радости, послало нам вас. Глядя на вас, вашу величественную осанку, сразу можно понять, что вы – человек, в котором непременно должны сочетаться и ум и отвага. Поистине, само небо велит вам быть атаманом! С этого дня мы будем у вас в полном подчинении, и все теперь у нас пойдет ладно. Что вы на это скажете? – спросил он под конец и крикнул своим:

– А ну-ка, поскорей зарежьте барана, и мы принесем жертву небу и земле.

Трое или четверо молодцов выбежали из беседки и помча-

个，一溜烟跑向后边去了。房德暗讶道："原来这班人，却是一伙强盗！我乃清清白白的人，如何做恁样事？"答道："列位壮士在上，若要我做别事则可，这一桩实不敢奉命。"众人道："却是为何？"房德道："我乃读书之人，还要巴个出身日子，怎肯干这等犯法的勾当？"众人道："秀才所言差矣！方今杨国忠为相，卖官鬻爵，有钱的，便做大官，除了钱时，就是李太白恁样高才，也受了他的恶气，不能得中；若非辨识番书，恐此时还是个白衣秀士哩。不是冒犯秀才说，看你身上这般光景，也不像有钱的，如何指望官做？不如从了我们，大碗酒大块肉，整套穿衣，论秤分金，且又让你做个掌盘，何等快活散诞！倘若有些气象时，据着个山寨，称孤道寡，也由得你。"房德沉吟未答。那汉又道："秀才十分不肯时，也不敢相强。但只是来得去不得，不从时，便要坏你性命，这却莫怪！"都向靴里飕的拔出刀来，吓得房德魂不附体，倒退下十

лись в глубь сада.

«Так вот они кто! Это, оказывается, шайка бандитов! – с душевным трепетом подумал про себя Фан Дэ. – Но как же я, честный человек, возьмусь за такое?..» И он ответил:

– Если бы вы, храбрые люди, поручили мне какое другое дело, я бы согласился, а такого я не посмею взять на себя.

– Это почему же? – в один голос спросили те.

– Я образованный человек и все-таки надеюсь когда-нибудь выбиться в люди, – заявил Фан Дэ. – Как же я могу пойти на такое противозаконное дело?

– Вы ошибаетесь, уважаемый! – возразил ему один из молодцов. – Теперь, когда первым министром стал Ян Гочжун, звания и титулы продаются, и сделаться крупным чиновником можно, только если у вас есть деньги, а коли их нет, то даже такому таланту, как Ли Ъо, приходится терпеть всякие несправедливости – ведь не удалось же ему сдать экзамены, и не знай он языка варваров, пожалуй, так до сих пор и оставался бы простым сюцаем без степени. А вы, сюцай, не в обиду будь вам сказано, не очень-то похожи на состоятельного человека. На что же вы надеетесь? Уж лучше присоединяйтесь к нам – по крайней мере вино будете пить кубками, мяса есть вдоволь, приоденетесь как положено и серебро будете перебирать крупными слитками. К тому же мы вас назначаем нашим атаманом, так что жизнь вас ждет веселая и беззаботная. А потом, если нам повезет и вы захотите обосноваться где-нибудь в горном стане и объявить себя князем или властелином, – воля ваша!

Фан Дэ глубоко вздохнул, но ничего не ответил.

– Что ж, если вы окончательно отказываетесь, – продолжал тот же разбойник, – не смеем вас принуждать. Но только прийти к нам можно было, а вот уйти... Не хотите оставаться с нами – придется расстаться с жизнью. Не пеняйте на нас! – Бандиты, все, сколько их было, выхватили из-за голенищ ножи. У Фан Дэ

数步来道："列位莫动手，容再商量。"众人道："从不从，一言而决，有甚商量？"房德想道："这般荒僻所在，若不依他，岂不白白送了性命，有那个知道？且哄过一时，到明日脱身去出首罢。"算计已定，乃道："多承列位壮士见爱，但小生平昔胆怯，恐做不得此事。"众人道："不打紧，初时便胆怯，做过几次，就不觉了。"房德道："既如此，只得强从列位。"众人大喜，把刀依旧纳在靴中道："即今已是一家，皆以弟兄相称了。快将衣服来，与大哥换过，好拜天地。"便进去捧出一套锦衣，一顶新唐巾，一双新靴。房德打扮起来，品仪比前更是不同。众人齐声喝采道："大哥这般人品，莫说做掌盘，就是皇帝，也做得过。"古语云："不见可欲，使心不乱。"房德本是个贫士，这般华服，从不曾着体；如今忽地焕然一新，不觉移动其念，把众人那班说话，细细一味，转觉有

от страха душа ушла в пятки, он отшатнулся и закричал:

— Постойте, господа! Давайте поговорим!

— Согласен или не согласен — одно слово, — настаивали бандиты. — О чем еще разговаривать?!

«В таком глухом месте, как это, и не подчиниться им — значит, ни за грош отдать свою жизнь, — подумал про себя Фан Дэ. — Никто даже знать ни о чем не будет. Лучше соглашусь, а завтра удеру и донесу в ямэнь». Придя к такому решению, он заявил:

— Уважаемые, я очень вам благодарен за расположение ко мне, но я ведь трусоват. Боюсь, с таким делом мне не справиться.

— Пустяки, лиха беда начало, а потом и сам черт не брат.

— Ну что ж, — проговорил Фан Дэ, — придется подчиниться. Я остаюсь с вами.

Разбойники обрадовались, спрятали ножи за голенища.

— Теперь мы — одна семья и будем называть друг друга братьями, — сказал один из них, обращаясь к Фан Дэ, и тут же распорядился: — Принесите платье для старшего брата, и мы совершим поклонение небу и земле.

Фан Дэ поднесли парчовое платье, новую шапку и новые сапоги. Он переоделся и совершенно преобразился.

— Да такому, как наш старший брат, не то что атаманом, впору самим императором быть! — раздались вокруг возгласы восхищения.

С древних времен существует поговорка: соблазна нет — не будет и в душе смятенья. И вот теперь, когда Фан Дэ, образованный человек, который был беден и которому в жизни не доводилось носить такого парадного платья, переоделся во все новое, роскошное и блестящее, отношение его к происходящему несколько изменилось. Он стал раздумывать над тем, о чем ему только что говорил бандит, и, взвесив каждый его довод, в конце концов решил, что, пожалуй, тот был прав.

理。想道："如今果是杨国忠为相，贿赂公行，不知埋没了多少高才绝学。像我恁样平常学问，真个如何能勾官做？若不得官，终身贫贱，反不如这班人受用了。"又想起："见今恁般深秋天气，还穿着破葛衣。与浑家要匹布儿做件衣服，尚不能勾；及至仰告亲识，又并无一个肯慨然周济。看起来到是这班人义气：与他素无相识，就把如此华美衣服与我穿着，又推我为主。便依他们胡做一场，到也落过半世快活。"却又想道："不可，不可！倘被人拿住，这性命就休了！"正在胡思乱想，把肠子搅得七横八竖，疑惑不定。只见众人忙摆香案，抬出一口猪，一腔羊，当天排下，连房德共是十八个好汉，一齐跪下，拈香设誓，歃血为盟。祭过了天地，又与房德八拜为交，各叙姓名。少顷摆上酒肴，请房德坐了第一席。肥甘美酝，恣意饮啖。房德日常不过黄淡饭，尚且自不周全，或觅得些酒肉，也不能勾趁心醉饱。今日这番受用，喜出望外。且又

«Действительно, теперь, при министре Ян Гочжуне, повсюду подкуп и взятки, и невесть сколько ученых и высокоодаренных людей не у дел, – думал он. – Где уж такому заурядному человеку, как я, рассчитывать на должность? А если мне не удастся стать чиновником, то всю жизнь и проживу в нищете... так уж лучше воспользоваться тем, что предлагают эти люди... Да и вот еще что, – вспомнил Фан Дэ. – В такую холодную осень, как эта, я все еще хожу в каком-то летнем рванье. Просил у жены холста на платье – не получил, обратился к родным да знакомым – ни один не помог. Скорее у этих разбойников найдешь дружелюбие и душевное благородство: видят меня в первый раз, а так разодели да еще сделали главарем. Ладно, останусь-ка с ними, уж как-нибудь... Хоть конец дней своих проведу в довольстве и радости! Нет, нельзя! Нельзя! – спохватился он тут же. – Чего доброго, схватят, тогда и жизни конец!»

Сомнения терзали Фан Дэ, от бесконечных мыслей голова шла кругом, но прийти к какому-нибудь решению он так и не мог.

Тем временем люди суетились – устроили жертвенный стол, притащили свинью, барана. Когда все было готово, все восемнадцать, в том числе и сам Фан Дэ, разом опустились на колени, возжгли курения, произнесли клятву, а затем в знак верности помазали себе губы жертвенной кровью. Когда обряд жертвоприношения небу и земле был завершен, бандиты побратались с Фан Дэ и каждый сообщил ему свою фамилию и имя. Вскоре принесли вино и закуски и попросили Фан Дэ занять почетное место. Стол ломился от лакомых яств, изысканных вин, и каждый ел и пил вволю.

Заметим здесь, что Фан Дэ всю свою жизнь довольствовался самой грубой и невкусной пищей, да и такая бывала не всегда. Случалось, конечно, что ему перепадало немного вина и мяса, но вдоволь выпить или поесть не доводилось. Теперь, когда он

众人轮流把盏，大哥前，大哥后，奉承得眉花眼笑。起初还在欲为未为之间，到此时便肯死心塌地，做这桩事了。想道："或者我命里合该有些造化，遇着这班弟兄扶助，真个弄出大事业来，也未可知。若是小就时，只做两三次，寻了些财物，即便罢手，料必无人晓得。然后去打杨国忠的关节，觅得个官儿，岂不美哉！万一败露，已是享用过头，便吃刀吃剐，亦所甘心，也强如担饥受冻，一生做个饿莩。"有诗为证：

风雨萧萧夜正寒，
扁舟急桨上危滩。
也知此去波涛恶，
只为饥寒二字难。

众人杯来盏去，直吃到黄昏时候。一人道："今日大哥初聚，何不就发个利市？"众人齐声道："言之有理。还是到那一家去好？"房德道："京都富家，无过是延平门王元宝这

мог есть и пить сколько угодно, он был на седьмом небе от счастья. Но этого мало, ему еще каждый по очереди подносил чарку, за ним ухаживали, то и дело величали старшим братом и оказывали столько почета и уважения! Фан Дэ сиял. И если раньше он еще сомневался, как ему поступить, то теперь бесповоротно решил остаться с этими людьми. «Кто его знает, – думал он, – может быть, мне самою судьбою предназначено какое-то везенье, и с помощью этих людей я совершу что-нибудь великое. А если нет, то, на худой конец, схожу с ними раз-другой на дело, раздобуду деньжонок, и все тут. Авось, никто не узнает... Потом подкуплю Ян Гочжуна, стану чиновником – тоже недурно! А если не повезет... ну что ж, к тому времени я уже достаточно отведаю счастья, и пусть меня убивают, пусть четвертуют – я охотно приму любую кару. Лучше так, чем всю жизнь нищенствовать и помереть от голода и холода». Стихи говорят по этому поводу следующее:

Ночь холодна,
ветер и ливень шумят;
Утлый челнок
прямо несется на мель.
Как же мне быть:
злобы валов избегу,
Холод и голод
тотчас настигнут меня.

Пир затянулся до глубоких сумерек.

– Сегодня наш старший брат присоединился к нам, – сказал один из шайки. – Почему бы нам не иметь от этого нынче же выгоды?

– Верно! – в один голос поддержали его остальные. – Кого бы лучше навестить на этот раз?

老儿为最；况且又在城外，没有官兵巡逻，前后路径，我皆熟惯。只这一处，就抵得十数家了。不知列位以为何如？"众人喜道："不瞒大哥说，这老儿我们也在心久矣。只因未得其便，不想却与大哥暗合，足见同心。"即将酒席收过，取出硫磺焰硝火把器械之类，一齐扎缚起来。但见：

白布罗头，鞾鞋兜脚。脸上抹黑搽红，手内提刀持斧。袴裈刚过膝，牢拴裹肚；衲袄却齐腰，紧缠搭膊。一队么魔来世界，数群虎豹入山林。

众人结束停当，捱至更余天气，出了园门，将门反撑好了，如疾风骤雨而来。这延平门离乐游原约有六七里之远，不多时就到了。且说王元宝乃京兆尹王的族兄，家有敌国之富，名闻天下。玄宗天子亦尝召见。三日前，被小偷窃了若干财

— Во всей столице нет человека богаче, чем Ван Юаньбао, что живет за воротами Яньпинмэнь, — сказал Фан Дэ. — Кроме того, это за городом, нет там ни стражников, ни караульных; а все пути и дорожки туда мне хорошо знакомы. Один этот дом стоит десяти. Как вы полагаете?

— Не скроем, брат наш, что этот человек давно у нас на примете, — обрадованные, ответили они Фан Дэ. — Только до сих пор все как-то было не с руки. Очень хорошо, что и вы о нем подумали, — значит, наши мысли совпадают.

С пиршеством тут же было покончено. Разбойники достали серу, селитру, факелы, оружие, прочие вещи, и все, как один, начали одеваться, чтобы идти на дело:

Волосы стянуты белой повязкой,
На ногах — сапоги.
Лица намазаны черным и красным,
В руках — топоры и ножи.
Штаны чуть пониже колен —
Поясом стянуты туго;
Короткие тесные куртки —
Мышцы играют под ними.
Словно дьяволов свора на землю сошла,
Словно сбежались в лесу леопарды и тигры.

Когда все было подготовлено, разбойники дождались, пока совсем стемнеет, вышли из сада, заперли за собой ворота и, как шквал, понеслись к Яньпинмэнь. До ворот было всего шесть-семь ли, и бандиты вскоре оказались у цели.

Следует заметить, что Ван Юаньбао был старшим братом Ван Хуна, губернатора столичного округа. Богатство Ван Юаньбао могло сравниться с государственной казной, а его имя было известно всей стране; в свое время богача принимал сам импе-

物，告知王，责令不良人捕获，又拨三十名健儿防护。不想房德这班人晦气，正撞在网里。当下众强盗取出火种，引着火把，照耀浑如白昼，轮起刀斧，一路砍门进去。那些防护健儿并家人等，俱从睡梦中惊醒，鸣锣呐喊，各执棍棒上前擒拿。庄前庄后邻家闻得，都来救护。这班强盗见人已众了，心下慌张，便放起火来，夺路而走。王家人分一半救火，一半追赶上去，团团围住。众强盗拼命死战，戳伤了几个庄客。终是寡不敌众，被打翻数人，余皆尽力奔脱。房德亦在打翻数内。一齐

ратор Сюань-цзун. Но случилось так, что за три дня до них в дом богача пробрались воры и унесли с собой немало ценностей. Ван Юаньбао поставил об этом в известность Ван Хуна. Тот приказал сыщикам найти и задержать преступников, а брату для охраны послал тридцать дюжих и отважных молодцов. Так что Фан Дэ и его людям не повезло – они попали в заранее расставленный капкан.

Подойдя к дому Ван Юаньбао, бандиты зажгли факелы. Вокруг стало светло как днем. С занесенными над головой ножами и топорами они ринулись к воротам, выломали их и ворвались во двор. Стражники и все, кто был в доме, проснулись. Люди стали бить в гонг, подняли крик и, вооружившись палками, бросились ловить грабителей. На шум и крики со всех сторон на помощь сбежались соседи. Испугавшись такой толпы, бандиты подожгли дом и стали пробиваться к воротам. Тогда часть слуг и стражников бросились тушить огонь, остальные кинулись вслед за разбойниками и окружили их. Те отчаянно дрались, ранили нескольких стражников, но устоять перед противником, который превосходил их числом, не смогли. Кончилось тем, что одних бандитов сбили с ног и тут же схватили, другим удалось бежать. В числе захваченных оказался и Фан Дэ. Пойманных связали и утром отправили в ямэнь губернатора столичного округа.

Ван Хун распорядился, чтобы дознание вел начальник уголовного следствия столичного уезда. Пост этот тогда занимал Ли Мянь, человек знатного происхождения, связанный родством с членами императорской семьи. Ли Мянь отличался справедливостью, честностью, талантом в управлении, и все его силы и стремления были направлены на то, чтобы в стране всегда царил порядок и народ жил спокойно. Но бывшие тогда у власти министры, Ли Линьфу, а затем Ян Гочжун, всячески вредили стране и народу, не терпели умных, незаурядных людей, поэтому Ли Мяню приходилось занимать только низшие чиновничьи

绳穿索缚，等至天明，解进京兆尹衙门。王发下畿尉推问。那畿尉姓李名勉，字玄卿，乃宗室之子。素性忠贞尚义，有经天纬地之才，济世安民之志。只为李林甫、杨国忠，相继为相，妒贤嫉能，病国殃民，屈在下僚，不能施展其才。这畿尉品级虽卑，却是个刑名官儿。凡捕到盗贼，俱属鞫讯。上司刑狱，悉委推勘。故历任的畿尉，定是酷吏，专用那周兴、来俊臣、索元礼遗下有名色的极刑。是那几般名色？有《西江月》为证：

犊子悬车可畏，
驴儿拔橛堪哀！
凤凰晒翅命难捱，
童子参禅魂。

玉女登梯最惨，
仙人献果伤哉！
猕猴钻火不招来，
换个夜叉望海。

那些酷吏，一来仗刑立威；二来或是权要嘱托，希承其旨：每事不问情真情枉，一味严刑锻炼，罗织成招。任你铜筋铁骨的好汉，到此也胆丧魂惊，不知断送了多少忠臣义士！惟有李勉与他尉不同，专尚平恕，一切惨酷之刑，置而不用，临事务在得情，故此并无冤狱。那一日正值早衙，京尹发下这件事来，十来个强盗，并五六个戳伤庄客，跪在一庭；行凶刀斧，都堆在阶下。李勉举目看时，内中惟有房德，人材雄伟，丰彩非凡，想道："恁样一条汉子，如何为盗？"心下就怀个矜怜之念。当下先唤巡逻的，并王家庄客，问了被劫情由；然

должности и его способности и таланты не находили достойного применения.

Скромная и незаметная должность начальника уголовного следствия была в то же время очень ответственной и важной. Начальник уголовного следствия лично вел дознание о разбоях, грабежах, и вообще уголовные дела, как правило, поступали к нему. Люди, занимавшие этот пост, обычно были жестокими чиновниками и часто прибегали к самым страшным и изощренным пыткам, вроде тех, которые в свое время вводили Чжоу Син, Лай Цзюньчэнь, Со Юаньли. Все эти безжалостные чиновники хотели, с одной стороны, внушить людям страх, а с другой – вызвать к себе уважение. Действуя в угоду высшему начальству, они каждый раз применяли жестокие пытки, меньше всего думая о том, где правда, где ложь. Будь ты бесстрашным молодцом, будь у тебя жилы из стали и тело из железа, все равно, раз попал к ним в лапы, душу твою вгонят в пятки и вытравят из тебя всю смелость и отвагу. Не счесть, сколько честных и благородных людей, справедливых и верных долгу чиновников ни за что ни про что отправили они на тот свет! Только Ли Мянь отличался в этом отношении от своих собратьев. Он придерживался справедливости и человечности, никогда не прибегал к жестоким пыткам; собираясь вынести решение, он изучал самую суть вопроса, и потому никогда не было за ним несправедливо решенных дел.

Рано утром, когда в ямэне только началось присутствие, к Ли Мяню по приказу губернатора привели десяток бандитов и пять-шесть раненых охранников; они опустились перед начальником на колени; тут же положили отнятое у разбойников оружие. Ли Мянь обвел всех взглядом и заметил, что среди разбойников один выделяется величественной и весьма благородной внешностью. «Такой мужчина! Неужели и он разбойник?» – подумал Ли Мянь, и у него невольно зародилась жалость к этому челове-

后又问众盗姓名，逐一细鞫。俱系当下就擒，不待用刑，尽皆款伏。又招出党羽窟穴。李勉即差不良人前去捕缉。问至房德，乃匍匐到案前，含泪而言道："小人自幼业儒，原非盗辈。止因家贫无措，昨到亲戚处告贷，为雨阻于云华寺中，被此辈以计诱去，威逼入伙，出于无奈。"遂将画鸟及入伙前后事，一一细诉。李勉已是惜其材貌，又见他说得情词可怜，便有意释放他。却又想："一伙同罪，独放一人，公论难泯。况是上司所委，如何回覆？——除非如此如此。"乃假意叱喝下去，分付俱上了枷，禁于狱中，俟拿到余党再问。砍伤庄客，遣回调理。巡逻人记功有赏。发落众人去后，即唤狱卒王太进衙。——原来王太昔年因误触了本官，被诬构成死罪，也亏李

ку. Опросив сначала караульных и стражников, Ли Мянь затем обратился к разбойникам: узнал фамилию и имя каждого и стал их допрашивать. К пыткам прибегать не пришлось – пойманные на месте преступления бандиты признались во всем и даже выдали свое логово. Ли Мянь тут же послал людей с приказом схватить и арестовать остальных.

Когда очередь дошла до Фан Дэ, тот на коленях подполз к столу начальника и со слезами на глазах стал рассказывать:

– Я с детства учился, изучал классические книги, и вовсе я не разбойник. Живу я бедно. Вчера нужда заставила меня пойти по знакомым и родственникам одалживать деньги. И вот, когда я скрывался от дождя в Буддийском храме заоблачного сияния, меня заманили к себе разбойники и угрозами заставили вступить в их шайку. Мне волей-неволей пришлось согласиться... – И Фан Дэ подробно рассказал о том, как он подрисовал голову птице и что произошло потом.

Ли Мянь, который с первого взгляда сочувственно отнесся к Фан Дэ, теперь, после его искреннего признания, проникся к нему жалостью и был склонен отпустить его. Но он подумал: «Все они в равной степени виновны, отпустить его одного – значит вызвать справедливые упреки. К тому же дело это поручено мне губернатором, и если я так поступлю, что доложу тогда начальству? Нет, придется действовать иначе», – решил он и тут же умышленно стал распекать бандитов, приказал, чтобы на каждого надели кангу, всех отвели в тюрьму и держали там до тех пор, пока не будут пойманы и допрошены остальные из этой банды. Раненых охранников он отпустил, приказав оказать им помощь, а отличившихся стражников занес в список для представления к награде. Покончив со всем этим, он вызвал к себе в ямэнь тюремщика Ван Тая.

Заметим здесь, что Ван Тай когда-то навлек на себя гнев начальника, на него состряпали дело, и он был приговорен к смер-

勉审出，原在衙门服役。那王太感激李勉之德，凡有委托，无不尽力。为此就差他做押狱之长。——当下李勉分付道："适来强人内，有个房德，我看此人相貌轩昂，言词挺拔，是个未遇时的豪杰。有心要出脱他，因碍着众人，不好当堂明放；托在你身上，觑个方便，纵他逃走。"取过三两一封银子，教与他做为盘费，速往远处潜避，莫在近边，又为人所获。王太道："相公分付，怎敢有违？但恐遗累众狱卒，却如何处？"李勉道："你放他去后，即引妻小，躲入我衙中，将申文俱做于你的名下，众人自然无事。你在我左右，做个亲随，岂不强如做这贱役？"王太道："若得相公收留，在衙伏侍，万分好了。"将银袖过，急急出衙，来到狱中，对小牢子道："新到囚犯，未经刑杖，莫教聚于一处，恐弄出些事来。"小牢子依言，遂将众人四散分开。王太独引房德置在一个僻静之处，把

ти; только благодаря Ли Мяню, который расследовал его дело, Ван Тай был освобожден и остался служить при ямэне. Признательный Ли Мяню, он всегда с большим усердием выполнял любые его поручения, поэтому Ли Мянь назначил его старшим надзирателем.

Когда Ван Тай явился, Ли Мянь сказал ему:

— Среди разбойников, которых сейчас привели, есть некий Фан Дэ. Внешность у него благородная, говорит он честно, искренне. Он произвел на меня впечатление достойного человека, которому просто не представился случай выдвинуться. Я намерен был его освободить, но у всех на глазах неудобно было это сделать. Поручаю это тебе — улучи подходящий момент и дай ему возможность бежать. — При этом Ли Мянь вынул слиток серебра в три лана, велел Ван Таю передать его Фан Дэ и предупредить того, чтобы он бежал куда-нибудь подальше, иначе в этих краях его снова схватят.

— Не осмелюсь не выполнить вашего распоряжения, — сказал Ван Тай, — боюсь только, что этим подведу остальных надзирателей. Как тут быть?

— Когда отпустишь его, переберешься с женой и детьми ко мне и спрячешься у меня в ямэне, а в донесении я свалю все на тебя. Тогда другие не будут за это в ответе. Ты останешься со мной и служить будешь лично мне. Это, пожалуй, лучше, чем находиться здесь на таком незавидном посту. Как на это посмотришь?

— Если господин возьмет меня к себе в услужение, то лучшего я и желать не могу, — ответил Ван Тай и, спрятав серебро, поспешил в тюрьму. Там он сказал надзирателю:

— Преступников, которых сейчас доставили к нам, не пытали, так что сил у них хватает. Ждать от этих верзил можно чего угодно, поэтому нельзя держать их вместе.

Арестованных тут же развели по разным камерам. Ван Тай

本官美意，细细说出，又将银两相赠。房德不胜感激道："烦禁长哥致谢相公，小人今生若不能补报，死当作犬马酬恩。"王太道："相公一片热肠救你，那指望报答？但愿你此去，改行从善，莫负相公起死回生之德！"房德道："多感禁长哥指教，敢不佩领。"捱到傍晚，王太眼同众牢子将众犯尽上囚床，第一个先从房德起，然后挨次而去。王太觑众人正手忙脚乱之时，捉空踅过来，将房德放起，开了枷锁，又把自己旧衣帽与他穿了，引至监门口。且喜内外更无一人来往，急忙开了狱门，扠他出去。房德拽开脚步，不顾高低，也不敢回家，挨出城门，连夜而走。心中思想："多感畿尉相公救了性命，如今投兀谁好？想起当今惟有安禄山，最为天子宠任，收罗豪

сам повел Фан Дэ и поместил его в наиболее отдаленной и безлюдной части тюрьмы. Тут он рассказал Фан Дэ о добром намерении начальника и отдал ему серебро. Фан Дэ был тронут до глубины души.

– Передайте, пожалуйста, начальнику мою искреннюю признательность, – сказал он Ван Таю, – и заверьте его, что если я не смогу отплатить ему за добро в этой жизни, то после смерти превращусь хоть в коня, хоть в пса, но буду служить ему, чтобы отблагодарить за все.

– Разве начальник спасает тебя, рассчитывая на какую-то благодарность? Он делает это, следуя собственным добрым побуждениям, – заметил Ван Тай. – Хотелось бы только, – продолжал он, – чтобы ты после этого случая бросил подобные дела и стал порядочным человеком, иначе добродетельный поступок начальника пропадет даром.

– Благодарю вас за наставление, – сказал Фан Дэ, – я непременно последую ему.

Вечером Ван Тай наблюдал за тем, как надзиратели разводили преступников по камерам. Начали они с Фан Дэ, затем по очереди развели и приковали к постелям всех остальных и ушли. Улучив момент, когда надзиратели суетились, занятые каждый каким-то своим делом, Ван Тай вернулся в камеру Фан Дэ, освободил его от оков, снял с него кангу, надел на Фан Дэ свою старую куртку и шапку и повел к выходу. К счастью, по дороге им никто не встретился, и, быстро открыв ворота, Ван Тай выпустил Фан Дэ из тюрьмы.

Чуть не бегом, не разбирая дороги, мчался Фан Дэ по улицам. Домой заходить он не решился. Вскоре Фан Дэ оказался за городом и шел дальше всю ночь.

«Начальник спас мне жизнь – думал он, – но куда же мне теперь направиться?» Тут он вспомнил об Ань Лушане, который пользовался большой благосклонностью и доверием императора

杰，何不投之？"遂取路直至范阳。恰好遇见个故友严庄，为范阳长史，引见禄山。那时安禄山久蓄异志，专一招亡纳叛，见房德生得人材出众，谈吐投机，遂留于部下。房德住了几日，暗地差人迎取妻子到彼，不在话下。正是：

挣破天罗地网，
撇开闷海愁城。
得意尽夸今日，
回头却认前生。

且说王太当晚，只推家中有事要回，分付众牢子好生照管，将匙钥交付明白，出了狱门，来至家中，收拾囊箧，悄悄领着妻子，连夜躲入李勉衙中，不题。且说众牢子到次早放众囚水火，看房德时，枷锁撇在半边，不知几时逃去了。众人都

и держал двери своего дома широко открытыми для смелых и талантливых людей. «Почему бы не попытаться найти прибежище у него?» И Фан Дэ направился прямо в Фаньян.

Там очень кстати он встретил своего старого друга Янь Чжуана, который служил секретарем правителя округа. Янь Чжуан представил его Ань Лушаню. Надо сказать, что Ань Лушань уже давно замышлял серьезное дело против царствовавшего дома и охотно принимал всяких беглецов и недовольных. Он обратил внимание на внушительную внешность Фан Дэ, поговорил с ним, рассуждения и высказывания Фан Дэ пришлись ему по душе, и он оставил его у себя. Прожив там какое-то время, Фан Дэ тайно послал людей за женой, и она приехала в Фаньян. Поистине,

*Наконец он сквозь сети прорвался
   и ушел от всего – от небес,
От земли, от тяжелых цепей,
   печали, лишений, забот.
В достатке живя и в покое,
   он доволен сегодняшним днем
И только при случае вспомнит
   о прошлой жизни своей.*

Но вернемся к Ван Таю. В тот вечер, когда Ван Тай освободил Фан Дэ, он, сославшись на дела, которые якобы ожидали его дома, и распорядившись, чтобы как следует присматривали за арестованными, отдал надзирателям ключи и ушел из тюрьмы. Дома он собрал свои пожитки и в ту же ночь вместе с женой переехал в ямэнь к Ли Мяню.

На следующее утро, когда надзиратели выводили арестованных во двор, они обнаружили, что канга Фан Дэ валяется на полу.

惊得面如土色，叫苦不迭道："恁样紧紧上的刑具，不知这死囚怎地脱逃走了？却害我们吃屈官司！又不知从何处去的？"四面张望墙壁，并不见块砖瓦落地，连泥屑也没有一些，齐道："这死囚昨日还哄畿尉相公，说是初犯；到是个积年高手。"内中一人道："我去报知王狱长，教他快去禀官，作急缉获。"那人一口气跑到王太家，见门闭着，一片声乱敲，那里有人答应。间壁一个邻家走过来，道："他家昨夜乱了两个更次，想是搬去了。"牢子道："并不见王狱长说起迁居，那有这事！"邻家道："无过止这间屋儿，如何敲不应？难道睡死不成？"牢子见说得有理，尽力把门扳开，原来把根木子反撑的，里边止有几件粗重家伙，并无一人。牢子道："却不作怪！他为甚么也走了？这死囚莫不到是他卖放的？休管是不是，且都推在他身上罢了。"把门依旧带上，也不回狱，径望畿尉衙门前来。恰好李勉早衙理事，牢子上前禀知。李勉佯惊

— Так крепко его заковали! Как этот бандит сумел высвободиться из канги и когда успел удрать?! – без конца повторяли насмерть перепуганные надзиратели. – Отвечать-то за него нам придется. И все-таки как же ему удалось отсюда выбраться?

Стали осматривать стены, пол, но нигде ничего подозрительного не заметили – ни кирпича, ни даже какого-нибудь осколочка.

— Мерзавец этакий! – ругались они. – Еще врал вчера начальнику, что это его первое дело, а сам, оказывается, из бывалых да умелых.

— Пойду сообщу старшему надзирателю, пусть доложит начальству, чтобы немедленно послали людей на розыски, – сказал один из надзирателей и бегом бросился к дому Ван Тая. Но двери оказались запертыми, сколько он ни барабанил – все безрезультатно. На стук вышел сосед Ван Тая.

— Они всю эту ночь без конца возились, – сказал он. – Наверное, переехали.

— Старший надзиратель не говорил, что собирается переселяться. Не должно этого быть! – усомнился надзиратель.

— Как же не услышать, что так стучат? – говорил сосед. – Не спит же мертвецким сном!

Надзиратель решил, что сосед прав. Тогда он приналег плечом на дверь, и дверь сразу же поддалась – оказывается, она просто была подперта изнутри палкой. В комнате Ван Тая стояло только несколько громоздких вещей; и ни живой души в ней, конечно, не было.

«Странно! Почему же и он исчез? – недоумевал надзиратель. – Тот сбежавший арестант – уж не его ли рук это дело? Ладно, он или не он, но свалить надо будет все на него».

Надзиратель закрыл дверь и, не возвращаясь в тюрьму, направился прямо в ямэнь к начальнику. Ли Мянь как раз в это время вел утреннее присутствие. Когда надзиратель доложил

道："向来只道王太小心，不想恁般大胆，敢卖放重犯！料他也只躲在左近，你们四散去缉访，获到者自有重赏。"牢子叩头而出。李勉备文报府。王以李勉疏虞防闲，以不职奏闻天子，罢官为民。一面悬榜，捕获房德、王太。李勉即日纳还官诰，收拾起身，将王太藏于女人之中，带回家去。

不因济困扶危意，
肯作藏亡匿罪人？

李勉家道素贫，却又爱做清官，分文不敢妄取。及至罢任，依原是个寒士。归到乡中，亲率童仆，躬耕而食。家居二年有余，贫困转剧。乃别了夫人，带着王太并两个家奴，寻访

о случившемся, начальник сделал вид, что крайне поражен.

— Я всегда считал Ван Тая осторожным человеком, — проговорил он. — Никогда не думал, что он решится за взятку отпустить такого важного преступника. Полагаю, что он скрывается где-нибудь поблизости. Ищите повсюду! Найдете — будете награждены.

Надзиратель поклонился и вышел.

Ли Мянь составил донесение и послал его в область Ван Хуну. А тот написал императору доклад, в котором обвинил Ли Мяня в нерадении по отношению к своим служебным обязанностям, в том, что он по халатности не принял надлежащих мер предосторожности. В результате Ли Мяня лишили должности, чина и низвели в простолюдины. Одновременно вывесили указ о повсеместном розыске Фан Дэ и Ван Тая. Не медля, Ли Мянь сдал дела и грамоту, собрал вещи и отправился на родину. Ван Тая он повез с собой, спрятав его среди женщин.

Если б не ради того,
чтоб в беде человеку помочь,
Мог бы устроить побег
тому, кто свершил преступленье?!

Надо заметить, что семья Ли Мяня жила бедно. За годы своей службы Ли Мянь никогда ни у кого не взял ни гроша, и поэтому теперь, покидая ямэнь, он оставался таким же бедняком, как и прежде.

Возвратившись на родину, он сам со своими слугами обрабатывал землю и этим кормился. Два с чем-то года Ли Мянь провел в деревне. С каждым днем жить становилось все труднее. В конце концов он простился с женой, взял с собой Ван Тая и еще двоих слуг и отправился в путь, с тем чтобы разыскать и навестить старых друзей.

故知。由东都一路，直至河北。闻得故人颜杲卿新任常山太守，遂往谒之。路经柏乡县过，这地方离常山尚有二百余里。李勉正行间，只见一行头踏，手持白棒，开道而来，呵喝道："县令相公来，还不下马！"李勉引过半边回避。王太远远望见那县令，上张皂盖，下乘白马，威仪济济，相貌堂堂。却又奇怪，面庞酷似前年释放的强犯房德。忙报道："相公，那县令面庞与前年释放的房德一般无二。"李勉也觉县令有些面善，及闻此言，忽然省悟道："真个像他。"心中颇喜，道："我说那人是个未遇时的豪杰，今却果然。但不知怎地就得了官职？"欲要上前去问，又恐不是。"若果是此人，只道晓得他在此做官，来与他索报了，莫问罢！"分付王太禁声，把头

Из Дунду он поехал прямо в Хэбэй и там узнал, что его старый приятель Янь Гаоцин недавно получил должность правителя области Чаншань. Ли Мянь направился прямо туда, чтобы нанести ему визит. Он уже проехал уезд Босянь, откуда до Чаншани оставалось немногим более двухсот ли. Тут навстречу ему попалась какая-то процессия. Впереди шли служащие ямэня с белыми палками в руках, освобождая дорогу следующему за ними чиновнику.

– Едет начальник уезда, а ну-ка слезайте с лошадей! – закричали они Ли Мяню и его спутникам.

Ли Мянь спешился и стал в стороне. Между тем Ван Тай еще издали обратил внимание на начальника уезда – он ехал верхом на белом коне, над головой колыхался черный зонт, вид у начальника был величественный, внешность благородная, внушительная. Ван Таю показалось невероятным: начальник был очень похож на того самого разбойника Фан Дэ, которому он тогда устроил побег.

– Господин! – обратился он тут же к Ли Мяню. – Этот начальник уезда ни дать ни взять Фан Дэ, которого мы тогда выпустили из тюрьмы.

Ли Мяню лицо начальника уезда тоже показалось знакомым, и когда Ван Тай сказал ему об этом, он сразу все вспомнил.

– Действительно, похож на него, – согласился Ли Мянь. – Я ведь говорил, – продолжал он, обрадованный, – что это выдающийся человек, которому просто не повезло в жизни. Так оно и оказалось. Непонятно только, как ему удалось получить должность.

Ли Мянь хотел было подойти к начальнику уезда и расспросить его, но подумал: «Если это действительно Фан Дэ, то решит, что я разузнал, что он здесь на должности, и приехал сюда в расчете на благодарность. Нет, лучше не надо». Предупредив Ван Тая, чтобы тот молчал, Ли Мянь отвернулся, дожидаясь,

回转，让他过去。那县令渐渐近了，一眼觑见李勉背身而立，王太也在傍边，又惊又喜。连忙止住从人，跳下马来，向前作揖道："恩相见了房德，如何不唤一声，反掉转头去？险些儿错过。"李勉还礼道："本不知足下在此，又恐妨足下政事，故不敢相通。"房德道："说那里话！难得恩相至此，请到敝衙少叙。"李勉此时，鞍马劳倦，又见其意殷勤，答道："既承雅情，当暂话片时。"遂上马并辔而行，王太随在后面。不一时，到了县中，直至厅前下马。房德请李勉进后堂，转过左边一个书院中来，分付从人不必跟入，止留一个心腹干办陈颜，在门口伺候，一面着人整备上等筵席。将李勉四个牲口，发于后槽喂养，行李即教王太等搬将入去。又教人传话衙中，唤两个家人来伏侍。那两个家人，一个叫做路信，一个叫做支成，都是房德为县尉时所买。且说房德为何不要从人入去？只

пока начальник проедет мимо. Между тем, поравнявшись с ними, начальник сразу признал в человеке, стоящем спиной к дороге, Ли Мяня; заметил и находившегося рядом Ван Тая. Радость и удивление изобразились на его лице. Он тут же приказал свите остановиться, спрыгнул с коня и подошел к Ли Мяню.

– Благодетель! – обратился он к Ли Мяню. – Почему же вы не захотели окликнуть меня и даже отвернулись? Ведь я чуть было не проехал мимо.

– Я не знал, что вы здесь, – с поклоном ответил Ли Мянь, – боялся, что отвлеку начальника от важного дела, и потому не решился подойти.

– Ну что вы! – воскликнул Фан Дэ. – Я рад, что мой благодетель приехал сюда, мне просто повезло... Прошу вас ко мне в ямэнь – посидим, поговорим.

Ли Мянь устал с дороги и, поскольку приглашение Фан Дэ казалось ему вполне искренним, ответил:

– Вы очень любезны. С удовольствием зайду к вам поговорить. – И, повернув коня, он поехал обратно. За ним следовали Ван Тай и двое других его слуг. В конце концов они въехали в Босянь. Оказавшись возле ворот управы, Ли Мянь и сопровождавшие его люди спешились. Фан Дэ пригласил гостей в ямэнь. Он провел их через свою рабочую комнату, непосредственно прилегающую к залу присутствия, свернул влево и вышел во двор, где располагались его внутренние покои. Тут Фан Дэ отослал сопровождавших его слуг, оставив при себе лишь управляющего Чэнь Яня, которому велел находиться у входа, и наказал приготовить торжественный обед. Всех четырех коней Ли Мяня он велел поставить в стойло и задать им корм, Ван Таю и другим слугам приказал внести багаж. Кроме того, Фан Дэ распорядился, чтобы двое людей из ямэня были отданы в услужение Ли Мяню. Эти двое были Лу Синь и Чжи Чэн. Обоих Фан Дэ купил во время пребывания на должности в этом уезде.

因他平日冒称是宰相房玄龄之后，在人前夸炫家世，同僚中不知他的来历，信以为真，把他十分敬重。今日李勉来至，相见之间，恐题起昔日为盗这段情由，怕众人闻得，传说开去，被人耻笑，做官不起。因此不要从人进去，这是他用心之处。当下李勉步入里边去看时，却是向阳一带三间书室，侧边又是两间厢房。这书室庭户虚敞，窗槅明亮，几榻整齐，器皿洁净，架上图书，庭中花卉，铺设得十分清雅。乃是县令休沐之所，所以恁般齐整。

且说房德让李勉进了书房，忙忙的掇过一把椅子，居中安放，请李勉坐下，纳头便拜。李勉急忙扶住道："足下如何行此大礼？"房德道："某乃待死之囚，得恩相超拔，又赐赠盘缠，遁逃至此，方有今日。恩相即某之再生父母，岂可不受

Почему же Фан Дэ не пожелал, чтобы его слуги следовали за ним дальше, как это принято? Дело в том, что в уезде он выдавал себя за потомка министра Фан Сюаньлина и хвастал своей родословной; никто в этих краях подлинной его биографии не знал, все верили ему и очень уважали. И вот нынче, когда произошла эта встреча и предстояла беседа с Ли Мянем, Фан Дэ опасался, что речь может зайти об истории с разбойничьей шайкой, и не хотел, конечно, чтобы другие об этом услышали. Он понимал, что, если только люди узнают о его прошлом, начнут об этом болтать, станут издеваться над ним – тогда прощай должность. Потому-то он и удалил слуг.

Покои, в которых оказался Ли Мянь, состояли из трех комнат, обращенных на юг; по бокам к ним прилегали два флигеля. Двери комнат, залитых светом, были приоткрыты. В одной из них прямо перед дверью висел пейзаж кисти известного художника, курильница из старинной бронзы источала ароматный дымок; по правую руку была помещена лежанка из пятнистого бамбука; слева находились полки, заставленные книгами; прямо у окна стоял столик с разложенными на нем четырьмя сокровищами ученого. В маленьком дворике возле кабинета с большим изяществом были высажены цветы и деревья. Здесь обычно начальник отдыхал, проводил свой досуг, и потому все было обставлено умело, со вкусом.

Итак, Фан Дэ пригласил Ли Мяня войти в кабинет. Фан Дэ взял кресло, поставил его в центре комнаты на почетном месте, предложил Ли Мяню сесть, а сам опустился перед ним на колени. Ли Мянь поспешил поднять его.

– Что вы? Зачем такие церемонии?

– Я был преступником, которого ожидала смертная казнь, – говорил Фан Дэ. – Вы, благодетель, спасли меня, даже денег дали на дорогу, я очутился здесь и своим нынешним положением обязан вам. Вы мой второй отец, вы дали мне новую жизнь, и

一拜！"李勉是个忠正之人，见他说得有理，遂受了两拜。房德拜罢起来，又向王太礼谢，引他二人到厢房中坐地。便叮咛道："倘隶卒询问时，切莫与他说昔年之事。"王太道："不消分付，小人自理会得。"房德复身到书房中，扯把椅儿，打横相陪道："深蒙相公活命之恩，日夜感激，未能酬报。不意天赐至此相会。"李勉道："足下一时被陷，吾不过因便斡旋，何德之有？乃承如此垂念。"献茶已毕，房德又道："请问恩相，升在何任，得过敝邑？"李勉道："吾因释放足下，京尹论以不职，罢归乡里。家居无聊，故遍游山水，以畅襟怀。今欲往常山，访故人颜太守，路经于此；不想却遇足下，且已得了官职，甚慰鄙意。"房德道："元来恩相因某之故，累及罢官，某反苟颜窃禄于此，深切惶愧！"李勉道："古人

вы должны разрешить мне земно поклониться вам.

Ли Мянь, для которого чувство справедливости и долга всегда было превыше всего, понимал, что Фан Дэ прав, и принял от него два земных поклона. Затем Фан Дэ поблагодарил Ван Тая и провел гостей в боковой флигель немного отдохнуть. На ходу он предупреждал Ван Тая:

— Если мои служащие станут расспрашивать вас о чем-нибудь, не говорите им о том, что было когда-то.

— Не стоило предупреждать, я сам это прекрасно понимаю, — ответил Ван Тай.

Через некоторое время хозяин снова провел гостей в кабинет. Здесь он усадил Ли Мяня на почетное место, а сам взял кресло и сел в стороне, как подобает хозяину.

— Я денно и нощно с благодарностью думал о вас, о том, что вы спасли меня, — заговорил он. — Но не довелось мне отблагодарить вас. Никак не ожидал, что небо дарует эту встречу!

— Вы случайно попали в беду, — заметил Ли Мянь, — и если я вам чем-то помог, в этом нет особой добродетели — просто выказал таким образом добрые чувства.

— Позвольте осведомиться, какое высокое назначение вы теперь получили, что путь ваш лежит через наш уезд? — спросил Фан Дэ, предлагая гостю чай.

— После того как я отпустил вас, губернатор столичного округа обвинил меня в нерадивом отношении к службе, и меня отставили от должности. Я вернулся на родину, но дома мне было тоскливо, не по себе, и я решил поездить по стране, полюбоваться природой, чтобы немного развеяться. Сейчас я направляюсь в Чаншань, хочу проведать своего старого друга господина Яня, ныне начальника области, — вот и оказался в ваших краях. Да, не ожидал я, что встречусь с вами, не думал, что вы уже получили должность. Очень рад за вас.

— Значит, вы из-за меня лишились должности и чина, а я,

为义气上，虽身家尚然不顾，区区卑职，何足为道！但不识足下别后，归于何处，得宰此邑？"房德道："某自脱狱，逃至范阳，幸遇故人，引见安节使，收于幕下，甚蒙优礼。半年后，即署此县尉之职。近以县主身故，遂表某为令。自愧谫陋菲才，滥叨民社，还要求恩相指教。"李勉虽则不在其位，却素闻安禄山有反叛之志，今见房德乃是他表举的官职，恐其后来党逆，故就他请教上，把言语去规训道："做官也没甚难处，但要上不负朝廷，下不害百姓，遇着死生利害之处，总有鼎镬在前，斧锧在后，亦不能夺我之志。切勿为匪人所惑，小

недостойный, оказался здесь, на служебном посту. Мне, право, просто очень стыдно перед вами!

— В древности случалось, что ради справедливости люди жертвовали даже своей собственной семьей, а о каких-то чинах и должностях стоит ли говорить! Но только расскажите, — продолжал Ли Мянь, — куда вы потом направились после всей этой истории и как случилось, что получили должность начальника в этом уезде?

— Когда вы освободили меня, я бежал в Фаньян. Там, на мое счастье, я встретил одного старого знакомого, который представил меня губернатору Ань Лушаню. Ань Лушань принял меня и очень благосклонно отнесся ко мне. Через полгода я получил назначение в этот уезд на должность начальника по уголовным делам, а недавно скончался начальник уезда, и меня рекомендовали на его пост. Я стыжусь своей бесталанности и терзаюсь тем, что незаслуженно удостоился чести править народом и этой землей, поэтому прошу вас, друг мой, не откажите мне в наставлениях и советах.

Хотя Ли Мянь давно уже не служил, но до него доходили слухи о бунтарских помыслах Ань Лушаня. Услышав, что Фан Дэ получил должность благодаря рекомендации Ань Лушаня, и подумав о том, что впоследствии этот человек может оказаться в числе изменников государю, Ли Мянь решил предостеречь Фан Дэ на будущее, тем более что Фан Дэ просил у него советов и указаний.

— Получить чин и должность — в этом, собственно, никаких особенных трудностей нет, — начал Ли Мянь, — но нужно суметь оправдать доверие правительства и не причинять вреда народу. Даже когда решается вопрос о жизни или смерти, когда дело сулит почести и завидные государственные чины или же грозит публичной казнью и плахой, — что бы там ни было, человек должен оставаться верным своим принципам. Ни в коем случае

利所诱，顿尔改节，虽或侥幸一时，实是贻笑千古。足下立定这个主意，莫说为此县令，就是宰相，亦尽可做得的！"房德谢道："恩相金玉之言，某当终身佩铭。"两下一递一答，甚说得来。少顷，路信来禀："筵宴已完，请爷入席。"房德起身，请李勉至后堂，看时乃是上下两席。房德教从人将下席移过左傍。李勉见他要傍坐，乃道："足下如此相叙，反觉不安，还请坐转。"房德道："恩相在上，侍坐已是僭妄，岂敢抗礼？"李勉道："吾与足下今已为声气之友，何必过谦！"遂令左右，依旧移在对席。从人献过杯箸，房德安席定位。庭下承应乐人，一行儿摆列奏乐。那筵席杯盘罗列，非常丰盛：

虽无炮凤烹龙，
也极山珍海错。

не следует поддаваться соблазну, которым вас могут искушать недостойные люди, и зариться на мелкие выгоды. И если вы измените долгу и чести, то пусть вы и станете пользоваться какими-то благами, все равно люди последующих поколений будут вспоминать о вас с презрительной усмешкой. А если вы будете тверды в своих честных убеждениях, то вам не то что начальником этого уезда, но и министром можно стать!

– Ваши золотые слова я всю жизнь буду хранить в памяти, – отвечал Фан Дэ, благодаря Ли Мяня.

Так – один спросит, другой ответит – они беседовали, хорошо понимая друг друга. Вскоре пришел Лу Синь, доложил, что все уже готово, и попросил их к столу. Фан Дэ поднялся и повел Ли Мяня в другое помещение.

Стол был накрыт как подобает – для хозяина и почетного гостя. Но Фан Дэ велел отодвинуть приготовленный ему прибор.

Видя, что Фан Дэ хочет сесть в стороне, Ли Мянь сказал:

– Вы ставите меня в неловкое положение. Прошу вас занять подобающее вам место.

– Даже сидеть возле вас считаю слишком большой дерзостью и позволить себе окончательно выйти за рамки приличия не смею.

– Мы с вами стали друзьями, к чему же излишняя скромность и церемонии! – возразил Ли Мянь и велел поставить прибор хозяина на прежнее место. Фан Дэ не стал спорить. Слуги поднесли гостю и хозяину вино. Тут пришли музыканты, заиграла музыка. Стол был роскошно убран, уставлен разными угощениями.

> *И не было хоть здесь печеного дракона*
> *иль феникса, зажаренного в масле,*
> *Но все ж изысканные яства подавали*
> *и от редчайших блюд ломился стол.*

当下宾主欢洽，开怀畅饮，更余方止。王太等另在一边款待，自不必说。此时二人转觉亲热，携手而行，同归书院。房德分付路信，取过一副供奉上司的铺盖，亲自施设褥，提携溺器。李勉扯住道："此乃仆从之事，何劳足下自为！"房德道："某受相公大恩，即使生生世世，执鞭随镫，尚不能报万一，今不过少尽其心，何足为劳！"铺设停当，又教家人另放一榻，在傍相陪。李勉见其言词诚恳，以为信义之士，愈加敬重。两下挑灯对坐，彼此倾心吐胆，各道生平志愿，情投契合，遂为至交，只恨相见之晚。直至夜分，方才就寝。次日同僚官闻得，都来相访。相见之间，房德只说："昔年曾蒙识

Хозяин и гость, довольные обществом друг друга, вволю пили, и лишь поздно ночью закончился пир. Не стоит говорить, что в это же время угощали Ван Тая и других сопровождавших Ли Мяня слуг.

За время пиршества Фан Дэ и Ли Мянь прониклись друг к другу таким глубоким чувством дружбы, что рука об руку возвратились в кабинет. Фан Дэ велел Лу Синю принести для гостя постель, которая предназначалась для начальства, когда оно здесь останавливалось, и сам стал стелить Ли Мяню.

– Ведь это дело прислуги, – остановил его Ли Мянь. – Зачем же вы утруждаете себя!

– Вы оказали мне такое благодеяние, что если я всю свою жизнь буду служить при вас конюхом или простым слугой, и то не смогу хоть в какой-то малой мере отблагодарить вас, – говорил Фан Дэ. – Разве желание хоть как-то выразить свои чувства можно считать беспокойством!

Когда все было устроено, Фан Дэ велел слугам принести лежанку для него самого и поставить ее рядом с постелью Ли Мяня.

Искренность, с которой говорил Фан Дэ, не позволяла Ли Мяню усомниться в том, что Фан Дэ – человек благородный, верный чести и долгу, и он проникся к нему еще большим уважением. Уже зажгли светильники, а они все еще сидели вдвоем, изливая в откровенной беседе свои чувства. Они говорили о своих стремлениях и цели своей жизни, во всем между ними было полное понимание, и теперь они стали задушевными друзьями, которые только сожалели о том, что не встретились раньше. Заснули они лишь глубокой ночью.

На следующий день сослуживцы Фан Дэ, узнав о приезде гостя, явились с визитом. Они поздоровались с Ли Мянем и представились ему; Фан Дэ представил Ли Мяня:

荐，故此有恩！"同僚官又在县主面上讨好，各备筵席款待。话休烦絮。房德自从李勉到后，终日饮酒谈论，也不理事，也不进衙，其侍奉趋承，就是孝子事亲，也没这般尽礼。李勉见恁样殷勤，诸事俱废，反觉过意不去，住了十来日，作辞起身。房德那里肯放，说道："恩相至此，正好相聚，那有就去之理！须是多住几月，待某拨夫马送至常山便了。"李勉道："承足下高谊，原不忍言别。但足下乃一县之主，今因我在此，耽误了许多政务，倘上司知得，不当稳便。况我去心已决，强留于此，反不适意！"房德料道留他不住，乃道："恩相既坚执要去，某亦不好苦留。只是从此一别，后会何期，明日容治一樽，以尽竟日之欢，后日早行何如？"李勉道："既承雅意，只得勉留一日。"房德留住了李勉，唤路信跟着回到

— Это мой благодетель. В свое время он удостоил меня чести, рекомендовал на должность, и я очень обязан ему.

Желая угодить начальнику уезда, каждый из местных чиновников устраивал пир и приглашал к себе начальника и его гостя. Но не будем об этом распространяться.

С тех пор как Ли Мянь остановился у Фан Дэ, они целые дни проводили за вином и беседой. Фан Дэ забросил дела и даже не появлялся в присутственном зале ямэня. Внимание, которое он оказывал Ли Мяню, его предупредительность превосходили все, что мог проявить самый почтительный сын в отношении родителей. Ли Мяню от всего этого было даже как-то неловко, и дней через десять он стал прощаться, намереваясь уехать. Но Фан Дэ ни за что не хотел его отпускать.

— Вы оказались здесь, нам представился такой удачный случай побыть вместе. Какой же резон уезжать! — говорил он. — Поживите здесь хотя бы месяц-другой, а там я предоставлю в ваше распоряжение погонщиков и лошадей, и вас проводят до самого места.

— Видя ваше доброе отношение, мне, конечно, тяжело было заговаривать об отъезде, — отвечал Ли Мянь. — Но вы ведь хозяин целого уезда, а с тех пор как я здесь, вы забросили все дела, и если начальство узнает об этом, будет не очень удобно. К тому же я уже решил ехать, и мне не хотелось бы менять свои планы.

Фан Дэ понял, что удержать его не удастся.

— Ну, раз вы твердо решили ехать, мне, конечно, неловко насильно удерживать вас, — сказал он. — Но только кто знает, когда еще нам доведется свидеться, поэтому разрешите попотчевать вас завтра на прощание кубком вина. Весь завтрашний день мы проведем вместе, чтобы насладиться радостью нашей встречи, а послезавтра утром уедете.

— Ну, раз вы удостаиваете меня такой любезности, я, конечно, задержусь на день.

私衙,要收拾礼物馈送。只因这番,有分教李畿尉险些儿送了性命。正是:

> 祸兮福所倚,
> 福兮祸所伏。
> 所以恬淡人,
> 无营心自足。

话分两头。却说房德老婆贝氏,昔年房德落薄时,让他做主惯了,到今做了官,每事也要乔主张。此番见老公唤了两个家人出去,一连十数日,不见进衙,只道瞒了他做甚事体,十分恼恨。这日见老公来到衙里,便待发作。因要探口气,满脸反堆下笑来,问道:"外边有何事,久不退衙?"房德道:"不要说起,大恩人在此,几乎当面错过。幸喜我眼快瞧见,留得到县里,故此盘桓了这几日。特来与你商量,收拾些礼物送他。"贝氏道:"那里什么大恩人?"房德道:"哎呀!你如何忘了?便是向年救命的畿尉李相公,只为我走了,带累

Уговорив Ли Мяня остаться, Фан Дэ позвал Лу Синя и вместе с ним направился домой, чтобы приготовить гостю подарок к его отъезду. И вот из-за этого-то, надо сказать, Ли Мянь чуть было не поплатился жизнью. Поистине,

Беда – это то, в чем заложено счастье,
а в счастье таится беда;
Вот почему все беспечные люди
спокойны, не знают хлопот.

Но расскажем все по порядку, и речь теперь поведем о жене Фан Дэ, урожденной госпоже Бэй.

В свое время, когда Фан Дэ был неудачником, она так привыкла всем распоряжаться, что и теперь, когда он стал важным чиновником, хотела, чтобы во всех делах ее слово было решающим. В этот раз ее муж увел с собой двух домашних слуг, десять дней подряд где-то пропадал, занимался невесть какими делами – это возмутило ее до предела.

Когда она увидела Фан Дэ, первым ее побуждением было устроить скандал, но она решила сначала выведать, что произошло.

– Какие у тебя были дела, что ты так долго не показывался? – спросила она мужа, притворно расплывшись в улыбке.

– И не говори! Мой благодетель оказался здесь, – отвечал Фан Дэ, – я чуть было не прозевал его. Хорошо, что глаз у меня острый. Я пригласил его в ямэнь и все эти дни провел с ним. Сейчас пришел с тобой посоветоваться: надо что-нибудь приготовить ему в подарок на прощанье.

– О каком благодетеле ты говоришь?

– Ай! Как ты могла забыть! – воскликнул Фан Дэ. – Да это тот самый начальник уголовного следствия, господин Ли, который тогда спас мне жизнь. Я-то убежал, а он, оказывается, из-за

他罢了官职，今往常山去访颜太守，路经于此。那狱卒王太也随在这里。"贝氏道："元来是这人么？你打帐送他多少东西？"房德道："这个大恩人，乃再生父母，须得重重酬报。"贝氏道："送十匹绢可少么？"房德呵呵大笑道："奶奶到会说耍话，恁地一个恩人，这十匹绢送他家人也少！"贝氏道："胡说！你做了个县官，家人尚没处一注赚十匹绢，一个打抽丰的，如何家人便要许多？老娘还要算计哩。如今做我不着，再加十匹，快些打发起身。"房德道："奶奶怎说出恁样没气力的话来？他救了我性命，又赍赠盘缠，又坏了官职，这二十匹绢当得甚的？"贝氏从来鄙吝，连这二十匹绢还不舍得的，只为是老公救命之人，故此慨然肯出，他已算做天大事的了，房德兀是嫌少。心中便有些不悦，故意道："一百匹何如？"房德道："这一百匹只勾送王太了。"贝氏见说一百匹还只勾送王太，正不知要送李勉多少，十分焦躁道："王太送了一百匹，畿尉极少也送得五百匹哩。"房德道："五百匹还

меня потерял чин и должность. Сейчас он направляется в Чаншань к правителю области, а здесь проездом. Старший надзиратель Ван Тай тоже при нем.

– Ах, вот это кто! И много ты собираешься дарить ему?

– Это мой благодетель, мой второй отец, вторая мать, подарок должен быть щедрый.

– Десяти кусков шелка хватит?

Фан Дэ громко расхохотался:

– Ну и шутница ты! Моему-то благодетелю! Твоих десяти кусков шелка в подарок его слуге и то будет мало.

– Глупости! Ты вот начальник уезда, но твоим собственным слугам ни разу не выпадало счастье получить в подарок десять кусков шелка, а тут, извольте, какому-то слуге проезжего просителя – и целых десять кусков! Нет уж, шелк мне самой нужен, ничего из этого не выйдет. Прибавлю еще десять кусков, и пусть он побыстрей убирается!

– Как только ты можешь говорить такое! – возмутился Фан Дэ. – Ведь он спас мне жизнь, мало того – дал мне денег на дорогу, а сам потерял должность и чин. Что двадцать кусков шелка по сравнению со всем этим?!

Жена Фан Дэ была женщиной скаредной, ей и с двадцатью кусками было жаль расставаться. Только потому, что Ли Мянь спас ее мужа, она великодушно согласилась отдать их и то считала это великой жертвой, а ему, видите ли, все было мало.

– Ну, а сто кусков хватит? – спросила она умышленно.

– Ста кусков хватит только на подарок Ван Таю, – ответил Фан Дэ.

«Сто кусков Ван Таю! Сколько же тогда нужно Ли Мяню?» – подумала жена Фан Дэ и уже с явным раздражением сказала:

– Ну, если Ван Таю сто, то в подарок начальнику уголовного следствия надо по крайней мере пятьсот кусков!

– И этого будет мало, – заявил Фан Дэ.

不勾。"贝氏怒道："索性凑足一千何如？"房德道："这便差不多了。"贝氏听了这话，向房德劈面一口涎沫道："啐！想是你失心风了！做得几时官，交多少东西与我？却来得这等大落！恐怕连老娘身子卖来，还凑不上一半哩。那里来许多绢送人？"房德看见老婆发喉急，便道："奶奶有话好好商量，怎就着恼！"贝氏嚷道："有甚商量！你若有，自去送他，莫向我说。"房德道："十分少，只得在库上撮去。"贝氏道："啧啧，你好天大的胆儿！库藏乃朝廷钱粮，你敢私自用得的！倘一时上司查核，那时怎地回答？"房德闻言，心中烦恼道："话虽有理，只是恩人又去得急，一时没处设法，却怎生处？"坐在旁边踌躇。

谁想贝氏见老公执意要送恁般厚礼，就是割身上肉，也没这样疼痛，连肠子也急做千百段，顿起不良之念，乃道："看你枉做了个男子汉，这些事没有决断，如何做得大官？我有个捷径法儿在此，到也一劳永逸。"房德认做好话，忙问

Женщина разозлилась не на шутку:

— Раз так, может быть, дашь тысячу?

— Ну, это еще куда ни шло.

Слышать такое было сверх ее сил.

— Ну и ну! Да ты рехнулся! — завопила она и плюнула мужу в лицо. — Давно ли ты стал начальником и много ли принес мне в дом добра, чтобы так его разбазаривать?! Да если ты меня самое продашь, и то не наберешь и половины! Где нам взять столько шелку, чтобы одаривать людей?!

— Госпожа, можно ведь поговорить по-хорошему, посоветоваться. Зачем злиться? — говорил Фан Дэ, видя, что жена окончательно выходит из себя.

— О чем тут советоваться! — кричала она. — Есть у тебя — иди и дари! Меня нечего спрашивать!

— Ну, раз ничего нет, придется взять из казны, — пробормотал Фан Дэ.

— О-хо-хо! Ишь какой храбрый! Казна — это государственные деньги. Как ты смеешь брать их для себя?! А если вдруг нагрянет ревизия, что тогда скажешь?

— Ты, конечно, права, но ведь благодетель наш скоро уезжает. Как же быть? — ответил Фан Дэ и, смущенный, уселся в стороне и задумался.

А у жены Фан Дэ, из-за того что муж во что бы то ни стало решил преподнести Ли Мяню дорогой подарок, сердце разрывалось на части. Пожалуй, если бы от нее кусок мяса отрезали, и то не было бы ей так больно. И недобрая мысль пришла ей на ум.

— Какой же ты мужчина! — бросила она ему. — Если подобные дела не можешь решить, где тебе быть большим начальником! Вот что — я знаю хороший выход: потрудишься раз, зато уж навсегда избавишься от забот.

Фан Дэ решил, что жена придумала что-то дельное, и поспешил спросить:

道："你有甚么法儿？"贝氏答道："自古有言，大恩不报。不如今夜觑个方便，结果了他性命，岂不干净。"只这句话，恼得房德彻耳根通红，大叫道："你这不贤妇！当初只为与你讨匹布儿做件衣服不肯，以致出去求告相识，被这班人诱去入伙，险些儿送了性命！若非这恩人，舍了自己官职，释放出来，安得今日夫妻相聚？你不劝我行些好事，反教伤害恩人，于心何忍！"贝氏一见老公发怒，又陪着笑道："我是好话，怎到发恶！若说得有理，你便听了；没理时，便不要听，何消大惊小怪。"房德道："你且说有甚理？"贝氏道："你道昔年不肯把布与你，至今恨我么？你且想，我自十七岁随了你，日逐所需，那一件不亏我支持，难道这两匹布，真个不舍得？因闻得当初有个苏秦，未遇时，合家俱为不礼，激励他做到六国丞相。我指望学这故事，也把你激发。不道你时运不济，却遇这强盗，又没苏秦那般志气，就随他们胡做，弄出事来，此乃你自作之孽，与我什么相干？那李勉当时岂真为义气上放你

— Что же ты предлагаешь?

— Есть такое старинное изречение: за великие благодеяния не благодарят, — сказала она. — Так вот тебе мой совет: сегодня же ночью подкараулить его, прикончить, и дело с концом.

— Дрянь ты этакая! — багровея от ярости, закричал Фан Дэ. — Ведь это из-за тебя я тогда чуть не расстался с жизнью: просил у тебя материи — не дала, пошел по знакомым — заманили в шайку. Если бы не этот мой благодетель, который, рискуя потерять должность, выпустил меня из тюрьмы, разве сейчас мы сидели бы здесь с тобой? Вместо того чтобы посоветовать мне сделать доброе дело, наущаешь на злодейство и подстрекаешь убить моего благодетеля! Да как же ты можешь! Какое же у тебя сердце?!

Видя, что Фан Дэ все больше и больше распаляется, женщина приветливо заулыбалась и сказала:

— Да я ведь из хороших побуждений. Чего ты рассвирепел? Выслушай меня: права я — согласись, нет — не надо, что тут выходить из себя и обижаться?

— Ну, говори, в чем твоя правота?

— Вот ты до сих пор винишь меня за то, что я тогда не дала тебе материи. Но поразмысли сам: семнадцати лет я пошла за тебя, и с тех пор есть ли хоть что-нибудь в доме, что бы не делалось именно благодаря мне? Так неужели я пожалела бы для тебя каких-то двух кусков материи? Разве в этом дело? Я слышала, что некогда был такой Су Цинь. Когда ему не везло, домашние умышленно обращались с ним худо, чтобы подзадорить его; и в конце концов именно благодаря этому он потом добился поста министра. Вот я тогда и понадеялась на этот пример и решила таким же путем подзадорить тебя. Но тебе уж слишком не везло. Ты угодил к разбойникам, а ни воли, ни решительности Су Циня у тебя не было — вот ты и остался у бандитов, пошел с ними безобразничать. И если получил по заслугам, то во всем сам и виноват. При чем тут я?! И потом, неужели ты думаешь,

么？"房德道："难道是假意？"贝氏笑道："你枉自有许多聪明，这些事便见不透。大凡做刑名官的，多有贪酷之人，就是至亲至戚，犯到手里，尚不肯顺情。何况与你素无相识，且又情真罪当，怎肯舍了自己官职，轻易纵放了重犯？无非闻说你是个强盗头儿，定有赃物窝顿，指望放了暗地去孝顺，将些去买上嘱下，这官又不坏，又落些入己。不然，如何一伙之中，独独纵你一个？那里知道你是初犯的穷鬼，竟一溜烟走了，他这官又罢休。今番打听着在此做官，可可的来了。"房德摇首道："没有这事。当初放我，乃一团好意，何尝有丝毫别念。如今他自往常山，偶然遇见，还怕误我公事，把头掉转，不肯相见，并非特地来相寻，不要疑坏了人。"贝氏又叹道："他说往常山乃是假话，如何就信以为真。且不要论别件，只他带着王太同行，便见其来意了。"房德道："带王太

что твой Ли Мянь из одного благородства и человечности отпустил тебя?

– Ты хочешь сказать, что это не так?

Женщина рассмеялась:

– Эх, что толку, что голова у тебя на плечах, если ты даже таких вещей не можешь понять. Ведь все эти чиновники по уголовным делам, как правило, люди жадные и жестокие. Попадись к ним в руки их лучшие друзья и ближайшие родственники, они и их не пощадят. С какой стати было такому чиновнику жалеть тебя, постороннего человека, добровольно жертвовать своей должностью и за здорово живешь освобождать важного преступника?! Просто когда он узнал, что ты главарь шайки, решил, что наверняка у вас запрятано добро и что у тебя найдется чем отблагодарить, если он тебя отпустит. Он дал бы подчиненным, преподнес начальству, и хорошим считался бы на своем посту, и в карман себе кое-что положил бы. Иначе с чего ради стал бы он из всей шайки отпускать тебя одного? Разве мог он предположить, что ты последний бедняк, что впервые пошел на такое дело, что удерешь и больше не покажешься ему на глаза и что он сам лишится должности? А нынче разузнал, что ты здесь начальник, – и тут как тут.

Фан Дэ только покачал головой.

– Этого быть не может. Он отпустил меня из добрых побуждений, ничего другого в мыслях у него не было. Ехал он сейчас в Чан-шань, а не ко мне, и встретился здесь со мной случайно. И то, когда заметил меня, отвернулся, не пожелал подойти – не хотел отвлекать меня от дел. Нет, не явился он сюда специально, чтобы найти меня, и не нужно такими подозрениями порочить хороших людей.

– Эх! – вздохнула женщина. – Да ведь он врал, когда говорил, что направляется в Чаншань. Как же ты мог этому поверить? Достаточно того, что он взял с собой Ван Тая. Этим одним он

同行便怎么？"贝氏道："你也忒杀懵懂！那李勉与颜太守是相识，或者去相访是真了；这王太乃京兆府狱卒，难道也与颜太守有旧去相访？却跟着同走。若说把头掉转不来招揽，此乃冷眼觑你，可去相迎？正是他奸巧之处，岂是好意？如果真要到常山，怎肯又住这几多时！"房德道："他那里肯住，是我再三苦留下的。"贝氏道："这也是他用心处，试你待他的念头诚也不诚。"房德原是没主意的人，被老婆这班话一耸，渐生疑惑，沉吟不悟。贝氏又道："总来这恩是报不得的！"房德道："如何报不得？"贝氏道："今若报得薄了，他一时翻过脸来，将旧事和盘托出，那时不但官儿了帐，只怕当做越狱强盗拿去，性命登时就送。若报得厚了，他做下额子，不常来取索。如照旧馈送，自不必说；稍不满欲，依然揭起旧案，原走不脱，可不是到底终须一结。自古道：先下手为强。今若不依我言，事到其间，悔之晚矣！"房德听说至此，

выдал себя с головой.

– А что с того, что он взял с собой Ван Тая? – недоумевал Фан Дэ.

– Ну и болван же ты! Если Ли Мянь знаком с губернатором Янем, то, может быть, и вправду едет навестить его. Ну, а этот Ван Тай, тюремщик столичного округа, – он что, по-твоему, тоже старый друг губернатора Яня и едет к нему в гости? Вот они вместе и отправились! А в том, что Ли Мянь отвернулся, как раз и был коварный расчет – посмотреть, подойдешь ты к нему или нет. Если бы он действительно направлялся в Чаншань, разве согласился жить здесь так долго?

– Да он и не соглашался, – возразил Фан Дэ. – Это я его просил остаться и в конце концов уговорил.

– И здесь он хитрил – просто хотел испытать, искренне твое отношение к нему или нет.

Фан Дэ вообще был человеком нерешительным, и слова жены зародили в нем сомнение. Он только тяжело вздохнул, но не проронил ни слова.

– Как бы там ни было, а за это добро не отблагодаришь! – твердила свое жена Фан Дэ.

– Что значит – «не отблагодаришь»?

– А то и значит: мало ему преподнесешь – разозлится, возьмет да и выложит все дело, где надо. Прощай тогда твоя должность. Да что там должность! Схватят как беглеца-разбойника, так, пожалуй, и с жизнью придется распрощаться! А щедро отблагодаришь – снова и снова будет приходить и требовать свое. Конечно, если ты собираешься всякий раз преподносить дорогие подарки, все будет в порядке, но если хоть в чем-то не угодишь, он опять-таки выдаст тебя, и тоже от ответа тебе будет не уйти. Разве не ясно, что надо положить этому конец? Исстари говорят: силен тот, кто первым бьет. Если сейчас не поступишь, как я советую, придет время – и слова мои сбудутся. Только

暗暗点头，心肠已是变了。又想了一想，乃道："如今原是我要报他恩德，他却从无一字题起，恐没这心肠。"贝氏笑道："他还不曾见你出手，故不开口。到临期自然有说话的。还有一件，他此来这番，纵无别话，你的前程，已是不能保了。"房德道："却是为何？"贝氏道："李勉至此，你把他万分亲热，衙门中人不知来历，必定问他家人，那家人肯替你遮掩？少不得以直告之。你想衙门人的口嘴，好不利害，知得本官是强盗出身，定然当做新闻，互相传说。同僚们知得，虽不敢当面笑你，背后诽议也经不起。就是你也无颜再存坐得住。这个还算小可的事。那李勉与颜太守既是好友，到彼难道不说，自然一一道知其详。闻得这老儿最古怪的，且又是他属下，倘被遍河北一传，连夜走路，还只算迟了。那时可不依旧落薄，终身怎处！如今急急下手，还可免得颜太守这头出丑。"房德初

жалеть-то будет поздно!

Фан Дэ слушал жену, молча кивая головой: теперь он уже был иначе настроен. Но, еще и еще раз поразмыслив, он заметил:

– Ведь это я сам хотел отблагодарить его за добро, которое он для меня сделал, а он и словом ни разу об этом не обмолвился. Думаю, что не это у него на уме.

– Не говорил, потому что не видел пока, чтобы ты собирался расщедриться, – с усмешкой ответила женщина. – Не беспокойся, придет время – заговорит. И еще должна тебе сказать: теперь, после его визита к тебе, что бы там ни было – все равно карьере твоей конец.

– Это почему?

– Все видели, как тепло, как сердечно ты отнесся к Ли Мяню, когда он сюда приехал. А почему – никто в ямэне не знает, и, разумеется, люди начнут расспрашивать об этом слуг Ли Мяня. Ну а тем какая нужда тебя выгораживать? Ясно, расскажут все, как было. Вот и подумай: языки у людей ох какие злые; как узнают в ямэне, что их начальник был разбойником, то уж, конечно, о таком чрезвычайном происшествии пойдут сплетни. Твои сослуживцы, может быть, и не посмеют в лицо насмехаться над тобой, но вполне хватит и пересудов за твоей спиной – уж из-за одного стыда ты не сможешь здесь оставаться. Но это еще полбеды. Раз Ли Мянь и губернатор Янь – большие друзья, то когда Ли Мянь будет у него, разумеется, поделится с ним и расскажет о тебе. А я слышала, что старик Янь – человек с большими причудами, и кто знает, что ему взбредет в голову, тем более что ты его подчиненный. Ну а если разнесется слух по всей провинции Хэбэй, тогда уж беги отсюда без оглядки. Опять станешь нищим, так и проживешь в бедности остаток своих дней. Чем ждать, пока тебя опозорит губернатор Янь, лучше действовать первым.

时，原怕李勉家人走漏了消息，故此暗地叮咛王太。如今老婆说出许多利害，正投其所忌，遂把报恩念头，撇向东洋大海，连称："还是奶奶见得到，不然，几乎反害自己。但他来时，合衙门人通晓得，明日不见了，岂不疑惑？况那尸首也难出脱。"贝氏道："这个何难？少停出衙，止留几个心腹人答应，其余都打发去了，将他主仆灌醉，到夜静更深，差人刺死，然后把书院放了一把火烧了，明日寻出些残尸剩骨，假哭一番，衣棺盛殓。那时人只认是火烧死的，有何疑惑！"房德大喜道："此计甚妙！"便要起身出衙。那婆娘晓得老公心是活的，恐两下久坐长谈，说得入港，又改过念来，乃道："总则天色还早，且再过一回出去。"房德依着老婆，真个住下。有诗为证：

猛虎口中剑，
黄蜂尾上针。
两般犹未毒，
最毒妇人心。

自古道：隔墙须有耳，窗外岂无人。房德夫妻在房说话

Фан Дэ с самого начала и сам опасался, как бы слуги Ли Мяня не проговорились, потому и предупреждал Ван Тая. Ну а когда жена наговорила ему такое, страх и вовсе обуял его. О благодарности за добро, которое ему сделали, он теперь и вовсе не думал.

— Да, хорошо, что ты подумала обо всем этом, — сказал он жене. — Иначе я бы сам погубил себя. Но только вот что: все в ямэ-не знают, что он здесь гостит, и если назавтра он вдруг исчезнет, это ведь вызовет у людей подозрение. Да и труп куда деть?

— Это как раз ерунда. Немного погодя ты пойдешь к нему, с собой возьмешь только нескольких верных людей, а остальных ушлешь. Напоишь его и его слуг, а ночью поручишь кому-нибудь убить их и поджечь кабинет. Утром найдешь их останки, поплачешь для приличия и положишь их в гроб. Все будут думать, что они погибли при пожаре. Какие могут быть у людей еще подозрения?!

— Великолепно придумано! — радостно воскликнул Фан Дэ. Он хотел было встать и уйти, но жена удержала его. Она знала слабохарактерность мужа: чего доброго, засидится с Ли Мянем, заговорится, симпатии к Ли Мяню снова возьмут верх, и он еще передумает.

— Еще рано, посиди, пойдешь позже, — сказала она.

Фан Дэ послушался и остался. Поистине,

В пасти свирепого тигра клыки
И жало в хвосте у осы
Не так опасны и ядовиты,
Как злое сердце жены.

Исстари говорят: у стен есть уши, и за окном найдется человек. Супруги говорили у себя в комнате, и, когда жена Фан

时，那婆娘一味不舍得这绢匹，专意撺唆老公害人，全不堤防有人窥听。况在私衙中，料无外人来往，恣意调唇弄舌。不想家人路信，起初闻得贝氏焦躁，便覆在外壁墙上，听他们争多竞少，直至放火烧屋，一句句听得十分仔细，到吃了一惊，想道："原来我主人曾做过强盗，亏这官人救了性命，今反恩将仇报，天理何在！看起来这般大恩人，尚且如此，何况我奴仆之辈。倘稍有过失，这性命一发死得快了。此等残薄之人，跟他何益。"又想道："常言救人一命，胜造七级浮屠。何不救了这四人，也是一点阴骘。"却又想道："若放他们走了，料然不肯饶我，不如也走了罢。"遂取些银两，藏在身边，觑个空，悄悄闪出私衙，一径奔入书院。只见支成在厢房中烹茶，坐于槛上，执着扇子打盹，也不去惊醒他；竟趋入书院内，看王太时，却都不在；止有李勉正襟据案而坐，展玩书籍。路信

Дэ без конца спорила с мужем о том, сколько материи дать Ли Мяню, а кончила тем, что стала подговаривать его на убийство, ей и в голову не приходило, что их могут подслушать, тем более здесь, в их собственных покоях, куда, она знала, никто из посторонних не заходит. Поэтому она дала волю языку, восстанавливая мужа против его благодетеля. Но случилось так, что слуга Лу Синь, который пришел сюда вместе с Фан Дэ, выходя из помещения, услышал доносившийся из комнаты начальника раздраженный голос госпожи Бэй. Лу Синь приник к стене и стал подслушивать. Все, о чем они спорили, их ругань и, наконец, разговор о том, чтобы поджечь кабинет, — все это он слышал до мельчайших подробностей и был потрясен.

«Вот, оказывается, кем был мой хозяин в прошлом! Господин, который гостит у нас, спас его, а он теперь хочет отплатить ему злом за добро. Да где же такое слыхано! — возмущался Лу Синь. — Если он может допустить такое по отношению к своему благодетелю, чего ждать от него нам, слугам?! Приведись сделать что не так, живо расправится — убьет не задумываясь. Какая польза служить таким подлым и жестоким людям!» Затем он подумал: «Говорят, спасти жизнь человеку — лучше, чем воздвигнуть семиэтажную пагоду Будде. Спасу этих четверых — по крайней мере за мной будет хоть какое-то доброе дело. Но если я предупрежу их, чтобы они отсюда бежали, — продолжал размышлять Лу Синь, — вряд ли меня пощадят, значит, надо и самому отсюда убираться». Лу Синь тут же взял деньги, какие оказались под рукой, спрятал их понадежнее и, улучив удобный момент, потихоньку, никем не замеченный, выскользнул из покоев начальника и прямым путем побежал в кабинет. Возле флигеля он увидел Чжи Чэна. Слуга сидел на пороге и заваривал чай. Обмахиваясь веером, он явно клевал носом. Боясь вспугнуть его, Лу Синь зашел в кабинет с другой стороны. Там сидел возле стола один Ли Мянь и рассматривал книги. Лу Синь подошел к столу и про-

走近案傍，低低道："相公，你祸事到了！还不快走，更待几时？"李勉被这惊不小，急问："祸从何来？"路信扯到半边，将适才所闻，一一细说，又道："小人因念相公无辜受害，特来通报，如今不走，少顷就不能免祸了。"李勉听得这话，惊得身子犹如吊在冰桶里，把不住的寒颤，急急为礼，称谢道："若非足下仗义救我，李勉性命定然休矣！大恩大德，自当厚报。决不学此负心之人。"急得路信跪拜不迭，道："相公不要高声，恐支成听得，走漏了消息，彼此难保。"李勉道："但我走了，遗累足下，于心何安？"路信道："小人又无妻室，待相公去后，亦自远遁，不消虑得。"李勉道："既如此，何不随我同往常山？"路信道："相公肯收留小人，情愿执鞭随镫。"李勉道："你乃大恩人，怎说此话？只是王太和两个人同去买麻鞋了，却怎么好？"路信道："待小

шептал:

— Господин, вас ждет беда. Бегите отсюда скорей! Не медлите! Ли Мянь не на шутку перепугался.

— Откуда грозит мне беда? — взволнованно спросил он.

Лу Синь схватил его за рукав, отвел в сторону и подробно рассказал все, что только что услышал.

— Я знал, что вы ни в чем не повинны, что пострадаете ни за что, — добавил он в заключение, — потому и пришел предупредить вас. Если вы сейчас же не уйдете, беды вам не миновать.

После всего, что рассказал Лу Синь, Ли Мянь, не переставая дрожать от страха так, будто его окунули в ведро с ледяной водой, благодарил Лу Синя.

— Если бы не вы, не ваши благородные побуждения, я бы погиб. За ваше благодеяние я не останусь неблагодарным. Вот уж не ожидал, что он окажется таким коварным.

— Прошу вас, тише, и поскорей уходите отсюда! Если нас подслушают, не уберечься ни вам, ни мне, — шептал Лу Синь взволнованно, без конца кланяясь в ответ.

— Ведь если я уйду, я подведу вас. Как я могу со спокойной душой так поступить?

— У меня нет ни жены, ни семьи, и когда вы уйдете, я тоже подамся отсюда куда-нибудь подальше. Пусть это вас не беспокоит.

— Раз так, почему бы вам не отправиться со мной в Чаншань?

— Если вы согласны оставить меня при себе, то я охотно буду вам служить.

— Зачем говорить так! Ведь вы — мой спаситель.

С этими словами Ли Мянь вышел и стал звать Ван Тая; кричал он кричал, но так его и не докричался.

— Куда же все они запропастились? — недоумевал он.

— Подождите, сейчас пойду разыщу их, — успокоил его Лу Синь.

人去寻来。"李勉又道："马匹俱在后槽，却怎处？"路信道："也等小人去哄他带来。"急出书院，回头看支成已不在槛上打盹了。路信即走入厢房中观看，却也不在。——原来支成登东厮去了。——路信只道被他听得，进衙去报房德，心下慌张，覆转身向李勉道："相公，不好了！想被支成听见，去报主人了，快走罢！等不及管家矣。"李勉又吃一惊，半句话也应答不出，弃下行李，光身子，同着路信跟跟跄跄抢出书院。衙役见了李勉，坐下的都站起来。李勉两步并作一步，奔出仪门外。天幸恰有承直令尉出入的三骑马系在东廊下。路信心生一计，对马夫道："快牵过官马来，与李相公乘坐，往西门拜客。"马夫见是县主贵客，且又县主管家分付，怎敢不依。连忙牵过两骑。二人方才上马，王太撞至马前。路信连忙道："王大叔来得好，快随相公拜客。"又叫马夫带那骑马与他乘坐，齐出县门，马夫紧随马后。路信再给马夫

— Да и кони мои стоят в стойле на заднем дворе, — растерянно продолжал Ли Мянь. — Как с этим быть?

— Тоже придется подождать — я подговорю конюха привести коней сюда, — сказал Лу Синь и поспешно вышел из кабинета. Во дворе он обнаружил, что Чжи Чэна на прежнем месте нет. Тогда Лу Синь зашел посмотреть, нет ли его в комнате во флигеле, — но и там его не оказалось. Вообще-то Чжи Чэн отлучился по нужде, а Лу Синь, решив, что тот их подслушал и пошел доносить Фан Дэ, испугался и побежал обратно к Ли Мяню.

— Господин, беда! Наверное, Чжи Чэн подслушал нас и пошел донести хозяину. Скорей уходим! Ждать Ван Тая уже не можем!

Ли Мяня охватил такой страх, что он слова не мог выговорить. Бросив все свои пожитки, он в чем был, шатаясь, вышел из кабинета и последовал за Лу Синем.

При появлении во дворе Ли Мяня служители ямэня, сидевшие у ворот, встали, чтобы его приветствовать. Ли Мянь торопливо прошел мимо них и быстрым шагом вышел за ворота. Здесь привязанными стояли три коня, которых держали наготове на случай, если понадобятся начальству.

Лу Синь быстро смекнул, как этим воспользоваться.

— Живо подавай лошадей! — крикнул он конюху. — Господин Ли Мянь едет с визитом к западным воротам.

Конюх тотчас подвел двух коней. Он не посмел ослушаться: перед ним стоял почтенный гость начальника уезда, и сам управляющий Лу Синь отдал ему приказание. Только успели они сесть на коней, как перед ними вырос Ван Тай, в руках он держал пару плетеных башмаков.

— Куда направляется мой господин? — поинтересовался Ван Тай.

— Господин едет с визитом к западным воротам, — ответил ему Лу Синь. — А вы-то откуда? — спросил Лу Синь с перекошенным от злости ртом.

道："相公因李相公明早要起身往府中去，今晚着你们洗刷李相公的马匹，少停便来呼唤，不必跟随。"马夫听信，便立住了脚道："多谢大叔指教。"三人离县过桥转西，两个从人提了麻鞋从东赶来，问道："相公那里去的？"王太道："连我也不晓得。"李勉便喝道："快跟我走，不必多言！"李勉、路信加鞭策马。王太见家主恁样慌促，正不知要往那里拜客。心中疑惑，也拍马赶上。两个家人也放开脚步，舍命奔赶。看看来到西门，远远望见三骑头口鱼贯进城。路信遥望认得是本衙干办陈颜，同着一个令史，那一人却不认识。陈颜和令史见了李勉，滚鞍下马声喏。常言道："人急计生。"路信便叫道："李相公管家们还少牲口，何不借陈干办的暂用？"李勉会意，遂收缰勒马道："如此甚好。"路信向陈颜道："李相公要去拜客，暂借你的牲口与管家一乘，少顷便来。"二人巴

– Да вот башмаки прохудились, ходил покупать. А кого собирается навестить мой хозяин?

– Поехали с нами, что еще расспрашивать! – ответил Лу Синь, тут же приказал подать еще одного коня, и все трое выехали за ворота ямэня. Конюх, разумеется, ехал рядом. Лу Синь бросил ему на ходу:

– Мы ненадолго, можешь не сопровождать!

Тот послушался.

Отъехав достаточно далеко от уездного управления, Ли Мянь подстегнул коня, и они вихрем помчались вперед. Ван Тай недоумевал, почему его хозяин так торопится и куда едет с визитом. Не успели они и самую малость проехать, как на дороге показались двое слуг Ли Мяня, каждый с парой плетеных башмаков в руках. Увидев хозяина, они подбежали к нему.

– Господин, куда вы направляетесь? – спросили они в один голос.

– Нечего задавать вопросы! Живей за мной! – прокричал им на ходу Ли Мянь. Слуги, не щадя себя, бежали вдогонку, но где им было успеть за лошадьми. У самых западных ворот из какого-то переулка навстречу им выехали два всадника. Еще издали Лу Синь разглядел, что это управляющий Чэнь Янь и его секретарь. Поравнявшись с Ли Мянем, они придержали коней, спешились и стали приветствовать его. Лу Синь быстро нашелся.

– Господин Ли, – нарочито громко обратился он к Ли Мяню, – ведь вашим управляющим не на чем ехать. Почему бы вам на время не одолжить коней у Чэнь Яня?

Ли Мянь подобрал поводья и, удерживая коня, произнес:

– Да, было бы очень кстати.

Тогда Лу Синь обратился к Чэнь Яню:

– Господин Ли едет с визитом. Не дадите ли ваших коней для его управляющих? Мы ненадолго, скоро вернемся.

Чэнь Янь и его секретарь были рады случаю угодить Ли

不得奉承李勉欢喜，指望在本官面前增些好言好语，可有不肯的理么，连声答应道："相公要用，只管乘去。"等了一回，两个家人带跌的赶到，走得汗淋气喘。陈颜二人将鞭缰递与两个家人手上。上了马，随李勉趱出城门。纵开丝缰，二十个马蹄，翻盏撒钹相似，循着大道，望常山一路飞马而去。正是：

拆破玉笼飞采凤，
顿开金锁走蛟龙。

话分两头。且说支成上了东厮转来，烹了茶，捧进书室，却不见了李勉。又遍室寻觅，没个影儿，想道："一定两日久坐在此，心中不舒畅，往外闲游去了。"约莫有一个时辰，尚不见进来。走出书院去观看，刚至门口，劈面正撞着家主。元来房德被老婆留住，又坐了老大一大回，方起身打点出衙，恰好遇见支成，问："可见路信么？"支成道："不见。想随李相公出外闲走去了。"房德心中疑虑，正待差支成去寻觅，

Мяню. Ведь он мог потом замолвить за них доброе словечко перед начальником.

– Если господину Ли нужно, пожалуйста! – сказали они в один голос.

Через минуту-другую подбежали следовавшие за Ли Мянем слуги – они едва переводили дыхание, пот градом катился с них. Чэнь Янь и секретарь поспешили передать им плетки и поводья. Слуги вскочили на лошадей и вслед за Ли Мянем и остальными выехали из города. Тут только люди отпустили поводья, и двадцать копыт, поднимая пыль, зацокали по проезжей дороге в сторону Чаншани. Вот уж действительно,

*Сломана клетка из яшмы –
и феникс в небо взлетел,
Разорвана цепь золотая –
и в море унесся дракон.*

Оставим теперь Ли Мяня и его спутников и скажем о Чжи Чэне, который, справив свои дела, вернулся, заварил наконец чай и понес его в кабинет. Однако Ли Мяня там не оказалось. Чжи Чэнь обошел все комнаты, но Ли Мяня и след простыл.

«Два дня уже сидит здесь, не выходя, – наскучило, наверное, пошел прогуляться», – решил Чжи Чэнь. Прождал он почти целую стражу, но Ли Мянь все не возвращался. Выйдя на улицу взглянуть, нет ли его где-нибудь поблизости, Чжи Чэнь у ворот столкнулся с Фан Дэ. Надо сказать, что Фан Дэ, которого задержала жена, просидел с ней довольно долго и теперь, очень кстати встретив Чжи Чэна, спросил у него:

– Тебе не попадался Лу Синь?

– Нет, не видел, – ответил тот. – Наверное, пошел пройтись с господином Ли.

Фан Дэ показалось это странным. Он собрался было послать

只见陈颜来到。房德问道:"曾见李相公么?"陈颜道:"方才在西门遇见。路信说:要往那里去拜客,连小人的牲口,都借与他管家乘坐。一行共五个马,飞跑如云,正不知有甚紧事?"房德听罢,料是路信走漏消息,暗地叫苦。也不再问,覆转身,原入私衙,报与老婆知得。那婆娘听说走了,到吃一惊道:"罢了,罢了!这祸一发来得速矣。"房德见老婆也着了急,慌得手足无措,埋怨道:"未见得他怎地!都是你说长道短,如今到弄出事来了。"贝氏道:"不要急,自古道:'一不做,二不休。'事到其间,说不得了。料他去也不远,快唤几个心腹人,连夜追赶前去,扮作强盗,一齐砍了,岂不干净。"房德随唤陈颜进衙,与他计较。陈颜道:"这事行不得,一则小人们只好趋承奔走,那杀人勾当,从不曾习惯。二则倘一时有人救应拿住,反送了性命。小人到有一计在此,不消劳师动众,教他一个也逃不脱。"房德欢喜道:"你且说有

Чжи Чэна на розыски Лу Синя, но как раз в это время к ним подошел Чэнь Янь.

– Не видел ли господина Ли? – обратился к нему Фан Дэ.

– Только что встретил его и Лу Синя возле западных ворот, – ответил Чэнь Янь. – Лу Синь говорил, что они собрались к кому-то в гости, я даже дал управляющим господина Ли своих коней. Они поехали впятером, неслись как вихрь. Не знаю, что у них было за спешное дело!

Фан Дэ догадался, что Лу Синь выболтал Ли Мяню его тайну, и если бы мог, закричал от досады. Никого ни о чем больше не расспрашивая, он вернулся в свои покои и рассказал обо всем жене. Та перепугалась.

– Худо! Худо! Теперь беда не заставит себя долго ждать! – причитала она.

Волнение жены передалось Фан Дэ. Он совсем растерялся.

– Что будем делать, если он не появится? Это все ты – наплела невесть что, теперь вот и получилось! – упрекал он жену.

– Ладно, не волнуйся. Исстари говорят: или не делай, а начал дело – доводи до конца. Что случилось, то случилось, толковать тут не о чем. Думаю, что далеко они не ушли. Немедля пошли надежных людей, пусть нагонят, нападут на них под видом бандитов, и дело с концом.

Фан Дэ вызвал к себе Чэнь Яня, выложил ему свой план и стал с ним договариваться.

– Нет, такое, знаете, нам не с руки, – сказал Чэнь Янь, выслушав начальника. – Наше дело услужить вам, отправиться куда-нибудь по вашему поручению, но чтобы пускаться на разные хитрости и убивать человека, – таких вещей мы никогда себе не позволяли. Но пусть я и пошел бы на это, а вдруг случится так, что кто-нибудь придет ему на помощь, меня схватят, тогда уж не он, а я погибну. Я предложу вам другое. И людей не надо будет посылать, и беглецы не уйдут.

甚妙策？"陈颜道："小人间壁，一月前有一个异人，搬来居住，不言姓名，也不做甚生理，每日出外酣醉而归。小人见他来历蹊跷，行踪诡秘，有心去察他动静。忽一日，有一豪士，青布锦袍，跃马而来，从者数人，径到此人之家，留饮三日方去。小人私下问那从者，宾主姓名，都不肯说。有一个人悄对小人说：'那人是个剑侠，能飞剑取人之头，又能飞行，顷刻百里。且是极有义气，曾与长安市上代人报仇，白昼杀人，潜踪于此。'相公何不备些礼物前去，只说被李勉陷害，求他报仇。若得应允，便可了事。"贝氏在屏风后听得，便道："此计甚妙！快去求之。"房德道："多少礼物送去？"陈颜道：

Фан Дэ обрадовался.

– Ну, говори, что ты придумал?

– Месяц назад по соседству со мной поселился один человек, – начал Чэнь Янь. – Ни фамилии своей, ни имени он никому не называет, ничем определенным не занимается, каждый день куда-то уходит и возвращается домой совсем пьяным. Прошлое его показалось мне подозрительным, поведение – загадочным, и я решил проследить за ним. И вот однажды я увидел, как один удалец, парадно одетый, подъехал к его дому на лошади. Несколько людей сопровождали его. Вся эта компания прошла к нему в дом, и там три дня подряд они пили. Я пытался выведать у слуг, что за человек их хозяин и что за люди приезжали к нему в гости, но никто упорно не хотел говорить. И только один шепотом рассказал мне следующее: «Человек этот – благородный рыцарь. Он может послать по воздуху свой меч и снять любому голову, умеет летать и за одно мгновение способен преодолеть сотни ли. К тому же человек он в высшей степени справедливый. В свое время в городе Чанъань, мстя за кого-то, он среди бела дня убил человека и теперь тут скрывается». Вы могли бы явиться к нему с подарком, – продолжал Чэнь Янь, – сказать, что Ли Мянь хочет вас погубить, и просить его отомстить за вас. Если только он согласится, дело будет сделано. Что может быть лучше!

– Это действительно хороший выход, боюсь только: он не согласится, – заявил, выслушав его, Фан Дэ.

Чэнь Янь возразил:

– Он будет знать, что имеет дело с начальником целого уезда, и, следуя своим убеждениям, наверняка не откажет. Думаю, что и подарок-то ваш он, скорее всего, не захочет принять.

Жена Фан Дэ, которая слышала весь разговор из-за ширмы, воскликнула:

– Великолепный план! Иди и немедленно проси его!

"他是个义士,重情不重物,得三百金足矣。"贝氏竭力撺掇,备就了三百金礼物。天色傍晚,房德易了便服,陈颜、支成相随,也不乘马,悄悄的步行到陈颜家里。原来却是一条冷巷,东邻西舍不上四五家,甚是寂静。陈颜留房德到里边坐下,点起灯火,窥探那人。等了一回,只见那人又是酣醉回来。陈颜报知房德。陈颜道:"相公须打点了一班说话,更要屈膝与他,这事方谐。"房德点头道:"是。"一齐到了门首,向门上轻轻扣上两下,那人开门出问:"是谁?"陈颜低声答道:"今乃本县知县相公,虔诚拜访义士。"那人道:"咱这里没有什么义士。"便要关门。陈颜道:"且莫闭门,还有句说话。"那人道:"咱要紧去睡,谁个耐烦!有话明日来说。"房德道:"略话片时,即便相别。"那人道:"有甚说话,且到里面来。"三人跨进门内,掩上门儿,

— Сколько же нужно будет дать в качестве подарка? – спросил Фан Дэ.

— Это благородный человек. Он дорожит чувствами, а не вещами, – сказал Чэнь Янь. – Трехсот ланов золотом будет вполне достаточно.

Жена Фан Дэ настаивала на том, чтобы поступить именно так, как советует Чэнь Янь, и тут же приготовила триста ланов. День уже клонился к вечеру, когда Фан Дэ, переодетый в простое платье, пешком, стараясь остаться никем не замеченным, в сопровождении Чэнь Яня и Чжи Чэна направился к дому Чэнь Яня. Наконец они очутились в безлюдном переулке, где было всего пять-шесть домов. Вокруг стояла полная тишина. Чэнь Янь провел Фан Дэ к себе в дом, усадил, зажег светильник, а сам пошел к выходу и стал ждать. Вскоре он увидел, что сосед возвращается, на этот раз тоже вдребезги пьяный. Чэнь Янь поспешил доложить об этом Фан Дэ.

— Приготовьтесь к разговору. А лучше всего станьте перед ним на колени и просите, – сказал он под конец.

Фан Дэ кивнул головой в знак согласия.

Они вместе подошли к соседнему дому и тихонько два раза постучались. Тот человек открыл дверь, вышел и спросил:

— Кто вы такие?

— Начальник нашего уезда с визитом к вам, благородный рыцарь, – тихим голосом доложил Чэнь Янь.

— Нет у меня здесь никакого благородного рыцаря, – ответил хозяин, собираясь захлопнуть дверь.

— Постойте! – остановил его Чэнь Янь. – Надо кое-что вам сказать.

— Спать я хочу. Какие там разговоры! – пробурчал тот в ответ. – Хотите поговорить, приходите завтра.

— Я только на минутку, – вмешался Фан Дэ.

— Ладно, раз так, проходите!

引过一层房子，乃是小小客房。房德即倒身下拜道："不知义士驾临敝邑，有失迎迓，今日幸得识荆，深慰平生。"那人扶住道："足下乃一县之主，如何行此大礼！岂不失了体面？况咱并非什么义士，不要错认了。"房德道："下官专来拜访义士，安有差错之理！"教陈颜、支成将礼物奉上，说道："些小薄礼，特奉义士为斗酒之资，望乞哂留。"那人笑道："咱乃闾阎无赖，四海无家，无一技一能，何敢当义士之称？这些礼物也没用处，快请收去。"房德又躬身道："礼物虽微，出自房某一点血诚，幸勿峻拒！"那人道："足下蓦地屈身匹夫，且又赐厚礼，却是为何？"房德道："请义士收了，方好相告。"那人道："咱虽贫贱，誓不取无名之物。足下若不说明白，断然不受。"房德假意哭拜于地道："房某负戴大冤久

Все трое вошли. Хозяин прикрыл за ними дверь, провел их в маленькую гостиную, зажег свечу. Фан Дэ тут же опустился перед ним на колени.

— Я не знал, что вы, благородный рыцарь, соблаговолили посетить наш скромный уезд, и виноват, что не встретил вас; но после того, что сегодня мне выпало счастье повидаться с вами, я могу спокойно прожить всю оставшуюся жизнь.

— Вы же хозяин всего уезда! — поднимая Фан Дэ с колен, сказал незнакомец. — Разве подобает вам становиться на колени? Ведь этим вы роняете свое достоинство. Тем более что я вовсе не какой-нибудь там рыцарь, так что вы просто ошиблись.

— Я специально явился с визитом к благородному рыцарю. О какой ошибке может быть речь! — возразил Фан Дэ и тут же велел Чэнь Яню и Чжи Чэну поднести незнакомцу подарок.

— Это скромное подношение пусть будет вам на вино, благородный рыцарь, — говорил тем временем Фан Дэ. — Прошу принять благосклонно.

Тот в ответ расхохотался.

— Я ведь бродяга бездомный, без роду, без племени, — сказал он. — Нет у меня никаких необычайных способностей и талантов, не заслуживаю я того, чтобы меня величали рыцарем, и подарки эти ни к чему. Прошу, возьмите их сейчас же назад.

Фан Дэ снова согнулся в поклоне.

— Мой подарок, конечно, скромен, — сказал он, — но подношу я его от искреннего сердца и потому прошу вас принять.

— Почему вы склоняетесь перед простолюдином, преподносите ему щедрые дары, в чем дело? — спросил человек.

— Примите, пожалуйста тогда мы поговорим.

— Хоть я и беден, но клянусь, не беру от людей ничего, если не знаю, с какой целью мне преподносят. Объясните, в чем дело, иначе ни за что не возьму.

Фан Дэ залился притворными слезами и, земно кланяясь,

矣！今仇在目前，无能雪耻；特慕义士是个好男子，赛过聂政、荆轲，故敢斗胆，叩拜阶下；望义士怜念房某含冤负屈，少展半臂之力，刺死此贼，生死不忘大德！"那人摇手道："我说足下认错了，咱资身尚且无策，安能为人谋大事？况杀人勾当，非同小可，设或被人听见这话，反是累咱家，快些请回。"言罢转身，先向外走。房德上前，一把扯住，道："闻得义士，素抱忠义，专一除残祛暴，济困扶危，有古烈士之风。今房某身抱大冤，义士反不见怜，料想此仇永不能报矣！"道罢，又假意啼哭。那人冷眼瞧了这个光景，认做真情，方道："足下真个有冤么？"房德道："若没大冤，不敢来求义士。"那人道："既恁样，且坐下，将冤屈之事并仇家姓名，今在何处，细细说来。可行则行，可止则止。"两下遂对面而坐，陈颜、支成站于旁边。房德捏出一段假情，反说：

стал рассказывать:

— Я давно уже терплю обиду, и ныне враг мой совсем рядом, а я не могу ему отомстить. Мне говорили о вас как о справедливом и отважном человеке, который своей храбростью превосходит Не Чжэна и Цзин Кэ. Поэтому я и решился обратиться к вам. Прошу вас, сжальтесь надо мной, ведь я так несправедливо обижен. Помогите уничтожить негодяя, и я вовек не забуду вашего благодеяния!

Но человек покачал головой.

— Я ведь говорил, что вы ошиблись. Мне ль помогать другим в серьезных делах, когда я сам себе заработать на жизнь не умею... Тем более замышлять убийство — ведь это не шутка! Если только нас сейчас подслушают, мне несдобровать. Так что, прошу вас, уходите скорей. — Сказав это, он первым направился к выходу. Фан Дэ схватил его за рукав.

— Я слышал, что вы человек справедливый, что в вас живет дух древних рыцарей, что вы всегда боретесь против злодеев и угнетателей, помогаете несчастным и обиженным, — говорил Фан Дэ. — А вот ко мне не хотите проявить сочувствия, хотя обида мне нанесена величайшая. Видимо, так мне и не придется отомстить моему врагу! — заключил Фан Дэ и опять пустил слезу.

Глядя на Фан Дэ, человек решил, что тот говорит правду.

— С вами действительно поступили несправедливо? — спросил он.

— Если бы это не было величайшей несправедливостью, я не осмелился бы обратиться к вам.

— Раз так, садитесь и расскажите подробно, кто вас обидел, как все это случилось и где сейчас ваш обидчик. Можно будет что-нибудь сделать — сделаю, а нет — значит, нет.

Чэнь Янь и Чжи Чэн остались стоять в стороне, а незнакомец и Фан Дэ сели друг против друга, и Фан Дэ стал сочинять исто-

"李勉昔年诬指为盗，百般毒刑拷打，陷于狱中，几遍差狱卒王太谋害性命，皆被人知觉，不致于死。幸亏后官审明释放，得官此邑。今又与王太同来挟制，索诈千金，意犹未足；又串通家奴，暗地行刺，事露，适来连此奴挈去，奔往常山，要唆颜太守来摆布。"把一片说话，妆点得十分利害。那人听毕大怒道："原来足下受此大冤，咱家岂忍坐视？足下且请回县，在咱身上，今夜往常山一路，找寻此贼，为足下报仇。夜半到衙中复命。"房德道："多感义士高义！某当秉烛以待。事成之日，另有厚报。"那人作色道："咱一生路见不平，拔刀相助，那个希图你的厚报？这礼物咱也不受。"说犹未绝，飘然出门，其去如风，须臾不见了。房德与众人惊得目睁口呆，连声道："真异人也！"权将礼物收回，待他复命时再送。有诗

рию:

— В свое время Ли Мянь ни за что ни про что обвинил меня в разбое, нещадно бил, пытал и посадил в тюрьму. Не раз он посылал ко мне тюремщика Ван Тая, чтобы тот прикончил меня, но так замысел его и не удался – каждый раз кто-нибудь мешал. На мое счастье, чиновник, сменивший Ли Мяня, толком расследовал мое дело, я был освобожден и получил должность в этом уезде. Но на днях Ли Мянь вместе с Ван Таем явился сюда, стал мне угрожать и вытянул из меня тысячу ланов золотом. Но и этого ему показалось мало – подговорил моего слугу убить меня. Но дело у них сорвалось, и они оба бежали. Сейчас Ли Мянь направился в Чаншань – хочет подговорить там губернатора Яня, чтобы тот разделался со мной.

— Вот как! – в негодовании закричал человек, выслушав рассказ Фан Дэ, в котором тот нагородил бог весть сколько жестоких поступков Ли Мяня. – Какая подлость! Нет, уж тут сидеть сложа руки я не могу!.. Пожалуйста, возвращайтесь домой, я все беру на себя. Нынче же ночью я отправлюсь в Чаншань, разыщу этого негодяя и отомщу за вас. В полночь буду в ямэне и отчитаюсь перед вами.

— Бесконечно признателен благородному рыцарю за искреннее сочувствие! – сказал Фан Дэ. – Буду ждать вас, а когда дело сделается, особо щедро вас отблагодарю.

— Всю свою жизнь я бросался на помощь с обнаженным мечом, если видел, что совершается несправедливость. Полагаете, что я рассчитываю на ваш щедрый подарок?! И этот ваш сегодняшний я тоже не приму, – возмущенный, сказал ему в ответ на это человек. Не успев еще договорить, он с быстротою ветра и с легкостью птицы устремился к выходу и в мгновение исчез.

Фан Дэ, Чжи Чэн и Чэнь Янь застыли, уставившись в одну точку и раскрыв рты от удивления.

— Действительно, необыкновенный человек! – в один голос

为证：

> 报仇凭一剑，
> 重义藐千金。
> 谁谓奸雄舌，
> 几违烈士心！

且说王太同两个家人，见家主出了城门，又不拜甚客，只管乱跑，正不知为甚缘故。一口气就行了三十余里，天色已晚，却又不寻店宿歇。那晚乃是十三，一轮明月，早已升空，趁着月色，不顾途路崎岖，负命而逃，常恐后面有人追赶。在路也无半句言语，只管趱向前去。约莫有二更天气，共行了六十多里，来到一个村镇，已是井陉县地方。那时走得人困马乏。路信道："来路已远，料得无事了，且就此觅个宿处，明日早行。"李勉依言，径投旅店。谁想夜深了，家家闭户关

восклицали они.

Деньги Фан Дэ приказал взять обратно, решив, что поднесет их рыцарю, когда тот возвратится.

Стихи по этому поводу говорят:

> *Он ударом меча*
> > *готов отомстить за зло;*
> *Справедливость ценя,*
> > *о деньгах не думает он.*
> *Кто бы мог ожидать:*
> > *ведь изменника злой язык*
> *Чуть не ввел в заблужденье*
> > *отважное сердце его!*

Но вернемся снова к Ли Мяню.

Ван Тай и слуги Ли Мяня не могли понять, почему их хозяин покинул город, так и не заехав ни к кому с визитом, почему несется во весь дух. Ведь они, не переводя дыхания, проскакали более тридцати ли, уже наступали сумерки, а Ли Мянь, похоже, и не собирался останавливаться на ночлег.

Это была ночь тринадцатого числа: светлый диск луны давно уже сиял на небе. При свете луны Ли Мянь, не обращая внимания на то, что дорога стала обрывистой, не щадя себя, мчался вперед, опасаясь, что настигнет погоня. В пути он не проронил ни слова и то и дело подстегивал коня.

Наступила уже вторая стража. Позади осталось более шестидесяти ли, когда они въехали в какое-то селение уезда Цзинсинсянь. И люди страдали от голода и жажды, и кони к этому времени выбились из сил.

– Мы отъехали уже далеко, думаю, теперь все будет в порядке, – обратился Лу Синь к Ли Мяню. – Давайте переночуем здесь, а завтра утром поедем дальше.

门，无处可宿。直到市梢头，方觅得一个旅店。众人一齐下马，走入店门。将牲口卸了鞍辔，系在槽边喂料。路信道："主人家，拣一处洁净所在，与我们安歇。"店家答道："不瞒客官说，小店房头，没有个不洁净的。如今也止空得一间在此。"店家掌灯引入房中。李勉向一条板凳上坐下，觉得气喘吁吁。王太忍不住问道："请问相公，那房县主苦留，明日拨夫马相送，从容而行，有何不美？却反把自己行李弃下，犹如逃难一般，连夜奔走，受这等劳碌！路管家又随着我们同来，是甚意故？"李勉叹口气道："汝那知就里！若非路管家，我与汝等死无葬身之地矣。今幸得脱虎口，已谢天不尽了。还顾得什么行李、辛苦？"王太惊问其故。李勉方待要说，不想店主人见他们五人五骑，深夜投宿，一毫行李也无，疑是歹人，走进来盘问脚色，说道："众客长做甚生意？打从何处来，这时候到此？"李勉一肚子气恨，正没处说，见店主相问，答

Ли Мянь согласился, и они отправились искать ночлег.

Стояла глубокая ночь, ворота всюду были на запоре, остановиться было негде. Лишь на самой окраине селения они увидели полуоткрытые ворота, внутри кто-то наводил порядок. Это оказался постоялый двор. Тут они все спешились, вошли во двор, расседлали и завели в стойла коней и задали им корм.

— Хозяин, отведи нам чистое помещение, чтобы мы могли отдохнуть, — сказал Лу Синь хозяину двора.

— По правде говоря, у нас тут все комнаты чистые, но свободна сейчас только одна, — ответил тот. И, засветив два маленьких фонарика, ввел их в комнату. Ли Мянь, еле дыша, сразу повалился на скамейку. Только тут Ван Тай не выдержал и наконец спросил:

— Господин, осмелюсь спросить, что случилось? Ведь начальник уезда так сердечно уговаривал нас остаться, завтра он дал бы коней, выделил сопровождающих, и мы спокойно уехали бы. Разве было бы плохо?! Так нет, мы словно беглецы какие-то: бросили вещи, всю ночь скакали до потери сил. Да и управляющий начальника Лу Синь едет с нами...

— Что ты знаешь! — вздохнув, ответил Ли Мянь. — Если бы не Лу Синь, все мы погибли бы и тела наши валялись бы неизвестно где. Мы, можно сказать, вырвались из самой пасти тигра. Благодарение богу, что живы остались. Не до вещей и не до усталости!

— Как это так? — недоумевал Ван Тай.

Ли Мянь собрался было объяснить, в чем дело, но в это время в комнату вошел хозяин постоялого двора. Обеспокоенный тем, что пятеро молодцов приехали глубокой ночью, верхами, без всякого багажа, он заподозрил, уж не разбойники ли это, и решил зайти к ним расспросить, кто они такие.

— Чем вы занимаетесь? И откуда едете, что так поздно явились сюда? — спросил он новых постояльцев.

道："话头甚长，请坐下了，待我细诉。"乃将房德为盗犯罪，怜其才貌，暗令王太释放，以致罢官；及客游遇见，留回厚款，今日午后，忽然听信老婆谗言，设计杀害，亏路信报知逃脱，前后之事，细说一遍。王太听了这话，连声唾骂："负心之贼！"店主人也不胜嗟叹。王太道："主人家，相公鞍马辛苦，快些催酒饭来吃了，睡一觉好赶路。"店主人答应出去。只见床底下忽地钻出一个大汉，浑身结束，手持匕首，威风凛凛，杀气腾腾。吓得李勉主仆魂不附体，一齐跪倒，口称："壮士饶命！"那人一把扶起李勉道："不必慌张，自有话说。咱乃义士，平生专抱不平，要杀天下负心之人。适来房德假捏虚情，反说公诬陷，谋他性命，求咱来行刺；那知这贼子怎般狼心狗肺，负义忘恩！早是公说出前情，不然，险些误

— Это очень длинная история, — ответил Ли Мянь, — присядьте, и я вам подробно объясню. — И, переполненный невысказанной обидой, Ли Мянь поведал хозяину, как в свое время Фан Дэ был разбойником и совершил преступление, как он, Ли Мянь, пожалел Фан Дэ, который показался ему образованным человеком, и велел Ван Таю тайком выпустить его из тюрьмы, как лишился из-за этого должности и как случайно встретил Фан Дэ в этих краях. Рассказал о том, как Фан Дэ гостеприимно его принял, как вдруг сегодня днем случайно выяснилось, что по наущению жены Фан Дэ решил убить его, и как благодаря Лу Синю он узнал об этом и бежал, — словом, подробно по порядку рассказал обо всем.

Слушая его, хозяин постоялого двора то и дело сокрушенно вздыхал, а Ван Тай во весь голос клял и ругал Фан Дэ.

— Уважаемый, — обратился Ван Тай к хозяину постоялого двора, когда Ли Мянь кончил свой рассказ. — Господин утомился, велите, чтобы поскорей принесли вина и что-нибудь поесть. Мы поспим немного и снова двинемся в путь.

Только хозяин вышел, как из-под кровати вдруг выскочил какой-то здоровенный мужчина в легкой, плотно облегающей одежде, с кинжалом в руке. Вид у него был грозный. У Ли Мяня и других от страха чуть душа не покинула тело.

— Рыцарь, пощадите! Пощадите! — закричали они, пав перед ним ниц.

— Не пугайтесь! Я должен вам кое-что сказать, — промолвил человек, беря Ли Мяня за руки и поднимая его с колен. — Я — поборник справедливости, заступник обиженных, я освобождаю землю от бесчестных и неблагодарных. Фан Дэ только что наплел мне, что это вы возвели на него напраслину, задумали погубить его, и просил меня расправиться с вами. Мог ли я знать, что у этого мерзавца волчье сердце и собачья душа, что он лишен благородства и не помнит добра! Хорошо, что вы при

杀了长者。"李勉连忙叩下头去道："多感义士活命之恩！"那人扯住道："莫谢莫谢，咱暂去便来。"即出庭中，耸身上屋，疾如飞鸟，顷刻不见。主仆都惊得吐了舌，缩不上去，不知再来还有何意。怀着鬼胎，不敢睡卧，连酒饭也吃不下。有诗为证：

奔走长途气上冲，
忽然床下起青锋。
一番衷曲殷勤诉，
唤醒奇人睡梦中。

再说房德的老婆，见丈夫回来，大事已就，礼物原封不动，喜得满脸都是笑靥，连忙整备酒席，摆在堂上，夫妻秉烛以待。陈颜也留在衙中俟候。到三更时分，忽听得庭前宿鸟惊鸣，落叶乱坠，一人跨入堂中。房德举目看时，恰便是那个义士，打扮得如天神一般，比前大似不同，且惊且喜，向前迎

мне рассказали все хозяину, а то я чуть было по ошибке не убил достойного человека.

– Благодарю вас, благородный рыцарь, что вы сохранили мне жизнь, – говорил Ли Мянь, земно кланяясь.

– Не надо, не благодарите, – сказал человек, поднимая Ли Мяня с колен. – Я ненадолго оставлю вас, а позже вернусь.

Он вышел из комнаты, поднялся на крышу и тотчас с легкостью птицы взлетел. Мгновенье – и его не стало видно. Ли Мянь и его слуги оцепенели от удивления и страха, никто не знал, зачем он еще вернется. Опасаясь, нет ли во всем этом злого умысла, они не решались лечь спать; к еде, которую им принесли, не притронулись. Вот что об этом можно сказать в стихах:

Бежали со страхом в душе,
*   долгий проделали путь,*
Как вдруг из-под ложа
*   вороненый клинок показался.*
Когда ж рассказали
*   подробности этого дела,*
Как будто от сна пробудился
*   таинственный незнакомец.*

Но обратимся снова к жене Фан Дэ. Когда Фан Дэ возвратился и она узнала, что дело сделано, да еще и подарок не тронут, она так и засияла от радости. Тут же был накрыт стол, зажжены свечи, и муж с женой стали ждать возвращения рыцаря. Чэнь Янь тоже остался у них. В третью стражу они вдруг услышали страшный крик вспугнутых птиц, шорох падающих с деревьев листьев, и тут же в дверях появился какой-то человек. Фан Дэ поднял на него глаза и узнал в нем благородного рыцаря. Но теперь тот скорее походил на какое-то божество, чем на недавнего незнакомца. Страх и радость охватили Фан Дэ. Он пошел

接。那义士全不谦让，气忿忿的大踏步走入去，居中坐下。房德夫妻叩拜称谢。方欲启问，只见那义士十分忿怒，飕地掣出匕首，指着骂道："你这负心贼子！李愬尉乃救命大恩人，不思报效，反听妇人之言，背恩反噬。既已事露逃去，便该悔过，却又假捏虚词，哄咱行刺。若非他道出真情，连咱也陷于不义。剐你这负心贼一万刀，方出咱这点不平之气！"房德未及措辨，头已落地。惊得贝氏慌做一堆。平时且是会说会讲，到此心胆俱裂，嘴犹如胶漆粘牢，动弹不得。义士指着骂道："你这泼贱狗妇！不劝丈夫行善，反教他伤害恩人。我且看你肺肝是怎样生的！"托地跳起身来，将贝氏一脚踢翻，左脚踏住头发，右膝捺住两腿。这婆娘连叫："义士饶命！今后再不敢了。"那义士骂道："泼贱淫妇！咱也到肯饶你，只是你不肯饶人。"提起匕首向胸膛上一刀，直剖到脐下。将匕首衔在口中，双手拍开，把五脏六腑，抠将出来，血沥沥提在手中，向灯下照看道："咱只道这狗妇肺肝与人不同，原来也只如此，怎生恁般狠毒！"遂撇过一边，也割下首级，两颗头结做一堆，盛在革囊之中。揩抹了手上血污，藏了匕首，提起革

рыцарю навстречу, а тот без всяких принятых при встрече учтивостей и церемоний, со свирепым видом широкими шагами решительно прошел в комнату и сел посредине.

Фан Дэ и его жена опустились перед ним на колени и стали благодарить. Они собрались было расспросить его о деле, как тот, разъяренный, резким движением выхватил кинжал и, тыча пальцем в Фан Дэ, обрушился на него:

– Мерзавец! Начальник Ли – твой благодетель, он спас тебе жизнь, а ты не то что не подумал отблагодарить его, а еще решил отплатить ему злом за добро, поверив навету жены. Раскаяться должен был, раз уж твои планы провалились и он сбежал. Куда там! Пустился врать, подговаривая меня убить человека. Да если бы господин Ли не рассказал своей истории хозяину гостиницы, я был бы обесчещен. Казнить тебя надо, неблагодарного, лютой казнью, чтобы хоть как-то избавить себя от кошмара несправедливости.

И не успел Фан Дэ шевельнуться, как голова его уже лежала на полу. Жена Фан Дэ съежилась от ужаса. У этой сварливой и языкастой бабы от страха перекосился рот, она даже губами не могла пошевелить.

– Дрянь ты этакая! – набросился на нее рыцарь. – Вместо того чтобы советовать мужу сделать добро, подговаривала его погубить вашего благодетеля. Посмотреть бы, из чего у тебя сердце и печень!

Пинком он свалил женщину на пол, одной ногой наступил ей на волосы, другой придавил ноги к полу.

– Пощадите! – завопила жена Фан Дэ. – Никогда больше не буду!

– Продажная тварь! Я простил бы тебя, только ты-то людям не прощаешь! – сказал рыцарь и вонзил кинжал ей в грудь... Он отсек ей голову, положил ее вместе с головой Фан Дэ в кожаный мешок, вытер от крови руки, спрятал кинжал, взвалил мешок на

囊，步出庭中，逾垣而去。

　　　　说时义胆包天地，
　　　　话起雄心动鬼神。

　　再说李勉主仆在旅店中，守至五更时分，忽见一道金光，从庭中飞入。众人一齐惊起，看时正是那义士。放下革囊，说道："负心贼已被咱剜腹屠肠，今携其首在此。"放下革囊，取出两颗首级。李勉又惊又喜，倒身下拜道："足下高义，千古所无！请示姓名，当图后报。"义士笑道："咱自来没有姓名，亦不要人酬报。前咱从床下而来，日后设有相逢，竟以'床下义士'相呼便了。"道罢，向怀中取一包药儿，用小指甲挑了少许，弹于首级断处，举手一拱，早已腾上屋檐，挽之不及，须臾不知所往。李勉见弃下两个人头，心中慌张，正没摆布。可霎作怪，看那人头时，渐渐缩小，须臾化为一搭清水，李勉方才放心。坐至天明，路信取些钱钞，还了店家，收拾马匹上路。又行了两日，方到常山，径入府中，拜谒颜太

плечи, вышел во двор, перелез через стену и исчез. Поистине,

> *Благородство души беспредельно,*
> *Отвагою сердца ни с кем не сравним.*

Ли Мянь и его люди всю ночь не спали, ждали, что будет. В пятую стражу на небе вдруг появился яркий луч, который тотчас золотистым снопом влетел в комнату.

В испуге они повскакали с мест. Перед ними стоял тот самый рыцарь.

– Этих негодяев я прикончил. Вот здесь их головы, – сказал он, вывалив на пол из мешка две головы.

Радость и страх охватили Ли Мяня, он пал наземь и, кланяясь, говорил:

– Такого благородства еще не знали века! Прошу вас назвать мне вашу фамилию и имя, надеюсь, что когда-нибудь смогу вас отблагодарить.

Рыцарь засмеялся:

– Нет у меня ни фамилии, ни имени, и не нужно мне никакой благодарности. Вылез я тут у вас из-под кровати, поэтому, если еще доведется встретиться, то так и называйте меня «Рыцарь из-под кровати».

Говоря так, он вынул из-за пазухи пакет с каким-то порошком и, взяв порошок на кончик ногтя, посыпал им отрубленные головы; затем поклонился, вскочил на окно и взлетел на крышу. Никто даже остановить его не успел: миг – и он исчез. Ли Мянь растерянно смотрел на две головы, валявшиеся на полу, не зная, как ему с ними быть. Но, к его великому удивлению, головы стали постепенно уменьшаться, и скоро на том месте, где они лежали, осталась лишь лужица. Ли Мянь облегченно вздохнул.

Утром Лу Синь расплатился с хозяином постоялого двора, и, оседлав коней, все двинулись в дорогу. Два дня еще они провели

守。故人相见，喜笑颜开，遂留于衙署中安歇。颜太守也见没有行李，心中奇怪，问其缘故。李勉将前事一一诉出，不胜骇异。过了两日，柏乡县将县宰夫妻被杀缘由，申文到府。原来是夜陈颜、支成同几个奴仆，见义士行凶，一个个惊号鼠窜，四散躲避。直至天明，方敢出头。只见两个没头尸首，横在血泊里，五脏六腑，都抠在半边，首级不知去向；桌上器皿，一毫不失。一家叫苦连天，报知主簿县尉，俱吃一惊，齐来验过。细询其情，陈颜只得把房德要害李勉，求人行刺始末说出。主簿县尉，即点起若干做公的，各执兵器，押陈颜作眼，前去捕获刺客。那时哄动合县人民，都跟来看。到了冷巷中，打将入去，惟有几间空房，那见一个人影。主簿与县尉商议申文，已晓得李勉是颜太守的好友，从实申报，在他面上，怕有干碍。二则又见得县主薄德。乃将真情隐过，只说半夜被盗越

в пути и наконец добрались до Чаншани.

Ли Мянь явился прямо в ямэнь к губернатору Яню. Тот встретил приятеля с радостной улыбкой и оставил его отдыхать у себя. Губернатора удивило, что друг его приехал без всяких вещей, и когда он сказал об этом Ли Мяню, тот поведал ему обо всем, что с ним приключилось. Губернатор был поражен.

Через два дня к губернатору Яню пришло донесение из Босяни об убийстве начальника уезда и его жены.

Надо сказать, что в ту ночь Чэнь Янь, Чжи Чэн и некоторые другие слуги видели, как рыцарь расправляется с их начальником, но в страхе все они, как крысы, разбежались кто куда и только утром решились вновь показаться в ямэне. К своему ужасу, на месте преступления они обнаружили в луже крови два обезглавленных трупа... Посуда и все, что было на столе, оставалось нетронутым. В ямэне все без конца охали и плакали, а когда о случившемся доложили начальнику канцелярии и начальнику по уголовным делам, те не на шутку перепугались, тут же поехали освидетельствовать трупы и учинить допросы. Чэнь Яню пришлось подробно рассказать о том, как Фан Дэ решил уничтожить Ли Мяня и как просил человека убить его. Тогда начальники созвали людей, велели им вооружиться, заставили Чэнь Яня быть проводником и направились схватить убийцу. Весь город был взволнован этим происшествием, и народ толпой следовал за ними. Оказавшись в безлюдном переулке, где жил рыцарь, они ворвались в его дом, но нашли одни пустые комнаты – и тени человеческой там не было. Начальники стали советоваться, как им теперь писать донесение. Им уже было известно, что Ли Мянь – друг губернатора Яня, и потому излагать дело так, как оно было в действительности, они сочли неудобным – тень падала на Ли Мяня. С другой стороны, для них стало ясно, каким неблагодарным человеком был их начальник уезда. Поэтому, умолчав об истинных обстоятельствах убийства, они

入私衙，杀死县令夫妇，窃去首级，无从捕获。两下周全其事。一面买棺盛殓。颜太守依拟，申文上司。那时河北一路，都是安禄山专制，知得杀了房德，岂不去了一个心腹，倒下回文，着令严加缉获。李勉闻了这个消息，恐怕缠到身上，遂作别颜太守，回归长安故里。恰好王坐事下狱，凡被劾罢官，尽皆起任。李勉原起畿尉，不上半年，即升监察御史。一日，在长安街上行过，只见一人身衣黄衫，跨下白马，两个胡奴跟随，望着节导中乱撞。从人呵喝不住。李勉举目观看，却是昔日那床下义士。遂滚鞍下马，鞠躬道："义士别来无恙？"那义士笑道："亏大人还认得咱家。"李勉道："李某日夜在心，安有不识之理？请到敝衙少叙。"义士道："咱另日竭诚来拜，今日实不敢从命。倘大人不弃，同到敝寓一话，何

сообщили лишь, что в ту ночь бандит забрался в дом к начальнику уезда, убил его и его жену, унес их головы, а разыскать убийцу не удалось. Затем они распорядились о похоронах.

Губернатор Янь, согласно этому донесению, в свою очередь написал донесение вышестоящему начальству. Надо сказать, что в то время вся провинция Хэбэй находилась под властью Ань Лушаня. Узнав, что убили Фан Дэ и таким образом лишили его одного из доверенных лиц, Ань Лушань в ответ прислал распоряжение во что бы то ни стало найти убийцу. Ли Мянь побоялся, что его могут впутать в это дело, простился с губернатором Янем и вернулся к себе на родину в Чанъань. А тут как раз случилось так, что Ван Хуна посадили в тюрьму и всем, кто по его докладам в свое время был лишен должности, вернули их посты. Ли Мянь снова был назначен на должность начальника уголовного следствия, а потом не прошло и полугода, как он получил повышение и стал цензором.

Однажды, проезжая по одной из улиц Чанъани, Ли Мянь заметил человека в желтой куртке верхом на белом коне. Двое слуг-иноземцев следовали за ним. Человек перебирался на другую сторону перекрестка. Не считаясь с тем, что идет процессия начальника, он прорывался сквозь свиту Ли Мяня. Окрики служителей ямэня на него не действовали. Присмотревшись к этому человеку, Ли Мянь узнал в нем того самого «Рыцаря из-под кровати». Он тут же спрыгнул с коня и поклонился ему.

– Благородный рыцарь, как здравствуете вы? – приветствовал его Ли Мянь

– О! Вы еще помните меня! – улыбаясь, проговорил тот.

– Денно и нощно вспоминаю о вас. Как мог я вас не признать! – сказал Ли Мянь и тут же предложил: – Прошу зайти ко мне в ямэнь.

– В другой раз непременно нанесу вам визит, а сегодня никак не могу. Но, – добавил он, – если не пренебрежете, может быть,

如？"李勉欣然相从，并马而行，来到庆元坊，一个小角门内入去。过了几重门户，忽然显出一座大宅院，厅堂屋舍，高耸云汉。奴仆趋承，不下数百。李勉暗暗点头道："真是个异人。"请入堂中，重新见礼，分宾主而坐。顷刻摆下筵席，丰富胜于王侯。唤出家乐在庭前奏乐，一个个都是明眸皓齿，绝色佳人。义士道："随常小饮，不足以供贵人，幸勿见怪！"李勉满口称谢。当下二人席间谈论些古今英雄之事，至晚而散。次日李勉备了些礼物，再来拜访时，止存一所空宅，不知搬向何处去了。嗟叹而回。后来李勉官至中书门下平章事，封为汧国公。王太、路信，亦扶持做个小小官职。诗云：

从来恩怨要分明，

поедем вместе ко мне. Как вы на это посмотрите?

Ли Мянь охотно принял приглашение, и они поехали рядом.

В переулке Цинъюаньфан они спешились, вошли в небольшие ворота какого-то дома, прошли еще несколько ворот, и вдруг перед ними вырос огромный особняк и ряд высоких зданий, вздымавшихся к самому небу. Слуг в усадьбе были целые сотни.

«Действительно, необыкновенный человек!» – подумал про себя Ли Мянь. Рыцарь пригласил его войти в зал; они снова приветствовали друг друга и сели, как подобает гостю и хозяину.

Вскоре был накрыт стол, по богатству и роскоши превосходивший княжеские. Тут же позвали девиц, которые стали играть на музыкальных инструментах, и все это были ясноокие и сверкавшие белизною зубов красавицы.

– Прошу не обижаться, что на столе скромное угощение, недостойное вас, знатного человека, – говорил рыцарь, потчуя Ли Мяня.

Ли Мянь еще и еще благодарил его; за столом они говорили о героях и храбрых мужах древности и нынешних времен и лишь поздно вечером разошлись.

На следующий день Ли Мянь приготовил подарки и опять явился с визитом к рыцарю, но на этот раз дом был пуст, и никто не знал, куда переехал его владелец. Вздыхая, Ли Мянь отправился к себе.

Впоследствии Ли Мянь дослужился до поста советника при дворе, и ему был пожалован титул князя удела Цяньго. Ван Тай и Лу Синь благодаря Ли Мяню тоже получили небольшие должности.

В стихах говорится:

Всегда старайтесь распознать,
что есть добро, а что – злодейство;

将怨酬恩最不平。
安得剑仙床下士,
人间遍取不平人!

Нет хуже злом воздать тому,
* кто сделал для тебя добро.*
Где рыцарей набрать с мечом –
* таких, как тот «из-под кровати»,*
Чтобы смести со всей земли
* людишек злых, несправедливых!*

Цзинь гу цигуань
Глава 11

КИТАЙСКАЯ КЛАССИКА

第十一卷

苏小妹三难新郎

聪明男子做公卿，
女子聪明不出身。
若许裙钗应科举，
女儿那见逊公卿？

自混沌初辟，乾道成男，坤道成女，虽则造化无私，却也阴阳分位。阳动阴静，阳施阴受，阳外阴内。所以男子主四方之事，女子主一室之事。主四方之事的，顶冠束带，谓之丈夫；出将入相，无所不为；须要博古通今，达权知变。主一室之事的，三绺梳头，两截穿衣，一日之计，止无过饔飧井臼；终身之计，止无过生男育女。所以大家闺女，虽曾读书识字，

ГЛАВА 11

СУ СЯОМЭЙ ТРИЖДЫ ОЗАДАЧИВАЕТ ЖЕНИХА

*Мужчине – талант
    высокие званья сулит,
Для женщины умной
    путь службы закрыт.
Но дали б ей доступ к экзаменам,
    те же права,
Не уступила б вельможам
    и важным ученым двора.*

Едва разделился хаос, небо породило мужское начало – ян, земля – начало женское инь. И хотя созидательная сила природы была беспристрастна, она все же обособила инь от ян: ян свойственно движение, инь – покой; ян осуществляет, инь воспринимает; ян действует вовне, инь – внутри. Поэтому мужчина ведает всеми делами в стране, а женщина занята лишь хозяйством. Кто ведает всеми делами в стране, носит парадную шапку, пояс роскошный по чину, и мужем его величают. Он полководец, он и министр, он всюду на самых различных постах. Такой человек обязан разбираться в современной жизни и в делах минувших лет, должен постичь суть правления, понимать причины нарождающегося и предвидеть его последствия. А женщина хозяйничает в доме, носит простую прическу, одета в обычное платье. Ее повседневные заботы ограничиваются колодцем да ступкой, посудой да кухней, и вся ее жизнь сводится к тому, чтобы рожать и воспитывать детей. Поэтому если в богатой семье женщину и обучают грамоте, то от нее требуют всего лишь умения кое-как разбираться в фамилиях и именах да записать

也只要他识些姓名，记些帐目。他又不应科举，不求名誉，诗文之事，全不相干。虽然如此，各人资性不同。有等愚蠢的女子，教他识两个字，如登天之难。有等聪明的女子，一般过目成诵，不教而能。吟诗与李杜争强，作赋与班马斗胜，这都是山川秀气，偶然不钟于男而钟于女。且如汉有曹大家，他是那班固之妹，代兄续成汉史。又有个蔡琰，制《胡笳十八拍》，流传后世。晋时有个谢道韫，与诸兄咏雪，有柳絮随风之句，诸兄都不及他。唐时有个上官婕妤，中宗皇帝教他品第朝臣之诗，臧否一一不爽。至于大宋妇人，出色的更多。就中单表一个叫作李易安，一个叫作朱淑真。他两个都是闺阁文章之伯，女流翰苑之才。论起相女配夫，也该对个聪明才子。争奈月下老错注了婚籍，都嫁了无才无学之人，每每怨恨之情，形于笔札。有诗为证：

в книгу счет. Она не держит экзаменов, не добивается славы, а к поэзии, изящной словесности и вовсе не имеет отношения. Но каждому свое. Иная женщина так тупа, что легче взобраться на небо, чем научить ее хоть как-то читать. А другая, бывает, настолько талантлива, что взглядом лишь текст пробежит, тут же прочтет наизусть. Ее и учить не приходится – все постигает сама. В стихах она не уступит Ли Бо и Ду Фу, в одах – Бань Гу и Сыма.

Но, конечно, такие одаренные женщины встречаются лишь потому, что самое лучшее в природе иногда случайно достается им, а не мужчине. В период Хань, например, жили Бань Чжао, сестра Бань Гу, о котором мы только что упоминали, и Цай Янь. Бань Чжао за брата закончила «Историю Ранней династии Хань», Цай Янь сочинила «Восемнадцать напевов для северной свирели», которые исполнялись и последующими поколениями. В период Цзинь была известна Се Даоюнь. Как-то с братьями, воспевая снег, она произнесла: «Словно пух ивы по ветру летит». Так прекрасно о снеге никто из ее братьев сказать не сумел. Во времена династии Тан была придворная дама Шангуань Ваньэр. Когда император Чжун-цзун попросил ее оценить стихи сановников двора, она безошибочно отметила их достоинства и недостатки. А уж сколько было выдающихся женщин при Сун. Назовем только двух – Ли Цинчжао и Чжу Шучжэнь. Обе они изяществом своих стихов и широтой познаний были первыми среди женщин. И коль говорить о том, что достойная женщина заслуживает достойного супруга, то этим одаренным особам, казалось, должны бы найтись под стать и талантливые мужья. Но что поделаешь, если, внося записи в брачную книгу, старец под луною ошибся и эти женщины вышли замуж за бездарных неучей; не случайно поэтому в их творениях нет-нет да звучит скорбь и досада. Вот что говорят стихи:

鸥鹭鸳鸯作一池，
曾知羽翼不相宜！
东君不与花为主，
何似休生连理枝！

那李易安有《伤秋》一篇，调寄《声声慢》：

寻寻觅觅，
冷冷清清，
凄凄惨惨戚戚。
乍暖还寒时候，
正难将息。
三杯两盏淡酒，
怎敌他晚来风力！
雁过也，
总伤心，
却是旧时相识。

满地黄花堆积，
憔悴损，
如今有谁忺摘。
守着窗儿，
独自怎生得黑！
梧桐更兼细雨，

Журавль неуклюжий с красавицей уткой
ютятся в запруде одной;
Ни силою крыльев, ни перьев нарядом
не сходны они меж собой.
Когда забывает Весны повелитель
заботы свои о цветах,
Неужто, как тесно сплетенные ветви,
цвести они будут весной?

(Перевод Л. Н. Меньшикова)

У Ли Цинчжао, о которой мы сейчас говорили, есть стихотворение «Осенняя печаль», написанное на мотив «Тихий и грустный напев»:

Все думы да думы,
все скорбь да печаль,
да сердца щемящая грусть,
Как пустынно кругом.
Вернулась холодная осень,
веет последним теплом.
Что чарка-другая простого вина,
если ветер так резок в ночи.
Пролетела вдали
стайка милых гусей,
Сердце сжалось в груди:
стайка старых друзей.
Желтеет сорвавшийся лист,
повсюду опали цветы.
Кто же с любовью ветку сухую
с улыбкой поднимет с земли?
Сумерки. Дождь моросит.
Отчетливо слышу, как капля за каплей

到黄昏,
点点滴滴,
这次第怎一个愁字了得!

朱淑真时值秋间,丈夫出外,灯下独坐无聊,听得窗外雨声滴点,吟成一绝:

哭损双眸断尽肠,
怕黄昏到又昏黄。
那堪细雨新秋夜,
一点残灯伴夜长!

后来刻成诗集一卷,取名《断肠集》。

说话的,为何单表那两个嫁人不着的?只为如今说一个聪明女子,嫁着一个聪明的丈夫,一唱一和,遂变出若干的话文。正是:

说来文士添佳兴,
道出闺中作美谈。

话说四川眉州,古时谓之蜀郡,又曰嘉州,又曰眉山。

по листьям платана стучит.
Как темно. Я одна у окна.
А все, что во мне и вокруг,
разве выразить словом «тоска».

Чжу Шучжэнь как-то осенью, когда муж уехал, сидела одна при светильнике и грустила. За окном мерно покрапывал дождь. И вот строка за строкою у нее сложились стихи:

Плачу я – слезы мне очи слепят,
тоска мою душу терзает.
Сердце трепещет при мысли о ночи,
а ночь уже вновь наступает.
Сумрак вечерний, унылый, холодный
и нитями тянется дождь;
Тусклый светильник один предо мной
в осеннюю длинную ночь.

Впоследствии был составлен сборник стихов Чжу Шучжэнь, которому дали название «Скорбь души».

Рассказчик, спросите вы, а почему ты говоришь о тех именно двух женщинах, которым так не повезло в браке?

А потому только, что я собираюсь рассказать вам о том, как одной умной девице все же попался и умный муж. Жили они душа в душу, а об их супружеской жизни сложили много занимательных историй. И право,

Приятно читать интересную повесть,
О славной девице беседу вести.

Итак, начнем рассказ. В провинции Сычуань есть округ Мэй-чжоу, который некогда назывался областью Шу, потом –

山有蟇顺、峨眉，水有岷江、环湖，山川之秀，钟于人物。生出个博学名儒来，姓苏名洵，字允明，别号老泉。当时称为"老苏"。老苏生下两个孩儿，大苏小苏。大苏名轼，字子瞻，别号东坡；小苏名辙，字子由，别号颖滨。二人都有文经武纬之才，博古通今之学，同科及第，名重朝廷，俱拜翰林学士之职。天下称他兄弟，谓之"二苏"。称他父子，谓之"三苏"。这也不在话下。更有一桩奇处，那山川之秀，偏萃于一门。两个儿子未为希罕，又生个女儿，名曰小妹，其聪明绝世无双，真个闻一知二，问十答十。因他父兄都是个大才子，朝谈夕讲，无非子史经书；目见耳闻，不少诗词歌赋。自古道："近朱者赤，近墨者黑。"况且小妹资性过人十倍，何事不晓。十岁上，随父兄居于京师寓中，有绣球花一树，时当春

Цзячжоу, затем – Мэйшань. Есть там горы Маи и Эмэй; из рек и озер – Хуаньху и Миньцзян.

Всем прекрасным одарила природа в тех краях и самого человека, дав миру знаменитого ученого по фамилии Су, по имени Сюнь. Второе имя этого ученого было Минъюнь, литературный псевдоним – Лаоцюань. В те времена его называли «Старый Су». У Су Сюня было двое сыновей – Старший Су и Младший Су. Старшего звали Ши, второе имя его было Цзычжань, литературный псевдоним – Дунпо; младшего звали Чэ, второе имя его было Цзыю, литературный псевдоним – Инбинь. Оба обладали врожденным талантом к наукам, оба были сведущи в военном деле и отличались обширностью познаний как о прошлом, так и о настоящем. И тот и другой держали экзамены, и оба получили звание цзиньши. Их высоко ценили при дворе и обоих назначили на должность в Придворную академию. Говоря о братьях, их обычно называли Двумя Су, а вместе с отцом – Тремя Су. Но речь не о них самих, куда удивительнее другое.

Совершенство, которым природа может наделить человека, было почему-то сосредоточено в одной семье. Два талантливых брата – все же не диво. Но у Су Сюня была еще дочь, Су Сяомэй, которая вряд ли имела равных себе по уму. О ней поистине можно сказать: что ни услышит – поймет до конца, спросят о чем – на все даст ответ.

Поскольку отец и братья Сяомэй были людьми большой учености, то в доме постоянно говорили о классических книгах, об истории и философии. К тому же Сяомэй доводилось читать и слышать немало стихов, песен, од и различных напевов, а исстари говорят: кто возле красной краски – красный, кто рядом с черной тушью – черный.

И так как Сяомэй своими дарованиями намного превосходила других, то чего только она не знала!

Когда Сяомэй было десять лет, она вместе с отцом и братья-

月，其花盛开。老泉赏玩了一回，取纸笔题诗。才写得四句，报道：门前客到。老泉阁笔而起。小妹闲步到父亲书房之内，看见桌上有诗四句：

　　天巧玲珑玉一丘，
　　迎眸烂熳总清幽。
　　白云疑向枝间出，
　　明月应从此处留。

小妹览毕，知是咏绣球花所作，认得父亲笔迹，遂不待思索，续成后四句云：

　　瓣瓣折开蝴蝶翅，
　　团团围就水晶球。
　　假饶借得香风送，
　　何羡梅花在陇头。

　　小妹题诗依旧放在桌上，款步归房。老泉送客出门，复转书房。方欲续完前韵，只见八句已足。读之词意俱美。疑是女儿小妹之笔。呼而问之，写作果出其手。老泉叹道："可惜是个女子！若是个男儿，可不又是制科中一个有名人物！"自此愈加珍爱，恣其读书博学，不复以女工督之。看看长成一十六

ми жила в столице. Дома у них рос куст гортензий. Была весна, и гортензии распускались пышным цветом. Как-то раз Лаоцюань, очарованный прелестью цветов, взял кисть, чтобы в стихах выразить свои чувства. Он успел написать лишь четыре строки, и тут доложили о госте. Лаоцюань бросил писать и вышел. Сяомэй, которая случайно зашла в это время к отцу в кабинет, заметила на столе стихи:

*Посмотришь – куст яшмы увешан шарами,
Лишь ветки мелькают живыми тенями.
И мнится, что тучки в тех вьются ветвях,
Что месяц укрылся в их гуще, в цветах.*

Она поняла, что в этих строках воспевается прелесть гортензий, в почерке признала руку отца и тотчас, не задумываясь, докончила стих, приписав:

*Что каждый цветок окружен мотыльками,
Что ветер играет их крыл лепестками,
И дай аромат им, развея в садах,
Не стали бы мэй восхищаться в горах.*

Положив листок со стихами на прежнее место, Сяомэй тихонько вышла из кабинета. Тем временем Лаоцюань, проводив гостя, вернулся к себе, и когда снова взялся за кисть, то увидел, что стих закончен. Прочел: и размер и содержание – все прекрасно! Заподозрив, что это дело рук дочери, он велел позвать ее. Оказалось, действительно, стихи дописаны ею.

– Жаль, что она женщина, – произнес со вздохом Лаоцюань, – а то, спору нет, и она бы у меня прославилась на экзаменах.

С тех пор Лаоцюань стал еще больше лелеять свою дочь. Теперь он уже не следил за тем, занимается ли она женским тру-

岁，立心要妙选天下才子，与之为配。急切难得。忽一日，宰相王荆公着堂候官请老泉到府与之叙话。原来王荆公，讳安石，字介甫。未得第时，大有贤名。平时常不洗面，不脱衣，身上虱子无数。老泉恶其不近人情，异日必为奸臣，曾作《辨奸论》以讥之，荆公怀恨在心。后来见他大苏小苏连登制科，遂舍怨而修好。老泉亦因荆公拜相，恐妨二子进取之路，也不免曲意相交。正是：

> 古人结交在意气，
> 今人结交为势利。
> 从来势利不同心，
> 何如意气交情深。

是日，老泉赴荆公之召，无非商量些今古，议论了一番时事，遂取酒对酌，不觉忘怀酩酊。荆公偶然夸奖："小儿王雱，读书只一遍，便能背诵。"老泉带酒答道："谁家儿子读

дом, предоставив ей возможность вволю читать книги и расширять свои познания. Когда Сяомэй шел шестнадцатый год, отец решил во что бы то ни стало подобрать ей мужа из первых талантов в стране. Но сразу найти такого было, конечно, нелегко.

Случилось как-то, что министр Ван, князь удела Цзин, пригласил Лаоцюаня побеседовать. Министр Ван – это тот, чье имя – Аньши и второе имя – Цзефу. Человек этот стал пользоваться большой известностью сразу же, как только выдержал экзамены. Но Ван Аньши, случалось, не умывался, ложился спать не раздеваясь, и одежда на нем была полна вшей. Лаоцюаня такая дикость отталкивала. Он предполагал, что в будущем Ван Аньши станет коварным и опасным царедворцем, и высмеял его в своем «Трактате о подлых министрах». Ван Аньши затаил на Лаоцюаня злобу, но, увидев, как Старший и Младший Су один за другим выдержали экзамены, подавил обиду и решил сблизиться с ним. Когда Ван Аньши был произведен в министры, то и Лаоцюаню из опасения за карьеру своих сыновей волей-неволей пришлось поддерживать с ним добрые отношения. Вот уж право,

Близкие духом и мыслью
  в древности дружбу водили,
Ныне же дружат с расчетом
  на силу и власть.

Итак, в назначенный день Лаоцюань отправился к министру. Сначала, как водится, поговорили о том, о сем, побеседовали о государственных делах, а затем стали пить рюмку за рюмкой, незаметно увлеклись и оба порядком захмелели. Разговорившись, Ван Аньши невзначай похвалил своего сына Ван Пана, заявив, что стоит ему лишь раз прочесть что-нибудь, как он тут же запоминает.

两遍！"荆公道："到是老夫失言，不该班门弄斧。"老泉道："不惟小儿只一遍，就是小女也只一遍。"荆公大惊道："只知令郎大才，却不知有令爱。眉山秀气，尽属公家矣。"老泉自悔失言，连忙告退。荆公命童子取出一卷文字，递与老泉道："此乃小儿王雱窗课，相烦点定。"老泉纳于袖中，唯唯而别。回家睡至半夜，酒醒，想起前事："不合自夸女孩儿之才。今介甫将儿子窗课属吾点定，必为求亲之事。这头亲事，非吾所愿，却又无计推辞。"沉吟到晓，梳洗已毕，便将王雱所作，次第看之，真乃篇篇锦绣，字字珠玑，又不觉动了个爱才之意。"但不知女儿缘分如何？我如今将这文卷与女儿观之，看他爱也不爱。"遂隐下姓名，分付丫鬟道："这卷文

— А кто же для этого по два раза читает? – спросил охмелевший гость.

— Простите, оплошал! Мне ль перед Лу Банем хвастать уменьем владеть топором!

— Не только моим сыновьям, но и дочери моей дважды читать не приходится!

— Вот как! – удивился министр. – О том, что сыновья у вас выдающиеся таланты, я знал давно, но что и дочь ваша так талантлива, я, признаться, не слышал. Как видно, все прекрасное, все совершенное, что только может дать нам природа, досталось именно вашей семье.

Лаоцюань пожалел, что лишнее сорвалось с языка, и стал поспешно прощаться. Но Ван Аньши задержал его, приказав отроку-служке принести какую-то тетрадь.

— Это ученические упражнения моего сына, – сказал министр, протягивая тетрадь гостю. – Не затрудню ли вас, ели попрошу взять с собой, просмотреть и сделать замечания?

Лаоцюань положил тетрадь в рукав, поспешно откланялся и вышел. Дома он сразу же лег спать. Среди ночи проснулся. Хмель весь вышел. Ему вспомнился визит к министру, и он пожалел о том, что стал расхваливать перед ним свою дочь. «Неспроста Ван Аньши дал мне прочесть сочинение сына, – рассуждал про себя Лаоцюань, – не иначе как прочит его в зятья. Но этот брак мне вовсе не по душе. А как теперь отказать?» Мысли обо всем этом не давали Лаоцюаню заснуть. Утром, умывшись и причесавшись, он вынул тетрадь Ван Пана и принялся внимательно читать. Невольно чувство любви к таланту заговорило в нем, когда он увидел, как на каждой странице речь стелется парчою цветистой и жемчугом редким блистают слова.

«Кто знает, какая судьба предназначена дочери? – размышлял вслух Лаоцюань. – Дам-ка я ей прочесть. Интересно, понравится или нет». Имя автора он решил от Сяомэй скрыть и потому,

字，乃是个少年名士所呈，求我点定。我不得闲暇，转送与小姐，教他到批阅完时，速来回话。"丫鬟将文字呈上小姐，传达太老爷分付之语。小妹滴露研朱，从头批点，须臾而毕。叹道："好文字！此必聪明才子所做。但秀气泄尽，华而不实，恐非久长之器。"遂于卷面批云：

  新奇藻丽，是其所长；含蓄雍容，是其所短。取巍科则有余，享大年则不足。

后来王雱十九岁中了头名状元，未几夭亡。可见小妹知人之明。这是后话。却说小妹写罢批语，叫丫鬟将文卷纳还父亲。老泉一见大惊，"这批语如何回复得介甫！必然取怪。"一时污损了卷面，无可奈何，却好堂候官到门："奉相公钧旨，取昨日文卷。面见太爷，还有话禀。"老泉此时，手足无

вручая тетрадь служанке, сказал:

— Это тетрадь одного известного молодого ученого, который попросил меня разметить его сочинение. У меня сейчас нет свободного времени. Передай тетрадь молодой госпоже. Пусть она просмотрит, а когда кончит, сразу же вернешься с этой тетрадью ко мне.

Служанка вручила Сяомэй тетрадь и передала ей распоряжение отца.

Сяомэй тут же растерла киноварь и взялась за кисть. Через мгновение все было размечено.

— Хорошо написано! Сразу видно ученого и одаренного человека, — со вздохом произнесла она. — Однако талант его уже иссяк, цветисто все, но животворного зерна не видно – пожалуй, недолго осталось блистать ему своим дарованием.

Рассудив так, Сяомэй на заглавном листе тетради написала:

В новизне и изяществе – сила,
  в нищете содержания – слабость.
Чтобы чин получить, он талантлив сверх меры,
  но прожить суждено ему мало.

Впоследствии Ван Пан в девятнадцать лет первым выдержал экзамены на звание цзиньши, но вскоре умер. Этот случай ясно говорит о необыкновенной прозорливости Сяомэй. Но мы забежали вперед.

Итак, написав заключение, Сяомэй велела служанке отнести тетрадь отцу. Взглянув на тетрадь, тот испугался: «Как же с такой оценкой возвращать тетрадь? Обидится ведь! Что ж теперь делать – заглавный-то лист испорчен!»

Размышления Лаоцюаня прервал слуга:

— Явился человек от министра за известной, говорит, вам тетрадью. Кроме того, посланный имеет передать нашему го-

措，只得将卷面割去，重新换过，加上好批语，亲手交与堂候官收讫。堂候官道："相公还分付过，有一言动问：贵府小姐曾许人否？倘未许人，相府愿谐秦晋。"老泉道："相府议亲，老夫岂敢不从。只是小女貌丑，恐不足当金屋之选。相烦好言达上。但访问自知，并非老夫推托。"堂候官领命，回复荆公。荆公看见卷面换了，已有三分不悦。又恐怕苏小姐容貌真个不扬，不中儿子之意。密地差人打听。原来苏东坡学士，常与小妹互相嘲戏。东坡是一嘴胡子，小妹嘲云：

口角几回无觅处，
忽闻毛里有声传。

小妹额颅凸起，东坡答嘲云：

сподину еще кое-что лично.

Лаоцюань совсем растерялся. Ему ничего не оставалось, как вырвать первый лист, заменить его новым и на нем написать похвальный отзыв. Тетрадь он собственноручно передал посланному от Ван Аньши.

— Мне приказано еще осведомиться, не просватана ли дочь почтенного господина Су, — сказал тот, принимая тетрадь. — Если нет, то министр желал бы, как говорится, предложить вам союз, подобный союзу меж Цинь и Цзинь.

— Посмею ли я возражать против желания министра породниться с моей семьей? Но только дочь у меня уродлива. Боюсь, что не оправдает павший на нее выбор столь почтенного и богатого дома. Прошу вас взять на себя труд в самых учтивых выражениях сообщить об этом министру. И если министр пожелает, то ему нетрудно будет разузнать и убедиться, что с моей стороны это отнюдь не предлог для отказа.

С этим посланец вернулся к министру.

Ван Аньши был недоволен уже тем, что заглавный лист тетради заменен, а слова Лаоцюаня вызвали в нем опасение, что, может быть, Сяомэй действительно не блещет красотой и не понравится сыну. Поэтому он тайком послал людей разузнать о ней.

Тут надо сказать, что Дунпо, брат Сяомэй, часто подсмеивался над сестрой, а Сяомэй — над ним. У Дунпо были такие усы, что Сяомэй по этому поводу шутила:

Бранит меня, но не пойму
    откуда брань несется?
И вдруг я слышу — из щетины
    голос раздается.

Дунпо, в свою очередь, высмеивал выпуклый лоб сестры:

未出庭前三五步，
额头先到画堂前。

小妹又嘲东坡下颏之长云：

去年一点相思泪，
至今流不到腮边。

东坡因小妹双眼微抠，复答云：

几回拭眼深难到，
留却汪汪两道泉。

访事的得了此言，回复荆公，说："苏小姐才调委实高绝。若论容貌，也只平常。"荆公遂将姻事阁起不题。然虽如此，却因相府求亲一事，将小妹才名播满了京城。以后闻得相府亲事不谐，慕名来求者，不计其数。老泉都教呈上文字，把与女孩儿自阅。也有一笔涂倒的，也有点不上两三句的。就中

С крыльца сойдет два-три шага,
но только повернется,
Как лоб в гостиной у двери,
сама ж еще плетется.

Сяомэй подсмеивалась над длинным лицом брата:

Две струи горьких слез
прошлогодней тоски
Лишь теперь наконец
до губы дотекли.

Дунпо в ответ издевался над ее глубоко посаженными глазами:

Трет глаза пятый день,
но до глаз не достать,
А слезливый родник
не спешит высыхать.

Все эти шутки стали известны тем, кто по поручению Ван Аньши разузнавал о Сяомэй. Министру доложили, что внешность Су Сяомэй уступает ее блестящим талантам. Тогда Ван Аньши оставил мысль об этом сватовстве.

Тем не менее желание министра породниться с семейством Су привело к тому, что слава о Сяомэй разнеслась по всей столице. Позже, когда выяснилось, что сватовство так и не состоялось, не счесть было тех, кто, восхищаясь одаренностью Сяомэй, приходил просить ее руки.

Лаоцюань предлагал каждому написать сочинение и давал его дочери на просмотр. Одни она сразу перечеркивала взмахом

只有一卷，文字做得好。看他卷面写有姓名，叫做秦观。小妹批四句云：

今日聪明秀才，
他年风流学士。
可惜二苏同时，
不然横行一世。

这批语明说秦观的文才，在大苏小苏之间，除却二苏，没人及得。老泉看了，已知女儿选中了此人。分付门上："但是秦观秀才来时，快请相见。余的都与我辞去。"谁知众人呈卷的，都在讨信。只有秦观不到。却是为何？那秦观秀才字少游，他是扬州府高邮人。腹饱万言，眼空一世。生平敬服的，只有苏家兄弟，以下的都不在意。今日慕小妹之才，虽然炫玉求售，又怕损了自己的名誉，不肯随行逐队，寻消问息。老泉见秦观不到，反央人去秦家寓所致意。少游心中暗喜。又想

кисти, в других отмечала два-три хороших места, и только. Но среди этих сочинений попалось одно, которое она нашла прекрасным. На заглавном листе значились фамилия и имя автора – Цинь Гуань. И вот на этом сочинении Сяомэй написала:

Сегодня – лишь умный сюцай,
Завтра – известный ученый.
Жаль, что два Су помешают ему
Над веком царить восхищенным.

Таким образом, Сяомэй явно говорила, что по своим литературным дарованиям Цинь Гуань стоит в одному ряду с ее братьями и что никто другой с ним сравниться не может.

Лаоцюань прочел стихи дочери, понял, что выбор ее остановился на этом человеке, и тут же отдал распоряжение привратникам:

– Как только появится сюцай Цинь Гуань, сразу же просите его ко мне. Остальных не принимать.

Но оказалось, что за ответом приходили все представлявшие свои сочинения и не явился лишь Цинь Гуань.

Почему же это?

Уроженец Гаою, сюцай Цинь Гуань, второе имя которого Шаою, был таким человеком, о котором поистине можно сказать: клад знаний – в нем самом, мир пуст в его глазах. Лишь братьям Су отдавал он должное, а прочих ни во что не ставил. Теперь же он преклонялся еще и перед талантом их сестры. И хотя Сяомэй была яшмой прелестной, ждущей владельца, однако Цинь Гуань, не желая ронять собственного достоинства, не хотел плестись за толпою искателей, домогавшихся приятных известий.

И так как Цинь Гуань все не являлся, Лаоцюань попросил своих друзей дать ему понять, что его ждут. Цинь Гуань очень

道："小妹才名，得于传闻，未曾面试。又闻得他容貌不扬，额颅凸出，眼睛凹进，不知是何等鬼脸？如何得见他一面，方才放心。"打听得二月初一日，要在岳庙烧香，趁此机会，改换衣装，觑个分晓。正是：

眼见方为的，
传闻未必真。
若信传闻语，
枉尽世间人。

从来大人家女眷入庙进香，不是早，定是夜。为甚么？早则人未来，夜则人已散。秦少游到二月初一日五更时分，就起来梳洗，打扮个游方道人模样：头裹青布唐巾，耳后露两个石碾的假玉鬓儿，身穿皂布道袍，腰系黄绦，足穿净袜草履，项上挂一串拇指大的数珠，手中托一个金漆钵盂，侵早就到东岳庙前伺候。天色黎明，苏小姐轿子已到。少游走开一步，让他轿子入庙，歇于左廊之下。小妹出轿上殿。少游已看见了。虽

этому обрадовался, но подумал: «О талантах Сяомэй я знаю лишь понаслышке, лично мне не приходилось в этом удостовериться. Кроме того, говорят, что она не блещет красотой – лоб выпуклый, глаза впалые. Неизвестно еще, на какого беса она похожа. Повидать бы ее, тогда на душе было бы поспокойнее». Узнав, что в первый день второго месяца Сяомэй будет в храме, он решил воспользоваться этим. Чтобы разглядеть ее как следует, он задумал пойти туда переодетым. Правильно говорят:

Не верь тому,
    что сам не можешь видеть,
В людской молве
    нередко правды нет.
И если будешь
    слухам верить всяким,
Тогда кривым
    предстанет целый свет.

(Перевод Л. Н. Меньшикова)

Обычно женщины из знатных семейств отправляются в храмы возжечь свечи рано утром или поздно вечером, когда там меньше народу. Зная это, в первый день второго месяца Цинь Гуань поднялся до рассвета, умылся, причесался и стал наряжаться странствующим даосом: на голову надел высокую шапку из простого темно-синего холста, к ушам подцепил кольца из искусственной яшмы, облачился в темно-синий халат, подпоясался желтым шнуром, надел белые чулки, обулся в соломенные башмаки, на шею повесил четки из бусин величиной с большой палец, а в руки взял позолоченную чашу для сбора подаяний.

Рано утром он уже стоял у храма и поджидал Сяомэй. Паланкин ее прибыл, как только занялся день. Пока Сяомэй сходила

不是妖娆美丽，却也清雅幽闲，全无俗韵。"但不知他才调真正如何？"约莫焚香已毕，少游却循廊而上，在殿左相遇。少游打个问讯云：

小姐有福有寿，
愿发慈悲。

小妹应声答云：

道人何德何能，
敢求布施！

少游又问讯云：

愿小姐身如药树，
百病不生。

小妹一头走，一头答应：

随道人口吐莲花，
半文无舍。

少游直跟到轿前，又问讯云：

小娘子一天欢喜，
如何撒手宝山？

с паланкина и поднималась в главный зал, Цинь Гуань успел ее разглядеть: хотя она не была красавицей, но в ней нельзя было найти ничего ни грубого, ни резкого, и внимание невольно привлекали благородное изящество осанки и спокойная непринужденность манер. Ост алось узнать, действительно ли она так талантлива и умна

Рассчитав, что Сяомэй должна была уже покончить с возжиганием свечей, Цинь Гуань пошел вдоль галереи, возле которой остановился паланкин, и у входа в зал столкнулся с Сяомэй. Подражая держанному тону монаха, он обратился к ней:

*Смиренно желаю вам долгого века и счастья
и к щедрости вашей взываю.*

Сяомэй холодно ответила:

*Какие заслуги, какие деянья монаха,
что смеет просить подаянья?*

Но Цинь Гуань продолжал свое:

*Желаю вам древом целебным расти,
болезней-недугов не знать.*

Не останавливаясь, Сяомэй на ходу бросила:

*Монаха уста могут лотоса цветом цвести,
ему ни гроша не видать.*

Цинь Гуань следовал за ней до самого паланкина:

*Молодая особа богатству так рада,
из рук разве выпустит клад золотой.*

小妹随口又答云：

风道人恁地贪痴，
那得随身金穴！

小妹一头说，一头上轿。少游转身时，口中喃出一句道："'风道人'得对'小娘子'，万千之幸！"小妹上了轿，全不在意。跟随的老院子却听得了，怪这道人放肆，方欲回身寻闹，只见廊下走出一个垂髫的俊童，对着那道人叫道："相公这里来更衣。"那道人便前走，童儿后随。老院子将童儿肩上悄地捻了一把，低声问道："前面是那个相公？"童儿道："是高邮秦少游相公。"老院子便不言语。回来时，就与老婆说知了。这句话就传入内里。小妹才晓得那化缘的道人是秦少游假妆的，付之一笑。嘱咐丫鬟们休得多口。

话分两头。且说秦少游那日饱看了小妹容貌不丑，况且应答如流，其才自不必言。择了吉日，亲往求亲。老泉应允。

Сяомэй, не задумываясь, ответила:

Сумасшедший монах! До чего же он жаден!
Не горы ль возить золотые с собой?

Последние слова Сяомэй произнесла, уже садясь в паланкин. Отходя в сторону, Цинь Гуань пробормотал:

Сумасшедший монах тем уж счастлив безмерно,
что с вами он встретился ныне.

Сяомэй села в паланкин, не обращая внимания на его слова. Но сопровождавший ее старый слуга расслышал сказанное монахом и, возмущенный его распущенностью, кинулся было к нему, как вдруг заметил, что на галерее появился какой-то красивый отрок с косичками. Мальчик окликнул монаха:

– Молодой господин, переодеваться прошу сюда!

Монах прошел вперед, мальчик последовал за ним. Тут старый слуга тихонько дернул мальчика за плечо и шепотом спросил:

– Кто этот господин?

– Это господин Цинь Шаою из Гаою.

Слуга больше не стал ничего говорить, решив не вмешиваться. Однако, возвратясь домой, он рассказал обо всем жене, та, конечно, разболтала на женской половине, и таким образом Сяомэй узнала, что даос, просивший у нее подаяния, был переодетым Цинь Гуанем. Она лишь посмеялась над этим и приказала служанкам помалкивать.

Теперь вернемся к Цинь Гуаню. После того как Цинь Гуань вдоволь нагляделся на Сяомэй, увидел, что она вовсе не безобразна, и убедился в том, как она даровита – раз так легко отвечала ему стихами на стихи, – он выбрал благоприятный день и

少不得下财纳币。此是二月初旬的事。少游急欲完婚，小妹不肯。他看定秦观文字，必然中选。试期已近，欲要象简乌纱，洞房花烛。少游只得依他。到三月初三礼部大试之期，秦观一举成名，中了制科。到苏府来拜丈人，就禀复完婚一事。因寓中无人，欲就苏府花烛。老泉笑道："今日挂榜，脱白挂绿，便是上吉之日，何必另选日子。只今晚便在小寓成亲，岂不美哉！"东坡学士从傍赞成。是夜与小妹双双拜堂，成就了百年姻眷。正是：

聪明女得聪明婿，
大登科后小登科。

отправился к Лаоцюаню просить руки его дочери. Тот дал согласие. Последовали обычные при сватовстве подарки и подношения. Все это происходило в начале второго месяца. Цинь Гуань был намерен в ближайшие дни отпраздновать свадьбу. Сяомэй была против – она не сомневалась в том, что Цинь Гуань успешно выдержит экзамены, ждать оставалось недолго, и Сяомэй хотела при свадебном обряде среди торжественных украшений и ярко горящих свечей видеть будущего мужа в облачении, соответствующем его сану. Цинь Гуаню пришлось подчиниться.

Столичные экзамены в Палате обрядов проходили третьего числа третьего месяца. Цинь Гуань блестяще выдержал их, получил степень цзиньши и явился поклониться будущему тестю. Заодно он сообщил ему, что желал бы совершить брачный обряд в его доме, так как сам он не имеет здесь близких.

Лаоцюань, улыбаясь, сказал:

– Сегодня ваше имя вывешено в Палате обрядов, сегодня вы сменили простую одежду на парадное платье чиновника – ведь это самый счастливый день, и незачем выбирать другой. Что может быть лучше, если мы совершим свадебный обряд нынче же вечером в моем доме?

Дунпо, который присутствовал при разговоре, одобрил решение отца, и в тот же вечер молодые люди, отбивая поклоны в торжественном обряде, навек воедино слили свои судьбы. Вот когда действительно можно сказать:

Нашла ученая девица
ученого супруга.
Он выдержал большой, экзамен,
экзамен держит малый.

(Перевод Л. Н. Меньшикова)

是夜月明如昼。少游在前厅筵宴已毕，方欲进房，只见房门紧闭，庭中摆着小小一张桌儿，桌上排列纸墨笔砚，三个封儿，三个盏儿，一个是玉盏，一个是银盏，一个是瓦盏。青衣小鬟守立旁边。少游道："相烦传语小姐，新郎已到，何不开门？"丫鬟道："奉小姐之命，有三个题目在此。三试俱中式，方准进房。这三个纸封儿便是题目在内。"少游指着三个盏道："这又是甚的意思？"丫鬟道："那玉盏是盛酒的，那银盏是盛茶的，那瓦盏是盛寡水的。三试俱中，玉盏内美酒三杯，请进香房。两试中了，一试不中，银盏内清茶解渴，直待来宵再试。一试中了，两试不中，瓦盏内呷口淡水，罚在外厢读书三个月。"少游微微冷笑道："别个秀才来应举时，就要告命题容易了，下官曾应过制科，青钱万选，莫说三个题目，就是三百个，我何惧哉！"丫鬟道："俺小姐不比平常盲试官，之乎者也应个故事而已。他的题目好难哩！第一题，是绝

В тот вечер ярко светила луна, и было светло как днем. После пира в парадных комнатах Цинь Гуань направился в брачный флигель, но, подойдя, обнаружил, что дверь заперта. Перед флигелем стоял столик, на котором были приготовлены бумага, тушь, тушечни-ца, кисть, три конверта и три кубка – яшмовый, серебряный и глиняный. Возле столика стояла служанка.

– Почему не открыты двери? – обратился Цинь Гуань к служанке. – Потрудись доложить молодой госпоже, что явился ее супруг.

– Молодая госпожа распорядилась передать вам, – ответила служанка, – что здесь для вас приготовлены три задачи и что во флигель вам будет разрешено войти лишь в том случае, если все три ответа она признает правильными. Содержание каждой задачи вы найдете вот в этих конвертах.

– А это что означает? – спросил Цинь Гуань, указывая на кубки.

– Яшмовый – для вина, серебряный – для чая, глиняный – для простой воды, – отвечала служанка. – Если вы правильно ответите на все три задачи, то трижды выпьете из яшмового кубка и двери во флигель будут пред вами раскрыты. Если справитесь лишь с двумя, то из серебряного кубка душистым чаем жажду утолите и завтра вновь придете на экзамен. Ну а коль одолеете только одну задачу, а две останутся нерешенными, из глиняного кубка отпейте глоток воды и отправитесь месяца на три к себе в кабинет толком заняться книгами.

Цинь Гуань, усмехаясь, заявил:

– Любой простой сюцай без труда справится с тремя задачами. Я же прошел столичные экзамены, где мои сочинения выделялись среди тысяч других. Что мне три задачи, да пусть их будет хоть триста – не страшно.

– Наша госпожа, знаете ли, не какой-нибудь экзаменатор, которому вы наговорите всяких «и вот», «итак», «и так далее», «и

句一首，要新郎也做一首，合了出题之意，方为中式。第二题四句诗，藏着四个古人，猜得一个也不差，方为中式。到第三题，就容易了，止要做个七字对儿，对得好便得饮美酒进香房了。"少游道："请第一题。"丫鬟取第一个纸封拆开，请新郎自看。少游看时，封着花笺一幅，写诗四句道：

铜铁投洪冶，
蝼蚁上粉墙。
阴阳无二义，
天地我中央。

少游想道："这个题目，别人必定猜不着。则我曾假扮做云游道人，在岳庙化缘，去相那苏小姐。此四句乃含着'化缘道人'四字，明明嘲我。"遂于月下取笔写诗一首于题后云：

化工何意把春催？

тому подобное» – и отделались. Нет, с ее задачами справиться не так-то просто. Первая задача – это оборванные строфы. Причем ответ должен быть в стихах и соответствовать смыслу темы. Только тогда будет считаться, что с первой частью вы справились. Вторая задача – четверостишие, в котором есть намек на четыре исторических лица. Если вы отгадаете всех четырех, будет считаться, что и с этим справились. Ну а третья задача уже совсем простая – нужно только подобрать вторую строку для парных строк. Если вы справитесь и с этим, то пьете прекрасное вино и входите к молодой.

– Ну что же. Давайте первую.

Служанка взяла один из конвертов, распечатала его и передала Цинь Гуаню.

В конверте оказался листок, на котором были написаны следующие строки:

Железо и медь бросают в плавильную печь;
По белой стене ползут муравьи чередой.
Две силы – инь, ян, но сущность одна в них;
Я в центре всегда, меж небом стою и землей.

(Перевод Л. Н. Меньшикова)

Цинь Гуань призадумался: «Пожалуй, кроме меня, никто не догадался бы, в чем здесь дело. Но я-то наряжался странствующим монахом и просил подаяния у Сяомэй. А здесь все стихотворение намекает на слова: „Монах, собирающий подаяние". Ясно, она специально написала такой стих, чтобы посмеяться надо мной». Он взял кисть и при свете луны написал следующее:

Могучий творец!

缘到名园花自开。
道是东风原有主,
人人不敢上花台。

丫鬟见诗完,将第一幅花笺折做三叠,从窗隙中塞进,高叫道:"新郎交卷,第一场完。"小妹览诗,每句顶上一字,合之乃"化缘道人"四字,微微而笑。少游又开第二封看之,也是花笺一幅,题诗四句:

强爷胜祖有施为,
凿壁偷光夜读书。
缝线路中常忆母,
老翁终日倚门间。

少游见了,略不凝思,一一注明。第一句是孙权,第二句是孔明,第三句是子思,第四句是太公望。丫鬟又从窗隙递

*О, зачем ты весну подгоняешь?
Осчастливь лишь заботой цветок –
 он раскроет свои лепестки.
Напрасно спешат все к цветку,
 как к игривому ветру:
Ароматный привет он хранит свой
 и зря не пошлет никому.
Холоден нежный цветок –
 он доступен лишь мне одному.*

Служанка дождалась, пока Цинь Гуань кончил писать, взяла от него листочек, сложила втрое и громко провозгласила:

— Молодой супруг сдает работу. Первое испытание закончено. — С этими словами она просунула бумагу в дверную щель.

Сяомэй пробежала взглядом стихи и невольно усмехнулась: по первым знакам каждой строки она сразу же прочла слово «монах». Тем временем Цинь Гуань уже раскрыл второй конверт. В нем тоже лежал листок со стихами. Стихи были такие:

*Как и его могучий дед,
 он силой одарен;
При свете из дыры, в стене
 читает книги он;
В пути навеет штопки нить
 о матери печаль;
Почтенный старец у ворот,
 склонившись, смотрит вдаль.*

(Перевод Л. Н. Меньшикова)

Прочитав стихи, Цинь Гуань, не задумываясь, сразу же написал против первой строки Сун Цюань, против второй — Кунмин,

进。少游口虽不语，心下想道："两个题目，眼见难我不倒，第三题是个对儿，我五六岁时便会对句，不足为难。"再拆开第三幅花笺，内出对云：

闭门推出窗前月。

初看时觉道容易，仔细想来，这对出得尽巧。若对得平常了，不见本事。左思右想，不得其对。听得谯楼三鼓将阑，构思不就，愈加慌迫。却说东坡此时尚未曾睡，且来打听妹夫消息。望见少游在庭中团团而步，口里只管吟哦"闭门推出窗前月"七个字，右手做推窗之势。东坡想道："此必小妹以此对难之。少游为其所困矣！我不解围，谁为撮合？"急切思之，亦未有好对。庭中有花缸一只，满满的贮着一缸清水，少游

против третьей – Цзысы, против четвертой – Цзян Тайгун. Ответ был передан тем же путем.

Раскрывая третий конверт, Цинь Гуань рассуждал: «На первых двух задачах ей явно не удалось провалить меня. Третья – это парные строки, а их я умел подбирать еще шестилетним мальчишкой, этим меня не озадачишь!» На листке, который оказался в последнем конверте, Цинь Гуань прочел:

*Двери прикрыв, оттолкнула луну,
что в покои глядела ко мне.*

На первый взгляд ему показалось, что найти вторую строку совсем нетрудно, но вскоре он убедился, что тема задана очень тонко, и если ответ сделать заурядным, в нем не выявится искусство и находчивость автора. Цинь Гуань задумался. Параллель, достойная заданной строки, все никак не приходила. Сторожевая башня возвестила уже о конце третьей стражи, а Цинь Гуань так ничего и не смог придумать, и чувство растерянности все больше и больше овладевало им.

В это время в саду показался Дунпо, он решил перед сном на всякий случай заглянуть в сад к новобрачным: был он как-то неспокоен за Цинь Гуаня. Уже издали Дунпо заметил, как Цинь Гуань в растерянности описывал круги перед флигелем и бормотал про себя одни и те же слова: «Двери прикрыв, оттолкнула луну, что в покои глядела ко мне». При этом молодой ученый беспрерывно делал движения рукой, словно отталкивая что-то от себя.

«Не иначе как этими строками сестра поставила его в затруднение, – подумал Дунпо. – Если я не помогу, не справиться ему с сестрой». Дунпо стал искать параллель, но и ему ничего удачного не приходило на ум.

Посредине сада, перед самым флигелем, стоял чан для цве-

步了一回，偶然倚缸看水。东坡望见，触动灵机，欲待教他对了，诚恐小妹知觉，连累妹夫体面，不好看相。东坡远远站着咳嗽一声，就地下取小小砖片，投向缸中。那水为砖片所激，跃起几点，扑在少游面上。水中天光月影，纷纷淆乱。少游当下晓悟，遂援笔对云：

　　投石冲开水底天。

丫鬟交了第三遍试卷，只听呀的一声，房门大开，内又走出一个侍儿，手捧银壶，将美酒斟于玉盏之内，献上新郎，口称："才子请满饮三杯，权当花红赏劳。"少游此时意气扬扬，连进三杯，丫鬟拥入香房。这一夜，佳人才子，好不称意。正是：

　　欢娱嫌夜短，
　　寂寞恨更长。

自此夫妻和美，不在话下。后少游宦游浙中，东坡学士在京，小妹思想哥哥，到京省视。东坡有个禅友，叫做佛印禅

тов, доверху наполненный чистой водой. И вот, погруженный в свои мысли, Цинь Гуань случайно оказался возле чана и, облокотясь на него, стал глядеть в воду. Когда Дунпо увидел это, его сразу осенило и он нашел подходящий ответ. Но подсказать побоялся — уронит достоинство Цинь Гуаня в глазах сестры, если она заметит. Тогда Дунпо остановился поодаль, кашлянул, поднял с земли камешек и кинул его в чан. Всплеск — и несколько капель брызнуло в лицо Цинь Гуаню. Отражение луны и неба в воде заколебалось и слилось. Цинь Гуань тут же понял, в чем дело, взял кисть и написал:

Камень метнув, разорвал небосвод,
что глубоко светился на дне.

Служанка передала листок с решением третьей задачи. Дверь растворилась, и из флигеля вышла вторая служанка. В руках у нее был серебряный чайник с вином. Наполнив яшмовый кубок, она поднесла его Цинь Гуаню:

— Прошу вас, три кубка в награду за ваши труды!

Цинь Гуань, счастливый и довольный собой, осушил три кубка и был торжественно введен в брачные покои.

Можно себе представить, как счастлива была в ту ночь эта достойная пара. Да,

Час тоски бесконечен,
Счастливая ночь коротка.

Нечего говорить, в каком согласии и как радостно жили молодожены. Потом Цинь Гуань направился в провинцию Чжэцзян, куда получил назначение, а ученый Дунпо жил к тому времени в столице. Сяомэй, часто думавшая о брате, как-то раз поехала навестить его в столицу. [...]

师，尝劝东坡急流勇退。一日寄长歌一篇，东坡看时，却也写得怪异，每二字一连，共一百三十对字。你道写的是甚字？

野野	鸟鸟	啼啼	时时	有有	思思	春春
气气	桃桃	花花	发发	满满	枝枝	莺莺
雀雀	相相	呼呼	唤唤	岩岩	畔畔	花花
红红	似似	锦锦	屏屏	堪堪	看看	山山
秀秀	丽丽	山山	前前	烟烟	雾雾	起起
清清	浮浮	浪浪	促促	潺潺	湲湲	水水
景景	幽幽	深深	处处	好好	追追	游游
傍傍	水水	花花	似似	雪雪	梨梨	花花
光光	皎皎	洁洁	玲玲	珑珑	似似	坠坠
银银	花花	折折	最最	好好	柔柔	茸茸
溪溪	畔畔	草草	青青	双双	蝴蝴	蝶蝶
飞飞	来来	到到	落落	花花	林林	里里
鸟鸟	啼啼	叫叫	不不	休休	为为	忆忆
春春	光光	好好	杨杨	柳柳	枝枝	头头
春春	色色	秀秀	时时	常常	共共	饮饮
春春	浓浓	酒酒	似似	醉醉	闲闲	行行
春春	色色	里里	相相	逢逢	竞竞	忆忆
游游	山山	水水	心心	息息	悠悠	归归
去去	来来	休休	役役			

东坡看了两三遍，一时念将不出，只是沉吟。小妹取过，一览了然，便道："哥哥，此歌有何难解！待妹子念与你听。"即时朗诵云：

野鸟啼，野鸟啼时时有思。有思春气桃花发，春气桃花发满枝。满枝莺雀相呼唤，莺雀相呼唤岩畔。岩畔花红似锦屏，花红似锦屏堪看。堪看山，山秀丽，秀丽山前烟雾起。山前烟雾起清浮，清浮浪促潺湲水。浪促潺湲水景幽，景幽深处好，深处好追游。追游傍水花，傍水花似雪，似雪梨花光皎洁。梨花光皎洁玲珑，玲珑似坠银花折。似坠银花折最好，最好柔茸溪畔草。柔茸溪畔草青青，双双蝴蝶飞来到。蝴蝶飞来到落花，落花林里鸟啼叫。林里鸟啼叫不休，不休为忆春光好。为忆春光好杨柳，杨柳枝头春色秀。枝头春色秀时常共饮，时常共饮春浓酒。春浓酒似醉，似醉闲行春色里。闲行春色里相逢，相逢竞忆游山水。竞忆游山水心息，心息悠悠归去来，归去来休休役役。

东坡听念，大惊道："吾妹敏悟，吾所不及！若为男子，官位必远胜于我矣。"遂将佛印原写长歌，并小妹所定句读，都写出来，做一封儿寄与少游。因述自己再读不解，小妹一览而知之故。少游初看佛印所书，亦不能解。后读小妹之句，如梦初觉，深加愧叹。答以短歌云：

未及梵僧歌，词重而意复。字字如联珠，行行如宝玉。想汝惟一览，顾我劳三复。裁诗思远寄，因以真类触。汝其审思之，可表予心曲。

短歌后制成叠字诗一首，却又写得古怪：

Цзинь гу цигуань
Глава 11

КИТАЙСКАЯ КЛАССИКА

少游书信到时，正值东坡与小妹在湖上看采莲。东坡先拆书看了，递与小妹，问道："汝能解否？"小妹道："此诗乃仿佛印禅师之体也。"即念云：

静思伊久阻归期，
久阻归期忆别离。
忆别离时闻漏转，
时闻漏转静思伊。

东坡叹道："吾妹真绝世聪明人也！今日采莲胜会，可即事各和一首，寄与少游，使知你我今日之游。"东坡诗成，小妹亦就。小妹诗云：

Цзинь гу цигуань
Глава 11

КИТАЙСКАЯ КЛАССИКА

照少游诗念出,小妹叠字诗,道是:

采莲人在绿杨津,
在绿杨津一阕新。
一阕新歌声嗽玉,
歌声嗽玉采莲人。

东坡叠字诗,道是:

赏花归去马如飞,
去马如飞酒力微。
酒力微醒时已暮,
醒时已暮赏花归。

二诗寄去,少游读罢,叹赏不已。

其夫妇酬和之诗甚多,不能详述。后来少游以才名被征为翰林学士,与二苏同官。一时郎舅三人,并居史职,古所希有。于是宣仁太后亦闻苏小妹之才,每每遣内官赐以绢帛或饮馔之类,索他题咏。每得一篇,宫中传诵,声播京都。其后小妹先少游而卒,少游思念不置,终身不复娶云。有诗为证:

文章自古说三苏,
小妹聪明胜丈夫。
三难新郎真异事,
一门秀气世间无。

Сяомэй и Цинь Гуань так часто обменивались поэтическими экспромтами, что подробно рассказать об этом просто невозможно. Со временем Цинь Гуань прославился своими способностями, был призван в столицу и назначен в Придворную академию ученых, где служил с двумя братьями Су. Случилось даже, что все трое в одно и то же время занимали должности историографов, а такое с древних времен редко бывало. Когда вдовствующая императрица Сюаньжэнь прослышала о талантах Сяомэй, она частенько стала посылать подношения в виде лучших шелков, с тем чтобы Сяомэй писала на них свои стихи. Во дворце эти стихи полюбили, передавали из уст в уста, и о них уже часто говорили в столице. Цинь Гуань пережил Сяомэй, всегда ее помнил и больше не женился. В подтверждение этой истории приведу стихи:

С глубокой древности
прославлены Три Су в литературе,
Сестра их – Сяомэй
умом могла поспорить с мужем.
Три раза озадачить жениха –
поистине, большое диво;
И не бывало, чтоб одна семья
талантов столько миру подарила.

Цзинь гу цигуань
Глава 12

КИТАЙСКАЯ КЛАССИКА

第十二卷

俞伯牙摔琴谢知音

浪说曾分鲍叔金，
谁人辨得伯牙琴？
于今交道奸如鬼，
湖海空悬一片心。

　　古来论交情至厚，莫如管鲍。管是管夷吾，鲍是鲍叔牙。他两个同为商贾，得利均分。时管夷吾多取其利，叔牙不以为贪，知其贫也。后来管夷吾被囚，叔牙脱之，荐为齐相。这样朋友，才是个真正相知。这相知有几样名色：恩德相结者，谓之知己；腹心相照者，谓之知心；声气相求者，谓之知音：总来叫做相知。今日听在下说一桩俞伯牙的故事。列位看官们，

ГЛАВА 12

ЮЙ БОЯ, СКОРБЯ О ДРУГЕ, РАЗБИВАЕТ ЦИТРУ

*Рассказ известен, как делился
   золотом Шуя;
Но много ль тех, кто понял звук
   цитры Юй Боя?!
Теперь лукавства бес царит
   в общении людей,
И безответно светит сердце
   холоду морей.*

Как ни рассуждай о дружбе древних, но не было крепче дружбы Гуаня и Бао. Гуань – это Гуань Иу, Бао – это Бао Шуя. Когда они занимались торговлей и делили прибыль, Иу часто брал больше, но Шуя не воспринимал это как жадность, зная, что друг его беден. И когда случилось, что Иу попал в тюрьму, Шуя вызволил его и помог стать министром в княжестве Ци. Такие друзья – действительно хорошие друзья.

Но понятие «хорошие друзья» может быть передано разными словами. Так, людей, которых сближают благожелательное отношение друг к другу, взаимные услуги и помощь, называют «близкими друзьями»; тех, кто поверяет друг другу свои тайные думы, душу и сердце, называют «сердечными друзьями»; тех же, кто близок по духу, кого связывает общность влечений, мыслей и чувств, называют «понимающими звук». Однако обычно и тех, и других, и третьих называют просто «хорошими друзьями».

Сейчас я расскажу историю о Юй Боя. Те из вас, уважаемые, кто желает послушать, приблизьте уши и внимайте, а кто не же-

要听者，洗耳而听；不要听者，各随尊便。正是：

知音说与知音听，
不是知音不与谈。

话说春秋战国时，有一名公，姓俞名瑞，字伯牙，楚国郢都人氏，即今湖广荆州府之地也。那俞伯牙身虽楚人，官星却落于晋国，仕至上大夫之位。因奉晋主之命，来楚国修聘。伯牙讨这个差使，一来，是个大才，不辱君命；二来，就便省视乡里，一举两得。当时从陆路至于郢都。朝见了楚王，致了晋主之命。楚王设宴款待，十分相敬。那郢都乃是桑梓之地，少不得去看一看坟墓，会一会亲友。然虽如此，各事其主，君命在身，不敢迟留。公事已毕，拜辞楚王。楚王赠以黄金采缎，高车驷马。伯牙离楚一十二年，思想故国江山之胜，欲得恣情观览，要打从水路大宽转而回。乃假奏楚王道："臣不幸有

лает, может поступать, как ему будет угодно, ибо

*Говорит понимающий звук –
чтоб внимал ему звук понимающий;
Но зачем говорить, если видишь – с тобой
вовсе не звук понимающий?*

Итак, во времена Воюющих царств жил один известный тогда человек, по фамилии Юй, по имени Жуй. Второе имя его было Боя, а родом он был из Инду, столицы княжества Чу – города, что в нынешнем округе Цзинчжоу, в Хугуане. И хотя Боя был уроженцем Чу, служебная звезда привела его в княжество Цзинь, где он достиг должности советника. Как-то Боя по повелению властителя Цзинь отправился послом в княжество Чу. Надо сказать, что Боя и сам добивался этого назначения: во-первых, он считал, что талант не подведет доверия владыки, а во-вторых, хотел воспользоваться случаем, чтобы взглянуть на родные места и, таким образом, из дела одного извлечь двойную пользу.

Добравшись сушей до Инду, Боя представился князю и доложил о возложенном на него поручении. Князь устроил в честь Боя пир и оказал ему знаки величайшего уважения.

Очутившись в родном городе, Боя, разумеется, побывал на могилах предков и навестил друзей. Но, как говорится, «каждый служит своему владыке», и Боя, помня о своей миссии, не смел долго задерживаться. Как только с делами было покончено, он нанес прощальный визит чускому князю. Тот одарил его золотом, парчой и распорядился, чтобы почетному гостю приготовили колесницу и заложили четверку лошадей. Но Боя, который двенадцать лет назад покинул княжество Чу, мыслью тянулся к великолепию гор и рек родной страны. Чтобы вволю налюбоваться ими, он решил ехать кружным путем по воде и потому

犬马之疾，不胜车马驰骤。乞假臣舟楫，以便医药。"楚王准奏。命水师拨大船二只，一正一副。正船单坐晋国来使，副船安顿仆从行李。都是兰桡画桨，锦帐高帆，甚是齐整。群臣直送至江头而别。

只因览胜探奇，
不顾山遥水远。

伯牙是个风流才子。那江山之胜，正投其怀。张一片风帆，凌千层碧浪，看不尽遥山叠翠，远水澄清。不一日，行至汉阳江口。时当八月十五日，中秋之夜。偶然风狂浪涌，大雨如注，舟楫不能前进，泊于山崖之下。不多时，风恬浪静，雨止云开，现出一轮明月。那雨后之月，其光倍常。伯牙在船舱中，独坐无聊。命童子焚香炉内，"待我抚琴一操。以遣情怀。"童子焚香罢，捧琴囊置于案间。伯牙开囊取琴，调弦转

сказал чускому князю:

– Слуга ваш, к сожалению, нездоров, ему не перенести езды в повозке и быстрого бега коней. Прошу разрешить вашему слуге воспользоваться лодкой, чтобы он мог поехать по воде и за время пути немного окрепнуть.

Князь внял его просьбе и велел снарядить два судна. Одно предназначалось лично для посла циньского государства, другое – для слуг и вещей. Это были прочные суда с расписными веслами, парчовыми навесами и высокими парусами. Сановники княжеского двора проводили Боя и расстались с ним у самой реки.

Влечет когда к природе,
к поискам красот,
Смутят ли гор далеких высь,
безбрежье вод?

Боя был человеком одаренным, возвышенной души, а потому великолепие природы, прелестные виды гор и рек захватили его полностью. Плывя под развернутым парусом по скатам лазурных волн, он без конца любовался бирюзою далеких гор и светлым простором спокойных вод. Через несколько дней он достиг Янцзы возле Ханья-на, и было это пятнадцатого числа восьмого месяца, в день осеннего полнолуния. Вечером внезапно налетел неистовый ветер, поднялись волны и стремительным потоком обрушился дождь. Продвигаться вперед не было возможности, и суда пристали к берегу возле утеса. Но вскоре ветер стих, волны улеглись, дождь прекратился, из-за туч выплыла полная светлая луна. Как всегда после дождя, она сияла необыкновенно ярко.

Боя сидел в каюте один и не находил, чем занять себя. «Сыграю что-нибудь на цитре, чтобы развеять душевную тоску», – решил он и велел прислуживавшему отроку возжечь благовон-

轸，弹出一曲。曲犹未终，指下"刮喇"的一声响，那琴弦绝了一根。伯牙大惊，叫童子去问船头："这住船所在是甚么去处？"船头答道："偶因风雨，停泊于山脚之下，虽然有些草树，并无人家。"伯牙惊讶，想道："是荒山了。若是城郭村庄，或有聪明好学之人，盗听吾琴，所以琴声忽变，有弦断之异。这荒山下，那得有听琴之人？哦，我知道了。想是有仇家差来刺客；不然，或是贼盗，伺候更深，登舟劫我财物。"叫左右："与我上崖搜检一番。不在柳阴深处，定在芦苇丛中。"左右领命，唤齐众人，正欲搭跳上崖。忽听岸上有人答应道："舟中大人，不必见疑。小子并非奸盗之流，乃樵夫也。因打柴归晚，值骤雨狂风，雨具不能遮蔽，潜身岩畔。闻君雅操，少住听琴。"伯牙大笑道："山中打柴之人，也敢称'听琴'二字！此言未知真伪，我也不计较了。左右的，叫他去罢。"那人不去，在崖上高声说道："大人出言谬矣！岂不

ные свечи. Мальчик возжег курения, принес цитру и положил ее на маленький столик. Боя открыл футляр, подкрутил колки, настроил цитру и заиграл. Не успел он закончить мелодию, как под пальцами с резким звуком оборвалась струна. Ошеломленный, Боя приказал мальчику узнать у кормчего, где они остановились. Оказалось, что судно пристало к подножию утеса, что на берегу есть какая-то растительность, деревья, но нигде не видно людского жилья.

– Пустынные горы! – в крайнем изумлении воскликнул Боя и подумал: «Будь здесь город или поселок, можно было бы предположить, что какой-нибудь умный, образованный человек подслушивал мою игру на цитре и потому звук ее вдруг изменился и так странно порвалась струна. Но откуда взяться такому слушателю здесь, возле этого пустынного утеса? Ага! Знаю! Вероятно, враги подослали убийцу, или, может быть, это разбойники, выжидающие позднего часа, чтобы проникнуть на судно и ограбить меня». – Эй, люди! – позвал Боя. – Осмотреть берег! Кто-то здесь есть, если не в гуще ив, то в чаще камышей!

Слуги собрали людей и уже готовы были ринуться на берег, как вдруг с берега донесся голос:

– Уважаемый господин, что на судне! Не извольте подозревать ничего худого. Я, ничтожный, вовсе не грабитель и не вор, я – дровосек. Я был в лесу, и поздно вечером меня застиг внезапный ливень и страшный ветер. Накидка не защищала от дождя, и я укрылся под утесом. Тут я, услышав, как вы заиграли, немного задержался, чтобы внять звукам цитры.

Боя расхохотался:

– Какой-то дровосек – и смеет говорить «внять звукам цитры»! Ну ладно, правда или ложь в твоих словах, доискиваться я не стану. Люди! Пусть идет прочь!

Но человек не уходил.

– Уважаемый, вы не правы, – сказал он громко. – Вам разве

闻'十室之邑，必有忠信。''门内有君子，门外君子至。'大人若欺负山野中没有听琴之人，这夜静更深，荒崖下也不该有抚琴之客了。"伯牙见他出言不俗，或者真是个听琴的，亦未可知。止住左右不要啰唣，走近舱门，回嗔作喜的问道："崖上那位君子，既是听琴，站立多时，可知道我适才所弹何曲？"那人道："小子若不知，却也不来听琴了。方才大人所弹，乃孔仲尼叹颜回，谱入琴声。其词云：'可惜颜回命蚤亡，教人思想鬓如霜。只因陋巷箪瓢乐，'——到这一句，就绝了琴弦，不曾抚出第四句来。小子也还记得：——'留得贤名万古扬。'"

伯牙闻言，大喜道："先生果非俗士，隔崖笃远，难以

неизвестно, что даже в селении из десяти дворов всегда найдется человек и преданный, и честный, что, если в доме благородный человек, к нему извне придет достойный! И если вы с презреньем говорите, что в горной глуши некому цитре внимать, то у пустынного берега в этот час ночной и играть, казалось бы, некому было на цитре.

Боя обратил внимание, что человек этот говорит не как простолюдин, и подумал: «А кто его знает, может быть, он действительно понимает музыку и на самом деле слушал мою цитру?»

– Ладно, оставьте его! – сказал тогда Боя слугам, а сам подошел к дверям каюты и тоном, в котором уже не было гнева и звучала приязнь, спросил: – Господин на берегу! Если вы задержались только для того, чтобы послушать цитру, то, может быть, и знаете, что за мелодию я исполнял?

– Если бы не знал, то вряд ли стал бы слушать, – отвечал человек. – То, что вы играли, – «Скорбь Конфуция по Янь Хуэю». Слова же песни таковы:

*Как жаль, что окончил так рано Янь Хуэй
    короткий свой жизненный век.
Думы о нем не могу я оставить,
    виски побелели, как снег.
Он с чашей неполною в хижине бедной
    счастье умел находить...*

Но на этой фразе струна оборвалась, и вы не успели сыграть последнюю строку. Я помню ее:

*И имя оставил потомству навеки,
    как мудрый, святой человек.*

Боя пришел в восторг.

问答。"命左右:"掌跳,看扶手,请那位先生登舟细讲。"左右掌跳,此人上船,果然是个樵夫。头戴箬笠,身披草衣,手持尖担,腰插板斧,脚踏芒鞋。手下人那知言谈好歹,见是樵夫,下眼相看。"咄,那樵夫!下舱去,见我老爷叩头,问你甚么言语,小心答应。官尊着哩。"樵夫却是个有意思的,道:"列位不须粗鲁,待我解衣相见。"除了斗笠,头上是青布包巾;脱了蓑衣,身上是蓝布衫儿;搭膊拴腰,露出布裩下截。那时不慌不忙,将蓑衣、斗笠、尖担、板斧,俱安放舱门之外。脱下芒鞋,蹦去泥水,重复穿上,步入舱来。官舱内公座上灯烛辉煌。樵夫长揖而不跪,道:"大人,施礼了。"俞伯牙是晋国大臣,眼界中那有两接的布衣。下来还礼,恐失了官体,既请下船,又不好叱他回去。伯牙没奈何,微微举手道:"贤友免礼罢。"叫童子看坐。童子取一张杌坐儿置于下

— Уважаемый! Да вы на самом деле не из невежд простых. Однако вы – на берегу, я – здесь, на судне; так разговаривать нам неудобно, – сказал он и распорядился: – Эй, положите сходни, приготовьте поручни и просите господина подняться.

Слуги положили сходни, и когда человек поднялся на судно, все увидели, что это действительно дровосек: на голове плетеная шляпа, на плечах травяной плащ, в руках коромысло, за поясом топор, а на ногах соломенные сандалии. Где там было слугам разбирать по его речи, кто́ он и что́ он. Они видели перед собой самого обычного дровосека, смотрели на него свысока и даже прикрикнули:

— Ты, дровосек! Пойдешь в каюту к нашему господину. Смотри, будет что спрашивать, отвечай как следует! Особа важная!

Но дровосек попался какой-то странный.

— Уважаемые, – сказал он, – не нужно быть такими грубыми. Позвольте оправить одежду, а уж потом представиться.

Дровосек снял плетеную шляпу – голова его оказалась повязанной синим платком; скинул дождевой плащ – на теле длинная рубаха из грубой темно-синей ткани, поверх нее широкий пояс, стягивающий талию; холщовые штаны. Не торопясь, сложил он у двери плащ, шляпу, топор и коромысло, снял сандалии, стряхнул с них грязь и, надев их снова, спокойно вошел в каюту.

На столе перед хозяином ярко горели свечи. Дровосек низко поклонился, не став, однако, на колени, и сказал:

— Приветствую вас, высокопочтенный.

Но что мог значить в глазах Боя, знатного сановника княжества Цзинь, человек в простой рубахе и грубых штанах? Сойти с места и ответить приветствием? Это значило бы утратить подобающее сану приличие. Выгнать – неудобно: ведь сам пригласил. И Боя, не зная, как быть, чуть приподнял руку.

— Прошу без этикета, почтенный друг, – сказал он и велел отроку подать табурет.

席。伯牙全无客礼，把嘴向樵夫一弩道："你且坐了。""你我"之称，怠慢可知。那樵夫亦不谦让，俨然坐下。伯牙见他不告而坐，微有嗔怪之意。因此不问姓名，亦不呼手下人看茶。默坐多时，怪而问之："适才崖上听琴的，就是你么？"樵夫答言："不敢。"伯牙道："我且问你，既来听琴，必知琴之出处。此琴何人所造？抚琴有甚好处？"正问之时，船头来禀话，风色顺了，月明如昼，可以开船。伯牙分付且慢些。樵夫道："承大人下问。小子若讲话絮烦，恐担误顺风行舟。"伯牙笑道："惟恐你不知琴理。若讲得有理，就不做官，亦非大事，何况行路之迟速乎！"樵夫道："既如此，小

Мальчик принес табурет, поставил его в стороне от стола, не на почетном месте, и Боя, не считаясь с должными приличиями гостеприимства, скривил губы, взглянув в сторону табуретки, и сказал:

– Присядь-ка.

В обращении на «ты» уже проявилось пренебрежение Боя к гостю. Но дровосек спокойно сел на табурет без обычных учтивостей и церемоний.

Видя, что тот уселся без единого слова вежливого самоуничижения, Боя проявил некоторое раздражение и недовольство. Поэтому, не осведомляясь о фамилии и имени гостя, не приказывая слугам подать чай, он долго сидел молча и наконец, удивленный, спросил:

– Так это ты с берега «звукам цитры внимал»?

– Нескромно говоря, конечно, – ответил дровосек.

– Так вот я хочу спросить тебя, – сказал Боя. – Ты говоришь, что задержался, чтобы послушать цитру. Если так, то, может быть, ты знаешь о происхождении ее? Может быть, знаешь, кем она сделана, что хорошего в ее игре?

В это время явился кормчий.

– Ветер благоприятный, – доложил он. – Луна. Светло, как днем. Можно отчаливать.

– Подождите, – распорядился Боя.

Но дровосек сказал:

– Высокопочтенный сударь, вы изволили удостоить меня, ничтожного человека, вопросом. Однако боюсь, что невразумительными и многословными рассуждениями могу задержать вас и вы упустите попутный ветер.

– А я боюсь, что ты не знаешь основ игры и устройства цитры, – усмехнулся Боя. – Но, окажись в твоих сужденьях смысл, лишиться сана сочту за дело небольшое, а уж о том, раньше или позже пуститься в путь, беспокоиться тем более не стану.

子方敢僭谈。此琴乃伏羲氏所琢，见五星之精，飞坠梧桐，凤皇来仪。凤乃百鸟之王，非竹实不食，非梧桐不栖，非醴泉不饮。伏羲氏知梧桐乃树中之良材，夺造化之精气，堪为雅乐，令人伐之。其树高三丈三尺，按三十三天之数，截为三段，分天、地、人三才。取上一段叩之，其声太清，以其过轻而废之；取下一段叩之，其声太浊，以其过重而废之；取中一段叩之，其声清浊相济，轻重相兼。送长流水中，浸七十二日，按七十二候之数。取起阴干，选良时吉日，用高手匠人刘子奇斫成乐器。此乃瑶池之乐，故名'瑶琴'。长三尺六寸一分，按周天三百六十一度。前阔八寸，按八节；后阔四寸，按四时；厚二寸，按两仪。有金童头、玉女腰、仙人背、龙池、凤沼、

— Если так, — ответил дровосек, — тогда я могу позволить себе нескромность начать. Цитра впервые была выточена древним Фуси. Он видел, как животворное начало великих звезд пало в полете на древний платан и как парою фениксы слетели на дерево это. А феникс — царь среди птиц. Обитает он на платане, вкушает лишь плод бамбука и пьет из источников сладких. Фуси знал, что платан — одна из отменных пород дерева. А теперь, когда платан воспринял животворное начало природных сил, он становился вполне пригодным для выделки музыкального инструмента. И Фуси повелел срубить его. Высотой дерево было в тридцать три чи, что соответствовало небу тридцати трех. Фуси рассек его на три части соответственно трем созидательным силам природы — небу, земле и человеку, затем ударил по верхней части и прислушался. Звук был слишком звонок. Фуси счел эту часть легкой и отверг. Он ударил по нижней части — звук был слишком глухим. Фуси нашел эту часть тяжелой и от нее тоже отказался. Тогда он ударил по средней части — звук подходил по звонкости и чистоте. Он положил этот кусок в вечнотекущую воду и вымачивал его семьдесят два дня сообразно семидесяти двум периодам года. Потом он вынул дерево и высушил его в тени. Выбрав счастливый день и час, он с помощью искусного мастера Лю Цзыци разрезал дерево и выточил из него цитру. И так как это был музыкальный инструмент Яшмового пруда, то Фуси назвал его янтарной цитрой. Длиной цитра была в триста шестьдесят один фэнь, что соответствовало тремстам шестидесяти одному градусу окружности неба. Передний конец ее был шириной в восемь цуней, соответственно восьми периодам года, задний — шириною в четыре цуня, сообразно четырем временам года. Толщиной цитра была в два цуня сообразно двум началам природы — земле и небу. И было основание цитры в виде головы Золотого отрока, середина — в виде талии Яшмовой девы, а конец — в виде чела бессмертного гения. И были на ней

玉轸、金徽。那徽有十二，按十二月；又有一中徽，按闰月。先是五条弦在上，外按五行金木水火土，内按五音宫商角徵羽。尧舜时操五弦琴，歌'南风'诗，天下大治。后因周文王被囚于羑里，吊子伯邑考，添弦一根，清幽哀怨，谓之'文弦'。后武王伐纣，前歌后舞，添弦一根，激烈发扬，谓之'武弦'。先是宫商角徵羽五弦，后加二弦，称为'文武七弦琴'。此琴有六忌、七不弹、八绝。何为六忌？

一忌大寒，二忌大暑，三忌大风，四忌大雨，五忌迅雷，六忌大雪。

何为七不弹？

闻丧者不弹，奏乐不弹，事冗不弹，不净身不弹，衣冠不整不弹，不焚香不弹，不遇知音者不弹。

何为八绝？总之清奇幽雅，悲壮悠长。此琴抚到尽美尽善之处，啸虎闻而不吼，哀猿听而不啼。乃雅乐之好处也。"伯

«пруд дракона» и «бассейн феникса», колки из яшмы и золотые перекладины – двенадцать по числу двенадцати месяцев в году и еще одна, соответствовавшая високосному месяцу.

Сначала на цитре было пять струн. Число их соответствовало пяти элементам: металлу, дереву, воде, огню, земле и пяти музыкальным тонам: гун, шан, цзюэ, чжи, юй. На пятиструнной цитре часто играли Яо и Шунь, напевая «Стихи о южном ветре», и в мире тогда царил великий порядок.

Затем, когда князь Вэнь-ван находился в заключении в Юли, он, оплакивая сына своего Бо Икао, добавил одну струну, и полились чистые звуки глубокой печали и безысходной тоски. Струну эту назвали струною Вэнь. Когда же У-ван шел походом на Чжоу, то песнь раздавалась в войсках и ликование было в народе. И вот тогда добавлена была еще одна струна, и родились мощные звуки взлета чувств, звуки боевого подъема. Струну эту назвали струною У. Таким образом, к первоначальным пяти струнам добавились еще две, и называть эту цитру стали семиструнной цитрой со струнами Вэнь и У.

Цитра эта требует соблюдения шести запретов, семи воздержаний и обладает восемью совершенствами.

Шесть запретов – это: не подвергать сильному холоду, большой жаре, бушующему ветру, бурному ливню, треску грома и обильному снегу.

Семь воздержаний – это: по мертвым плачут – не играй; играют, слышишь – не играй; хлопочешь, занят – не играй; без омовения – не играй; одет небрежно – не играй; не возжег курений – не играй; непонимающим – не играй.

А восемь совершенств – это непревзойденная выразительность звуков, в которых бесподобны: чистота, звучность, таинственность, изящество, грусть, величие, тоска, размеренность.

И когда искусной игрой на такой цитре достигается высшая красота ее звучания, ревущий тигр умолкает, обезьяний затихает

牙听见他对答如流，犹恐是记问之学。又想道："就是记问之学，也亏他了。我再试他一试。"此时已不似在先"你我"之称了。又问道："足下既知乐理，当时孔仲尼鼓琴于室中，颜回自外入。闻琴中有幽沉之声，疑有贪杀之意。怪而问之。仲尼曰：'吾适鼓琴，见猫方捕鼠，欲其得之，又恐其失之。此贪杀之意，遂露于丝桐。'始知圣门音乐之理，入于微妙。假如下官抚琴，心中有所思念，足下能闻而知之否？"樵夫道："《毛诗》云：'他人有心，予忖度之。'大人试抚弄一过，小子任心猜度。若猜不着时，大人休得见罪。"伯牙将断弦重整，沉思半晌。其意在于高山，抚琴一弄。樵夫赞道："美哉洋洋乎！大人之意，在高山也。"伯牙不答。又凝神一会，将琴再鼓。其意在于流水。樵夫又赞道："美哉汤汤乎！志在流

крик.

Вот в этом и сказывается сила классической музыки!

Боя видел, как свободно и легко дровосек говорит о цитре, но все еще сомневался, не овладел ли он этими знаниями понаслышке. «А если и так, – подумал он, – все-таки надо отдать ему должное!» И Боя решил еще раз испытать дровосека.

Теперь, обращаясь к нему уже не на «ты», как раньше, а на «вы», Боя спросил:

– Раз вы знаете, уважаемый, основы музыки, то скажите. Как-то раз, когда Конфуций играл на цитре, к нему пришел Янь Хуэй. Еще с улицы Янь Хуэй уловил что-то мрачно-тяжелое в звуках цитры. Ему почудилась в них жажда убийства. Удивленный, Янь Хуэй спросил об этом учителя. Конфуций ответил: «Когда я сейчас играл, я заметил, что кошка ловит мышь. Мне хотелось, чтобы кошка схватила ее, и я боялся, что она ее упустит. Вот в звуках цитры и выразилась эта жажда убийства». Из этого видно, в какие тонкости музыки углублялась школа мудрого философа. Так вот скажите, если бы я, чиновник скромный, стал играть и в сердце моем были бы думы о чем-то, смогли бы вы, высокочтимый, уловить их в звуках цитры?

Дровосек ответил:

– В «Песнях Мао» сказано: «Когда другой имеет думу, пытаюсь думу угадать». Попробуйте, высокочтимый, сыграйте, а я, ничтожный, буду отгадывать, как подскажет чувство. Но если не угадаю, благоволите не прогневаться.

Боя натянул порвавшуюся струну и погрузился в думу. Мысль его устремилась к горным высотам, и он тронул струны.

– Да! Хорошо! – воскликнул дровосек. – Возвышенно, величественно!.. Ваши мысли в высоких горах.

Боя ничего не ответил. Он опять сосредоточился, представил себе текущие воды и снова ударил по струнам.

– Да! Красиво! – с восхищением отозвался дровосек. – Стру-

水！"只两句道着了伯牙的心事。伯牙大惊，推琴而起，与子期施宾主之礼。连呼："失敬失敬！石中有美玉之藏。若以衣貌取人，岂不误了天下贤士！先生高名雅姓？"樵夫欠身而答："小子姓钟，名徽，贱字子期。"伯牙拱手道："是钟子期先生。"子期转问："大人高姓，荣任何所？"伯牙道："下官俞瑞，仕于晋朝，因修聘上国而来。"子期道："原来是伯牙大人。"伯牙推子期坐于客位，自己主席相陪。命童子点茶，茶罢，又命童子取酒共酌。伯牙道："借此攀话，休嫌简亵。"子期称"不敢"。童子取过瑶琴，二人入席饮酒。伯牙开言又问："先生声口是楚人了，但不知尊居何处？"子期

ящаяся плавность! Ваши мысли в текущей воде.

В этих двух ответах каждый раз угадывались сокровенные мысли Боя. Пораженный, Боя отстранил цитру и встал, приветствуя гостя, как подобает хозяину.

– Простите! Простите! – восклицал он. – Да, поистине бывает, что в камне сокрыта бесценная яшма. И если бы по внешнему виду судили о людях, то сколько талантов было бы в мире загублено. Разрешите осведомиться: ваша уважаемая фамилия и ваше благородное имя?

Дровосек склонился и ответил:

– Я, ничтожный, ношу фамилию Чжун, имя мое – Хуэй, второе имя – Цзыци.

– Итак, значит, господин Чжун Цзыци, – произнес Боя, сложив для приветствия руки.

– А ваша высокая фамилия и место вашего почетного назначения? – в свою очередь спросил Цзыци.

– Скромный чиновник Юй Жуй, – ответил Боя. – Служу при цзиньском дворе и прибыл в вашу уважаемую страну посланником от цзиньского князя.

– Оказывается, передо мной высокопочтенный господин Боя, – произнес Цзыци.

Теперь Боя усадил Цзыци на почетное место гостя, а сам занял место потчующего хозяина и приказал мальчику подать чай. После чая, велев принести вина, он сказал:

– Хочу воспользоваться вином как предлогом, чтобы продлить беседу с вами. Прошу не пренебречь ничтожностью простого угощения.

– Смею ли! – отозвался Цзыци.

Мальчик убрал цитру, и они сели за вино.

– По говору вы, конечно, уроженец Чу, не знаю только, в какой именно местности находится ваша почтенная обитель, – начал Боя.

道："离此不远，地名马安山集贤村，便是荒居。"伯牙点头道："好个集贤村！"又问："道艺何为？"子期道："也就是打柴为生。"伯牙微笑道："子期先生，下官也不该僭言，似先生这等抱负，何不求取功名，立身于廊庙，垂名于竹帛；却乃赍志林泉，混迹樵牧，与草木同朽，窃为先生不取也。"子期道："实不相瞒，舍间上有年迈二亲，下无手足相辅。采樵度日，以尽父母之余年。虽位为三公之尊，不忍易我一日之养也。"伯牙道："如此大孝，一发难得。"二人杯酒酬酢了一会。子期宠辱无惊，伯牙愈加爱重。又问子期"青春多少？"子期道："虚度二十有七。"伯牙道："下官年长一

– Неподалеку отсюда, – отвечал Цзыци. – Деревня Цзисянь, в горах Мааньшань, и будет та самая глушь.

– Деревня Цзисянь, – повторил Боя и одобрительно кивнул головой. – Действительно, «собрание талантов». А каково же ваше благородное занятие?

– Рубкой дров я занимаюсь, – ответил Цзыци.

Боя усмехнулся.

– Господин Дзыци, – обратился он к гостю, – я простой чиновник и в своих словах не должен был бы выходить за пределы дозволенного, но разрешу себе нескромность заметить, что на вашем месте я не избрал бы себе такой участи. Почему бы вам с вашим талантом, с вашими знаниями не добиваться почестей и славы, не занять должного места при дворе и не оставить в истории своего имени? Почему, напротив, вы ограничиваете свои стремления и мечты лесами и ручьями, допускаете, чтобы следы ваши терялись среди следов простых дровосеков и пастухов, почему пропадаете здесь в безызвестности?

– По правде говоря, – сказал Дзыци, – в семье нашей лишь престарелые родители мои да я. Живу я жизнью дровосека, чтобы провести возле отца и матери остаток лет их, и на должность, будь она сопряжена со всеми почестями княжеского званья, не согласился б променять и дня забот о стариках.

– Такая сыновняя почтительность поистине редка! – воскликнул Боя.

За разговором шло время. Гость и хозяин, то один, то другой, поднимали чарки и любезно потчевали друг друга. Цзыци, как говорится, был «равно спокоен и при унижении, и при возвеличении», и Боя все больше и больше проникался к нему симпатией и уважением.

– Которая же это весна в цветущей вашей молодости? – спросил он у Цзыци.

– Попусту прожил уже двадцать семь лет.

旬。子期若不见弃，结为兄弟相称，不负知音契友。"子期笑道："大人差矣。大人乃上国名公，钟徽乃穷乡贱子，怎敢仰扳？有辱俯就！"伯牙道："相识满天下，知心能几人！下官碌碌风尘，得与高贤结契，实乃生平之万幸。若以富贵贫贱为嫌，觑俞瑞为何等人乎！"遂命童子重添炉火，再名香，就船舱中与子期顶礼八拜。伯牙年长为兄，子期为弟。今后兄弟相称，生死不负。拜罢，复命取暖酒再酌。子期让伯牙上坐。伯牙从其言。换了杯箸，子期下席。兄弟相称，彼此谈心叙话。正是：

　　合意客来心不厌，
　　知音人听话偏长。

— Я на десять лет старше вас, но если б вы не отказались скрепить союзом братским эту встречу и братьями впредь называться, то это было бы подлинной дружбой людей, понимающих звук.

Цзыци рассмеялся:

— Нет, высокопочтенный, вы изволите заблуждаться. Вы – знаменитый вельможа важной страны, я же – ничтожество какое-то из глухого края. Мне ли до вас тянуться так высоко и подвергать вас унижению, хотя бы самим снисхождением ко мне.

Боя ответил на это:

— Знакомых всяких полон свет, но много ль близких нам друзей? Скромный чиновник, я в заботах мечусь в мире сует и возможность близкой дружбы с человеком высокой души и большого таланта поистине считаю величайшим счастьем всей моей жизни. И если при этом вы говорите о богатстве и знатности, о бедности и простоте как о препятствиях к дружбе, то к какому же тогда разряду людей вы причисляете меня, Боя?

И, приказав отроку сменить свечи и вновь воскурить ароматы, они с Цзыци тут же, в каюте, преклонили колена. Боя как старший, Цзыци как младший торжественно поклялись отныне и впредь называться братьями и ни в жизни, ни в смерти не изменять этой дружбе.

Боя велел снова подать вина. Теперь уже Цзыци настоятельно предлагал Боя занять почетное место. Уступив Цзыци, Боя наконец переставил чарки, переложил палочки, и Цзыци занял место младшего. Обращаясь друг к другу, как брат к брату, они вели задушевную беседу. А ведь

Когда с тобой желанный гость,
не устает душа;
Когда понявший звук с тобой,
беседе нет конца.

谈论正浓,不觉月淡星稀,东方发白。船上水手都起身收拾篷索,整备开船。子期起身告辞。伯牙捧一杯酒递与子期。把子期之手叹道:"贤弟,我与你相见何太迟,相别何太早!"子期闻言,不觉泪珠滴于杯中。子期一饮而尽,斟酒回敬伯牙。二人各有眷恋不舍之意。伯牙道:"愚兄余情不尽,意欲曲延贤弟同行数日,未知可否?"子期道:"小弟非不欲相从。怎奈二亲年老,'父母在,不远游。'"伯牙道:"既是二位尊人在堂,回去告过二亲,到晋阳来看愚兄一看,这就是'游必有方'了。"子期道:"小弟不敢轻诺而寡信。许了贤兄,就当践约。万一禀命于二亲,二亲不允,使仁兄悬望于数千里之外,小弟之罪更大矣。"伯牙道:"贤弟真所谓至诚君子。也罢,明年还是我来看贤弟。"子期道:"仁兄明岁何时到此?小弟好伺候尊驾。"伯牙屈指道:"昨夜是中秋节,

Увлеченные разговором, они не заметили, как побледнела луна и поредели звезды. Начало светать. Люди на судне уже были на ногах – они налаживали паруса и снасти, готовясь в путь. Цзыци стал прощаться. Боя поднес другу чарку вина, взял его за руку, вздохнул и сказал:

– Дорогой брат, почему так поздно встретились мы с вами и почему должны так быстро расстаться!

У Цзыци невольно скатилась в чарку слеза. Он залпом выпил до дна, налил ответную чарку и поднес ее Боя. Оба чувствовали душевное влечение и привязанность друг к другу, и им жаль было расставаться.

– Душа остается с неудовлетворенными чувствами, – сказал Боя, – и хочется вас удержать, чтобы вместе попутешествовать хоть несколько дней. Скажите, возможно ли это?

– Мне очень хотелось бы сопровождать вас, но что поделаешь – родители мои стары, а ведь сказано: «Пока отец и мать в живых, не странствуют далеко».

– Коль ваши почтенные родители живы, – ответил Боя, – то возвращайтесь домой и сообщите им, что едете в Цзиньян проведать меня. Это будет совсем как сказано дальше: «А странствуешь, так знать должны, где ты».

– Не смею легкомысленно обещать и в конце концов не оправдать доверия, – ответил Цзыци. – Пообещав вам, брат мой, я должен буду выполнить уговор. Но представьте, что я не получу согласия родителей. Ведь я тогда заставлю вас где-то там, за тысячи ли, напрасно дожидаться меня и буду чувствовать себя еще более виновным перед вами, чем теперь.

– Да, вы действительно человек благородной и искренней души. Ну ладно, тогда я сам приеду навестить вас в будущем году.

– А когда именно, дорогой брат? – спросил Цзыци. – Скажите, чтобы я мог знать заранее и встретить вас.

今日天明，是八月十六日了。贤弟，我来仍在仲秋中五六日奉访。若过了中旬，迟到季秋月分，就是爽信，不为君子。"叫童子："分付记室将钟贤弟所居地名及相会的日期，登写在日记簿上。"子期道："既如此，小弟来年仲秋中五六日准在江边侍立拱候，不敢有误。天色已明，小弟告辞了。"伯牙道："贤弟且住。"命童子取黄金二笏，不用封帖，双手捧定，道："贤弟，些须薄礼，权为二位尊人甘旨之费。斯文骨肉，勿得嫌轻。"子期不敢谦让，即时收下。再拜告别，含泪出舱，取尖担挑了蓑衣斗笠，插板斧于腰间，掌跳搭扶手上崖。伯牙直送至船头，各各洒泪而别。

不题子期回家之事。再说俞伯牙点鼓开船，一路江山之胜，无心观览，心心悒怏，相念知音。又行了几日，舍舟登

Боя стал считать по пальцам:

— Прошлая ночь была праздником осеннего полнолуния, нынче будет шестнадцатое число восьмого месяца. Значит, приезд мой, дорогой брат, придется опять на самую середину осени, на пятнадцатый или шестнадцатый день месяца, вот тогда я и явлюсь с визитом к вам. Но если пройдет двадцатое и я не приеду, не явлюсь и в первых числах последнего месяца осени, тогда считайте, что я не сдержал слова и перестал быть порядочным человеком.

Боя тут же велел занести в дневник название места, где живет Цзыци, а также день свидания с ним.

— В таком случае, — сказал Цзыци, — непременно буду в те дни стоять на берегу и почтительно ждать вас. Однако уже совсем рассвело, и я прошу позволить мне откланяться.

— Постойте, брат мой! — сказал Боя и велел отроку принести два и золота.

Просто, ни во что не обернув слитки, Боя поднес их Цзыци и сказал:

— Скромный дар этот пусть будет на какое-нибудь лакомство почтенным вашим родителям. Мы люди духовно близкие и ныне побратимы, а потому пренебрегать ничтожностью этого подарка вы не должны.

Отказаться Цзыци не посмел. Он принял золото, вновь откланялся и с полными слез глазами вышел из каюты. Взяв коромысло и шляпу, он заткнул за пояс топор, накинул плащ и по сходням перебрался на берег.

Боя, провожая Цзыци, стоял на носу судна и, роняя слезы, прощался с другом.

Не будем говорить о том, как возвратился домой Цзыци, а продолжим рассказ о Юй Боя. Удар гонга возвестил об отплытии, и судно отчалило. Но теперь Боя было уже не до того, чтобы любоваться величественною красотою гор и рек: на всем

岸。经过之地，知是晋国上大夫，不敢轻慢，安排车马相送。直至晋阳，回复了晋主，不在话下。

光阴迅速，过了秋冬，不觉春去夏来。伯牙心怀子期，无日忘之。想着中秋节近，奏过晋主，给假还乡。晋主依允。伯牙收拾行装，仍打大宽转，从水路而行。下船之后，分付水手，但是湾泊所在，就来通报地名。事有偶然，刚刚八月十五夜，水手禀复，此去马安山不远。伯牙依稀还认得去年泊船相会子期之处。分付水手，将船湾泊，水底抛锚，岸边钉橛。其夜晴明，船舱内一线月光，射进朱帘。伯牙命童子将帘卷起，步出舱门，立于船头之上，仰观斗柄。水底天心，万顷茫然，照如白昼。思想去岁与知己相逢，雨止月明。今夜重来，又值

остальном пути он с тоскою в сердце вспоминал душевного друга.

Еще несколько дней плавания, и Боя покинул судно. Далее он следовал по суше. Там, где он проезжал, становилось известным, что едет советник княжества Цзинь, и никто не решался допускать промедления или пренебрежения: всюду его ждали повозки и кони. Так он добрался до самого Цзиньяна и явился с докладом к своему повелителю.

Время летело. Миновала осень, миновала и зима, как-то незаметно ушла весна и наступило лето; Боя не переставал думать о Цзыци. И вот наконец мысль, что близок праздник полнолуния, заставила его просить властителя княжества Цзинь разрешить ему на время оставить дела, чтобы съездить на родину. Князь изъявил свое согласие. Боя собрался в дорогу и решил снова отправиться кружным водным путем. Вступив на судно, он сразу же приказал кормчему докладывать о названии каждой бухты или стоянки.

Случилось, что как раз ночью пятнадцатого числа восьмого месяца кормчий доложил, что они подъезжают к горам Мааньшань. Боя, с трудом узнав место прошлогодней стоянки, где они встретились с Цзыци, приказал стать на якорь, вбить кол и причалиться.

Ночь была ясная. В каюту сквозь красный бамбуковый занавес в дверном проеме пробивался лунный свет. Боя велел мальчику поднять занавес, а сам вышел из каюты и поднялся на палубу. Стоя на носу джонки, он смотрел на небо, на созвездие Большой медведицы. Ему казалось, будто небо и земля слились в одно необозримое пространство, где уже ничего нельзя было различить, кроме тысячи мелькающих ярким светом желтых светлячков. Любуясь этой удивительной картиной, Боя вспомнил о прошлогодней встрече с другом, когда вдвоем они сидели при луне после ливня.

良夜。他约定江边相候，如何全无踪影？莫非爽信！又等了一会，想道："我理会得了。江边来往船只颇多。我今日所驾的，不是去年之船了。吾弟急切如何认得。去岁我原为抚琴惊动知音。今夜仍将瑶琴抚弄一曲。吾弟闻之，必来相见。"命童子取琴桌安放船头，焚香设座。伯牙开囊，调弦转轸，才泛音律，商弦中有哀怨声音。伯牙停琴不操。"呀！商弦哀声凄切，吾弟必遭忧在家。去岁曾言父母年高。若非父丧，必是母亡。他为人至孝，事有轻重，宁失信于我，不肯失礼于亲，所以不来也。来日天明，我亲上崖探望。"叫童子收拾琴桌，下舱就寝。伯牙一夜不睡。真个巴明不明，盼晓不晓。看看月移帘影，日出山头。伯牙起来梳洗整衣，巾帻便服，止命一童子携琴相随；又取黄金十镒带去，"倘吾弟居丧，可为赙礼。"踽跳登崖，迤逦望马安山而行，约莫十数里，出一谷口。伯牙

«И вот я снова здесь, и опять великолепная выдалась ночь. Но он обещал ждать на берегу. Почему же никого не видно? Неужели он пренебрег обещанием? Ну да, понятно, – подумал Боя немного погодя. – Ведь мимо этих берегов проходит немало судов, а я в этот раз плыву на другом судне, откуда же ему знать, что я уже здесь? Надо сыграть. В прошлом году я привлек его игрою на цитре. Сыграю и нынче какую-нибудь мелодию. Если брат услышит, непременно придет».

Боя приказал мальчику поставить рядом с ним столик, принести цитру и возжечь курения. И вот Боя достал из футляра цитру, стал подворачивать колки и настраивать струны. Но едва он провел рукою по струнам, как уловил звуки скорби и печали в тоне струны шан. Боя прекратил игру. «Какая грусть и печаль в этих звуках! Не иначе как у брата дома горе. Ведь в прошлом году он говорил, что родители его в преклонном возрасте. Может быть, умер отец или скончалась мать. Как сын, с большим почтением относящийся к своим родителям, он, решая, что важнее, конечно, скорее нарушит слово, данное мне, нежели в такое время оставит дом. Поэтому, наверно, он и не пришел. Завтра с утра я непременно сам отправлюсь к нему и все разузнаю».

Тут Боя велел мальчику убрать цитру и столик и, спустившись к себе, лег.

Всю ночь Боя не спал. Он с нетерпением ждал, когда рассветет, но, как назло, не рассветало; ему хотелось, чтобы скорее занялась заря, но она все медлила. Он смотрел, как луна смещалась с бамбукового занавеса и как в конце концов из-за гор показалось солнце. Боя встал, умылся, причесался, оделся и велел отроку с цитрой сопровождать себя. На всякий случай Боя взял с собой десять и золота.

«Если брат в трауре, это будет поминальным подарком», – подумал он. Сопровождаемый мальчиком, Боя сошел по сходням на берег и двинулся вперед узкой дорожкой. Пройдя около деся-

站住。童子禀道:"老爷为何不行?"伯牙道:"山分南北,路列东西。从山谷出来,两头都是大路,都去得。知道那一路往集贤村去?等个识路之人,问明了他,方才可行。"伯牙就石上少憩。童儿退立于后。不多时,左手官路上有一老叟,髯垂玉线,发挽银丝,箬冠野服,左手举藤杖,右手携竹篮,徐步而来。伯牙起身整衣,向前施礼。那老者不慌不忙,将右手竹篮轻轻放下,双手举藤杖还礼,道:"先生有何见教?"伯牙道:"请问两头路,那一条路往集贤村去的?"老者道:"那两头路,就是两个集贤村。左手是上集贤村,右手是下集贤村。通衢三十里官道。先生从谷出来,正当其半。东去十五里,西去也是十五里。不知先生要往那个集贤村去?"伯牙默默无言,暗想道:"吾弟是个聪明人,怎么说话这等糊涂!相会之日,你知道此间有两个集贤村,或上或下,就该说个明白

ти ли, они вышли из ущелья. Здесь Боя остановился.

– Почему вы не идете дальше, господин? – почтительно спросил мальчик.

– На юг и на север тянутся горы, а с востока на запад проходит дорога. По ней можно направиться в любую сторону: и в ту и в другую, – дорога большая, проезжая. Но как знать, в какой стороне деревня Цзисянь? Подождем кого-нибудь из здешних, расспросим толком, тогда и пойдем дальше.

Боя присел на камень передохнуть, а мальчик стал позади него.

Через некоторое время слева на дороге показался старик. Борода его свисала нитями яшмовой белизны, и волос завивался серебристым шелком. В соломенной шляпе, в грубой одежде, с посохом в левой руке, с бамбуковой корзинкой в правой, старик медленно шел по дороге.

Боя встал, оправил платье и шагнул ему навстречу с приветствием.

Старик, не торопясь, опустил на землю корзинку, подняв руки, поприветствовал Боя и спросил:

– Что изволите приказать, уважаемый?

– Разрешите узнать у вас, в какую сторону надо идти по этой дороге, чтобы попасть в деревню Цзисянь?

– И в ту и в другую сторону дорога ведет к деревне Цзисянь; но по левую руку отсюда будет Верхняя Цзисянь, а по правую – Нижняя. От одной до другой тридцать ли по большому проезжему тракту. Если вы выйдете из долины, то окажетесь как раз на полпути от обеих деревень: в одну сторону пятнадцать ли и в другую – пятнадцать. Не знаю, в какую из этих деревень вам угодно попасть.

Боя молчал. «Брат ведь умный человек, – думал он про себя, – а поступил так бестолково. Ведь знал же, что здесь две деревни Цзисянь, значит, точно нужно было сказать – Верхняя или

了。"伯牙却才沉吟。那老者道:"先生这等吟想,一定那说路的不曾分上下,总说了个集贤村,教先生没处抓寻了。"伯牙道:"便是。"老者道:"两个集贤村中,有一二十家庄户,大抵都是隐遁避世之辈。老夫在这山里,多住了几年,正是'土居三十载,无有不亲人'。这些庄户,不是舍亲,就是敝友。先生到集贤村必是访友。只说先生所访之友,姓甚名谁,老夫就知他住处了。"伯牙道:"学生要往钟家庄去。"老者道:"先生到钟家庄,要访何人?"伯牙道。"要访子期。"老者闻"子期"二字,一双昏花眼内,扑簌簌掉下泪来,不觉大声哭道:"子期钟徽,乃吾儿也。去年八月十五采樵归晚,遇晋国上大夫俞伯牙先生。讲论之间,意气相投。临行赠黄金二笏。吾儿买书攻读,老拙无才,不曾禁止。旦则采

Нижняя».

Боя все стоял в нерешительности. Тогда старик сказал:

– Вы так задумались, уважаемый: по всей вероятности, вам не объяснили, что здесь две деревни Цзисянь, так что вы не знаете, в какую из них вам идти.

– Именно так, – ответил Боя.

– Видите ли, – стал объяснять старик, – в обеих деревнях всего-то двадцать семей. Почти все это люди, которые удалились от житейской суеты и скрываются здесь от мира. Я прожил тут уже много лет, а, как говорится, когда лет тридцать живешь на месте одном – каждый тебе родня. Так что все эти люди, если не мои родственники, то уж друзья непременно. Вы, почтеннейший, вероятно, направляетесь в деревню Цзисянь к какому-нибудь другу. Так назовите только фамилию и имя того, кого вы разыскиваете, и я вам скажу, в какой деревне он живет.

– Скромному ученику вашему, – ответил Боя, – нужно было бы попасть в дом Чжунов.

Когда старик услышал слова «дом Чжунов», из его подслеповатых глаз полились слезы, и он проговорил:

– К кому-нибудь другому идти вы можете, а к Чжунам уже не стоит.

– Это почему? – в изумлении спросил Боя.

– Скажите, сударь, а кого именно разыскиваете вы из дома Чжунов?

– Я ищу Цзыци.

Старик разрыдался.

– Цзыци!.. Чжун Хуэй!.. Это ведь мой сын! – воскликнул он. – В прошлом году, пятнадцатого числа восьмого месяца, он возвращался поздно вечером из леса, и случай свел его с советником цзиньского княжества господином Юй Боя. Они долго беседовали и обнаружили общность мыслей и чувств, которая влекла их друг к другу. При расставании Юй Боя подарил сыну

樵负重，暮则诵读辛勤，心力耗废，染成怯疾，数月之间，已亡故了。"伯牙闻言，五内崩裂，泪如涌泉，大叫一声，傍山崖跌倒，昏绝于地。钟公惊悸，含泪搀扶，回顾小童道："此位先生是谁？"小童低低附耳道："就是俞伯牙老爷。"钟公道："元来是吾儿好友。"扶起伯牙苏醒。伯牙坐于地下，口吐痰涎，双手搥胸，恸哭不已。道："贤弟呵！我昨夜泊舟，还说你爽信；岂知已为泉下之鬼！你有才无寿了！"钟公拭泪相劝。伯牙哭罢起来，重与钟公施礼。不敢呼老丈，称为老伯，以见通家兄弟之意。伯牙道："老伯，令郎还是停枢在家，还是出瘗郊外了？"钟公道："一言难尽。亡儿临终，老夫与拙荆坐于卧榻之前。亡儿遗语嘱付道：'修短由天，儿生前不能尽人子事亲之道，死后乞葬于马安山江边。与晋大夫俞伯牙有约，欲践前言耳。'老夫不负亡儿临终之言。适才先

два и золота, и сын мой, накупив книг, стал усиленно заниматься. Я же, тупой неуч, не удерживал его, и вот целыми днями он в лесу рубил дрова, а по вечерам занимался, не щадя себя. Но силы его истощились, он заболел, и в несколько месяцев его не стало...

У Боя внутри словно все оборвалось, хлынули слезы. С воплем он упал наземь и лишился чувств.

В недоумении и испуге, сам в слезах, старик Чжун стал поднимать Боя.

– Кто этот господин? – спросил он, обращаясь к мальчику.

Тот шепнул ему на ухо:

– Это и есть сам господин Юй Боя.

– Так это, значит, друг сына моего!

Тем временем Боя пришел в себя. Сидя на земле, Боя бил себя в грудь и неудержимо рыдал.

– Брат, дорогой мой! – сокрушался он. – А я еще вчера, причаливая к берегу, говорил, что ты пренебрег обещанием. Но ты, оказывается, был уже духом бесплотным в глубинах подземных потоков. Ты так одарен был! И так мало ты прожил!

Престарелый Чжун, утирая слезы, увещевал Боя.

Сдерживая рыдания, Боя поднялся и снова приветствовал старого Чжуна низким поклоном, не смея, однако, называть его почтенным дедом, а обращаясь к нему как к дяде, желая этим показать, что братские отношения его с Цзыци распространяются на всех членов семьи.

– Почтенный дядюшка, тело вашего сына все еще дома или его уже похоронили?

– В двух словах и не высказать всего, – ответил тот. – Перед самой кончиной сына я со старухой своей сидел у его постели, и вот что он говорил, прощаясь с нами: «Долог или короток век – воля небес. Увы, при жизни я не смог выполнить сыновнего долга по отношению к родителям, но я хочу сдержать обещание,

生来的小路之右，一丘新土，即吾儿钟徽之冢。今日是百日之忌，老夫提一陌纸钱，往坟前烧化。何期与先生相遇！"伯牙道："既如此，奉陪老伯，就坟前一拜。"命小童代太公提了竹篮。钟公策杖引路，伯牙随后，小童跟定。复进谷口。果见一丘新土，在于路左。伯牙整衣下拜："贤弟在世，为人聪明，死后为神灵应。愚兄此一拜，诚永别矣！"拜罢，放声又哭。惊动山前山后，山左山右，黎民百姓，不问行的住的，远的近的，哭声悲切，都来物色。知是朝中大臣来祭钟子期，回绕坟前，争先观看。伯牙却不曾摆得祭礼，无以为情。命童子把瑶琴取出囊来，放于祭石台上，盘膝坐于坟前，挥泪两行，抚琴一操。那些看者，闻琴韵铿锵，鼓掌大笑而散。伯牙

данное другу. Я связан словом с цзиньским советником, почтенным Боя. Так прошу после моей смерти зарыть меня на берегу у горы Мааньшань». Я не мог не исполнить последнего желания моего сына, – продолжал старый Чжун. – Холм свежей земли, справа от той узкой тропинки, где вы сейчас проходили, – это и есть могила моего сына. Сегодня сотый день после его кончины. Я шел сейчас к нему – вот взял с собой связку бумажных денег, чтобы предать их огню перед его могилой, – и так неожиданно встретил вас.

– В таком случае прошу позволения пойти вместе с вами поклониться ему у его могилы, – сказал Боя и велел мальчику нести бамбуковую корзинку старца.

Престарелый Чжун двинулся вперед, показывая дорогу, Боя с мальчиком последовали за ним. Они снова оказались в ущелье и слева от дорожки увидели холм свежей земли. Боя оправил платье и опустился на колени.

– Брат мой, ты мудрый был при жизни, а после смерти ты светлым духом стал, и, недостойный брат твой, я этим поклоном, можно сказать, навеки прощаюсь с тобой!

И, кланяясь, Боя снова разрыдался. Плач этот потревожил жителей окрестных мест, и тот, кто мимо проходил, кто был поодаль иль вблизи, – все, услышав скорбный плач, пришли узнать, в чем дело. Люди столпились возле могилы, и когда они узнали, что это придворный сановник прибыл почтить память Чжун Цзыци, то каждый из них старался протиснуться вперед, поглядеть. Боя, не имевший при себе никаких жертвенных подношений, которые могли бы послужить вы

ражением его чувств, велел мальчику вынуть из футляра цитру. Положив ее на жертвенный камень, он сел перед могилой, подобрав под себя ноги, и, обливаясь слезами, заиграл.

Когда собравшиеся услышали звуки цитры, они захлопали в ладоши, расхохотались и разошлись.

问:"老伯,下官抚琴,吊令郎贤弟,悲不能已,众人为何而笑?"钟公道:"吾乡野之人,不知音律。闻琴声以为取乐之具,故此长笑。"伯牙道:"原来如此。老伯可知所奏何曲?"钟公道:"老夫幼年也颇习。如今年迈,五官半废,模糊不懂久矣。"伯牙道:"这就是下官随心应手,一曲短歌,以吊令郎者。口诵于老伯听之。"钟公道:"老夫愿闻。"伯牙诵云:

忆昔去年春,
江边曾会君。
今日重来访,
不见知音人;
但见一土,
惨然伤我心。
伤心伤心复伤心,
不忍泪珠纷!
来欢去何苦,
江畔起愁云。
子期子期兮,

Сыграв мелодию до конца, Боя спросил:

— Дядюшка! Играя на цитре, я с бесконечной скорбью в душе оплакивал вашего сына и моего брата. Так почему же они смеялись?

— Жители деревенской глуши не понимают тонкости музыки. Услыхав звуки цитры, они сочли игру за развлечение и потому рассмеялись.

— Вот как! — проговорил Боя. — А вы не знаете, дядюшка, что я сейчас играл?

— Когда-то в молодости я и сам неплохо играл, — ответил престарелый Чжун. — Но стар нынче я, пять органов чувств моих теперь не те, смешалось как-то все, и я давно уже не разбираюсь в этом.

— Повинуясь сердцу, рука моя перебирала струны, и в песне этой я плакал о Цзыци. Я вам спою ее.

— Да! Я желал бы ее услышать, — сказал Чжун. И Боя запел:

Вспоминаю встречу с тобой
осенью в прошлом году
на речном берегу.
Сегодня я снова пришел,
но тебя, понявшего звук,
уж не вижу.
Вижу лишь насыпь могильной земли —
сердце пронзила мне жгучая боль,
боль сердца, боль сердца, сердца боль.
Слезы невольно текут.
Как ушедшая радость горька!
Над рекой даже встали
тучи печали.
О Цзыци, Цзыци!
Цзыци, Цзыци!

你我千金义，
历尽天涯无足语。
此曲终兮不复弹，
三尺瑶琴为君死！

伯牙于衣夹间，取出解手刀，割断琴弦，双手举琴，向祭石台上用力一摔，摔得玉轸抛残，金徽零乱。钟公大惊，问道："先生为何摔碎此琴？"伯牙道：

摔碎瑶琴凤尾寒，
子期不在对谁弹！
春风满面皆朋友，
欲觅知音难上难！

钟公道："原来如此，可怜可怜！"伯牙道："老伯高居，端的在上集贤村，还是下集贤村？"钟公道："荒居在上

*Нашей дружбе с тобой
      нет достойной цены.
Хоть всю землю теперь
      мне до края небес обойти,
            не с кем будет уж слова сказать.
Эта песня замрет,
      больше мне не играть,
И цитре моей быть только с тобой,
      тебе ее должен отдать.*

Тут Боя выхватил нож, рванул по струнам и, подняв цитру, со всей силой ударил ею о жертвенный камень – разлетелись золотые подставки, яшмовые колки.

– Зачем вы разбили цитру?! – воскликнул ошеломленный Чжун.

Боя ответил:

*Прекрасной цитры нет – разбита,
      песне не звучать.
Ведь если нет Цзыци со мною,
      для кого играть?!
Мне – все друзья, когда весною
      веет от лица,
Но понимающего звук
      трудно отыскать.*

– Как все это грустно, как грустно, – проговорил старый Чжун.

– Но скажите, дядюшка, ваш высокочтимый дом находится все-таки в Верхней или в Нижней Цзисяни? – спросил Боя.

– Убогая хижина моя в деревне Верхняя Цзисянь, восьмым домом будет. Но к чему вы снова теперь спрашиваете об этом?

集贤村第八家就是。先生如今又问他怎的？"伯牙道："下官伤感在心，不敢随老伯登堂了。随身带得有黄金十镒，一半代令郎甘旨之奉，那一半买几亩祭田，为令郎春秋扫墓之费。待下官回本朝时，上表告归林下。那时却到上集贤村，迎接老伯与老伯母同到寒家，以尽天年。吾即子期，子期即吾也。老伯勿以下官为外人相嫌。"说罢，命小僮取出黄金，亲手递与钟公，哭拜于地。钟公感泣答拜，盘桓半晌而别。

这回书，题作《俞伯牙摔琴谢知音》。后人有诗赞云：

势利交怀势利心，
斯文谁复念知音！
伯牙不作钟期逝，
千古令人说破琴。

Тогда Боя сказал:

– С горем и болью в сердце своем я не решусь уже последовать за вами в почтенный ваш дом. С собою у меня десять и золота. Половину этих денег позвольте за сына вашего преподнести вам на какое-нибудь лакомство; другая – пусть пойдет на несколько му жертвенной земли, и будет у вас хоть что-то на должный уход за могилой. Когда я вернусь ко двору, я подам прошение, чтобы мне разрешили оставить службу, и тогда заберу вас с тетушкой в свой скромный дом, где вы проведете положенные вам от неба годы. Я – это Цзыци, Цзыци – это я! Поэтому не считайте меня чужим и не отвергайте мою просьбу.

Тут же, приказав отроку достать золото, Боя собственноручно поднес его престарелому Чжуну и, рыдая, склонился пред ним. Чжун ответил поклоном. Долго еще не могли они расстаться.

Рассказ этот называется «Юй Боя, скорбя о друге, разбивает цитру». Впоследствии, восхищаясь этой дружбой, кто-то написал следующие стихи:

Богатый и властный с подобным себе
  дружбу легко заведет,
Но вспомнит ли кто из ученых мужей
  друга, понявшего звук!
Покинул давно мир сует Чжун Цзыци,
  умер давно Юй Боя,
А преданье о цитре разбитой живет
  тысячу лет средь людей.